New Words

Unbelievable Japanese Words Seen on the Internet

勘一発！　前代未踏の油断大的うる覚え！

Goggle　レンシレンジ

ウェブ　地図　動画　ショッピング　もっと見

もしかして: 電子レンジ

うろ覚え・勘違い・言い間違い・誤植

ネットで見かけた信じられない日本語

三條雅人

社会評論社

まえがき

　この本は、現在進行形のブログ『faint memory うろ覚え on the Web』を全面的に加筆／修正したものです。おもにネット上で見かけた、従来の活字表現の中ではあまり目にすることのなかった"現代的な"日本語表現をピックアップしています。

■執筆の動機

　この本の、と言うよりブログを始めたきっかけなのですが、1999年、個人でもパソコンを買えば"ホームページ"というものを作って自分の考えていることを世の中に発信できるということを知り、私も是非作ってみたいと思い、パソコンとホームページの入門書とHTML辞典を買いました。
　そうやって作り上げたホームページは、日本語をテーマにしたものではありませんでしたが、当時同じテーマを扱った他のホームページ作者（当時は管理人と言われていました）との交流も生まれ、充実したインターネットライフを過ごしました。
　このようにしてインターネットの世界に足を踏み入れたわけですが、そのうちあることがとても気になるようになりました。
　それは、今まで紙の本や新聞等の活字ではほとんど見ることのなかった珍しい変換ミスや、冗談としか思えないような言葉の間違いが多数見つかったことです。
　私は、あまりの面白さ、興味深さから、それらを一つひとつ見つけては書きためておくようになりました。
　そして、いつかこれらをまとめて紹介するWebサイトを作りたいと思うようになり、2004年、サーバーを借りて、そこにブログシステム（Movable Type）をインストールして"faint memory"（初代）をスタートしました。

■本書の目的

　この本には、不思議な、信じられないような言葉の誤りがたくさん収録されています。基本的には、それらを読んで驚いたり笑ったりして楽しんでいただければと思っています。
　でも、そうやって読み進めているうちに、もしかしたら、「エッ、この言葉のいったいどこが間違いなの？」「自分も普段この言葉使ってるんだけど」というような言葉にぶつかることがあるかもしれません。
　何故そう言えるかというと、実は私自身この本を書くにあたり、辞書その他で調べるまで曖昧だった言葉がいくつもあるからです。
　私は元々そんなに言葉を知っている方ではないし、私を含めて世代や学歴も一切関係なく、誰にでもずっと気付かず間違って覚え続けている言葉の一つや二つや三つは必ずあると思っています。
　大人の社会は、目の前の人が間違った言葉を使ってもなかなか指摘してくれません。場の雰囲気を悪くしたくなかったり、人前で誤りを指摘されて恥をかかされたと不快になる人も少なくないからです。
　このように、間違って覚えている言葉は意外なほど修正される機会は少なく、正しい言葉で上書

きされることはなかなかありません。
　本書の目的の一つは（全ての人に当てはまるかどうかは分かりませんが）、そうやって間違って覚えている言葉を人前で使って恥をかく前に、この本がいくらかでも（たとえ言葉１個であっても）気付きのアドバイス、きっかけとして役に立てたらいいということです。

■収録の基準と分類
　この本に収録されている言葉は、その説明の長さによって３種類に分けられています。

　①１ページ ②２分の１ページ ③数行

　１ページもしくは２分の１ページを使って説明されている言葉には、複数の検索例と、必要に応じて辞書からの引用が記されています。
　数行で説明されている言葉は、あまり面白くない、或いはあまり重要ではないから短いのではありません。①や②と異なり、辞書の引用が無くても意味がすぐに分かり、且つ検索例が少なくても十分伝わる言葉がここに来ています。どちらかと言うとインパクト重視で、見た瞬間にクスリと笑える言葉が多くなっています。
　ですから短い分、その数は多いですが、一つも読み飛ばすことなく読んでいただけたら幸いです。

■他に説明が必要なこと
　本文中、私自身の言葉として、かなりくだけた、今どきの言葉遣いをしている個所があります（「よろしかったでしょうか」「〜しちゃってます」など）。私自身、何が何でも正しい日本語を使わなければならないとは思っていません。言葉遊びだったり、個々の文章の流れを考慮し、テンポのある文章を心がけています。
　本書には2004年から現在までの文章が収録されており、各々に当時の出来事と絡めて書いている個所もあるのですが、書籍化にあたり全て現在の視点で書き直しています。検索数（実質件数）も基本的に現在の数値です。
　辞書からの引用は、特にことわりがない限りはgoo辞書、そして検索エンジンはGoogleを使用しています。その検索方法ですが、基本的に完全一致を求めるフレーズ検索（ダブルクォーテーションで対象語句を囲む検索方法）を行っています。それにマイナス検索を加えたり、対象語句の前後を少しずつ変えて複数の検索結果を合わせたりして、より適切な検索結果、件数が出るようにして行っています。従って同じ言葉をそのまま検索しても検索数に誤差が出るので、あくまで目安程度にお考え下さい。
　尚、Googleはしょっちゅう検索アルゴリズム（算出法）を調整しているので、同じ語句を同じやり方で検索しても日によって検索数が変わります。

目次

2 ………… まえがき
4 ………… 目次

5 ………… 第1章　当然すみません。
96 ………… コラム1　どうやって見つけているのか

97 ………… 第2章　ご心配には至りません
131 ………… コラム2　被検索エントリーベスト10

133 ………… 第3章　○○を文字って
169 ………… コラム3　うろ覚え表記と方言
170 ………… コラム4　とうころもし

171 ………… 第4章　分類わけする
206 ………… コラム5　検索結果の「実質件数」について

207 ………… 第5章　ざろうを得ない
236 ………… コラム6　好きなうろ覚えベスト10

237 ………… 第6章　気にってます
313 ………… コラム7【助数詞】11つ？日本語で物を数えるとき

315 ………… 第7章　要注意してください
377 ………… コラム8【序数詞】2st？英語で順番を表すとき
379 ………… コラム9　採用しなかった言葉

381 ………… イラスト担当
382 ………… あとがき

Unbelievable Japanese Words Seen on the Internet

勘一発！　前代未踏の油断大的うる覚え！

第1章
当然すみません。

必衰アイテム

もしかして **必須アイテム？**

> **検索例1**　（実質件数 294 件）
> ・健康管理の**必衰アイテム**、楽しみながらベストコンディションで！！
> ・就活 **必衰アイテム**四季報！ 私の学生時代の就活は、一冊の四季報から始まりました。
> ・天然ダイヤ、男のお洒落に**必衰アイテム**です。
> ・変換プラグはマカオ旅行の**必衰アイテム**

　あることをしようとするとき、これだけは欠かせないという物のことを「必須アイテム」と言ったりしますが、これが何故か「必衰アイテム」になっているのを見ることがあります。
　健康管理の必衰アイテムって、なんだか逆に病気になりそう。
　他にも必須（必至）と必衰とを取り違えている文章がたくさんありました。

検索例2

- WindowsXPを動かす**必衰条件**は、最低512MBです。 プレイステーション2は、その**必衰条件**にも満たしていません。
- 家に帰れば手洗いうがいは**必衰**ですね。 私もしています。
- 山は温度が低く風を通さないウインドブレーカーや 防寒着は**必衰**です
- 彼なら盛り上げてくれること**必衰**であります！ 皆さんどんどんハードルを上げてやりましょう！！
- このままでは雑草取りに追われること**必衰**です.

【必須】必ず用いるべきこと。欠かせないこと。また、そのさま。ひっしゅ。「成功のための―な（の）条件」
【必衰】必ずおとろえること。「盛者（じょうしゃ）―」

テレビ誤植1

WEDING→WEDDING？

2011/5/2 日本テレビ「ズームイン！！サタデー」

第1章 当然すみません。

思い出不快

もしかして：**思い出深い？**

検索例1　（実質件数 120 件）
- 私にとっても**思い出不快**場所なので、25日楽しみにしてます！
- もうこれうち大好きで**思い出不快**歌やからめっさ嬉しかった☆
- 「カラオケヴァージョン」まで製作していただいた**思い出不快**1曲。友情のシンボルです。

　正直、見た瞬間「気付けよっ！」と思った「思い出深い」の変換ミス。
　「おもいでぶかい」ではなく「おもいでふかい」とタイピングするとこの変換候補が出てきます。
　実際非常に気付きやすいので、本気のタイプミス以上にわざとやっている人も多く、更に、自分にとって不快な思い出だから「思い出不快」と書いているという人もいて、なんだか楽しいです。

検索例2
- その中でも**思い出不快**・・・いや深い話でもしようかなぁと。
- それは私たちにとって、ビジョーに**思い出"不快"**とあるショップの"女将"に纏わる話である。
- 大遅刻という思い出深いいえ、**思い出不快**出来事からのスタートとなりました
- いろんな意味で、強烈に**思い出不快**深い 初旅行となりました。

【深い】（6）多く「…ぶかい」の形で、名詞、またはそれに準じる語に付いて接尾語的に用いる。
㋐表面や外から底や奥までの距離がある意を表す。「奥―・い」「根―・い」
㋑程度のはなはだしいさまを表す。「情け―・い」「疑り―・い」

怒涛を組む

もしかして：**徒党を組む？**

検索例1　（実質件数193件）
- どんなに正しいと思った所で、正しく無い意見の人が**怒涛を組む**とまかり通ってしまう世の中なんだなぁって痛感したよ。
- 他人の弱みに付け込んだり、**怒涛を組んで**集団で暴力に取り組む姿はみっともないとしか言いようが無い。
- 困った事が起きれば**怒涛をくんで**行政に掛け合う甘えの構図です。
- **怒涛をくんで**会社に抗議に行きとうとう逮捕され留置されました。
- 既成政党が**怒涛を組み**組織力を頼って感情的に反を訴えての政争はもう古い

とても気が付きやすい誤りなので、指摘もたくさんされています。

検索例2
- **怒涛を組む**？徒党を組むでいいんだよね？
- 文中にある「会派で**怒涛を組んで**〜」の意味がよく分かりません。「徒党」を組むならわかりますが…。
- **怒涛を組む**って何か強そうだな
- **怒涛は組め**ません。徒党を組むであります。

「怒涛を組む」という表記を見ると、徒党を組んだ人達が凄い勢いで押し掛けてくるイメージが頭に浮かんできて、何だかこんな言葉もあっていいような気持ちになってきました。

【徒党】ある目的のために仲間や一味などを組むこと。また、その仲間や団体。
【徒党を組む】あることをなすために仲間が団結する。「—・んで謀反を起こす」
【怒涛】荒れ狂う大波。また、はげしい勢いで押し寄せるようすのたとえ。「逆巻く—」「—のごとく進撃する」

一人見知り

もしかして：**人見知り？**

検索例1　（実質件数210件）
- 書類審査は通るんですが…面接でダメになっちゃって…**一人見知り**な性格のせいなんでしょうか…？
- カウンセリングなんてしてみても**一人見知り**だからうまくしゃべれない。本音が誰にも言えない。
- ちょっと見ない間に大きくなっててビックリ！　**一人見知り**しないのでみんなに抱っこされ喜んでいました。
- ちゃんと相手と話せるかな？　**一人見知り**なんだけど、本当に大丈夫？

　「人見知り（ひとみしり）」を何故か「一人見知り（ひとりみしり）」と覚えてしまっている人が少なくないようです。
　ひらがなの「ひとり見知り」あるいは「ひとりみしり」も見られます。

> 検索例2　（実質件数 67 件）
> ・私も**ひとり見知り**しますので、ほとんど話せませんけどね。
> ・もう1歳になって、**ひとり見知り**もしない、超カワイイ女の子になっていた。
> ・私、**ひとり見知り**なんでｸﾗｽの人と喋ったことない。
> ・**ひとりみしり**ですが話しかけられると飛び上がってよろこびます
> ・マイブーム：フルーツを食べる。セールスポイント：**ひとりみしり**しない。

　単なるタイプミスで「り」を打ち足してしまったケースもあると思いますが、他に何かしらの"こだわり"を持って使っている人がいたとしたら、その意図が知りたいです。

> 【人見知り】子供などが、知らない人を見て、恥ずかしがったり嫌ったりすること。
> 　「―して泣く子」

　「ひとり見知り」だといつまでもひとりぼっち。もしかしたらそんな無意識の関連付けが働いていたりするのでしょうか。

テレビ誤植2

Okey→Okay？

2011/5/2 日本テレビ「バンキシャ！」

第1章　当然すみません。

当然すみません。

もしかして：**突然すみません。？**

検索例1　（実質件数249件）

- もしよかったら座席はどの辺りか教えていただけますか？**当然すみません**。
- **当然すみません**！仙台のどちらにオープンしたのですか？ ぜひ、食べに行きたいです(*^^*).
- **当然すいません**！ 素敵なテンプレートだったのでお借りします。
- **当然すいません**。オリジナル曲の宣伝やってます。よかったら聞いてください。

突然すぎて一瞬何のことか分かりませんでした。
「突然」が「当然」になっていて気付かないのが不思議です。
バリエーションは「失礼します」他。

検索例2

- **当然失礼します**。優しいお子さんですね。心が温まります。
- お話中、**当然失礼します**！
- **当然失礼致します**m(__)m もし宜しければ、チケット譲って頂きたいのですが>＜.
- はじめまして、**当然失礼いたします**。○○の知人です。
- **当然おそれいります**。 初めまして茨城県に住む○○と申します。
- 初めてですので、**当然申し訳ありません**m(__)m
- **当然申し訳ございません**。ご興味ありましたら連絡ください。宜しくお願い致します。
- **当然のメールをお許し下さい**。

もしかしたら、「言うまでもなく申し訳ないです」のつもりの人もいるのかも。

※上記検索件数には、「当然すみませんのひと言があると思いましたが、店員さんからその言葉はありませんでした。」などのような、普通の使われ方も多くあります。

アムール貝

もしかして：**ムール貝？**

検索例1 （実質件数578件）

・おうちに招待されパエリアをごちそうになりました。**アムール貝**まであってびっくり。
・シンガポールで**アムール貝**食べたんだけど、白ワインに合うんだ、これが。
・**アムール貝**って近所のスーパーに売ってるかな？

　ムール貝の貝毒で食中毒というニュースがあり、それで思い出したのですが、ムール貝のことを何故かアムール貝と書いている人がたくさんいて気になっていました。
　とても件数が多いので、もしかしたらアムール貝という貝もあるのかと思い、ネット上のいくつかの辞書、辞典等で探してみたのですが確認できず、逆にこの表記が誤りであることを指摘する記述の方がいくつも見られました。

検索例2

・そうか、ムール貝か。ご指摘ありがとうございます。**アムール貝**とばかり思ってました。人生40数年間。
・**アムール貝**ですか？ムール貝なら知っていますが・・愛ある貝ってシャレかな♪
・**アムール貝**ってなんだよ。いくら愛（アムール）に飢えてるからって。

【アムール】（フランス）amour 1.愛。愛情。恋愛。2.愛人。
【ムール貝】《（フランス）moule》ムラサキイガイの別名。フランス料理に用いられる。

　やはり実在するのはムール貝の方だけのようですが、なんだかアムール貝も食べてみたくなりました。
　あと、アムール川流域で獲れたからアムール貝なのだという主張もありそうですが、それだと地域限定され過ぎです。

第1章　当然すみません。

新進系のアーティスト

もしかして：**新進気鋭のアーティスト？**

検索例（実質件数 164 件）

- 今年もズラリと**新進系のアーティスト**さん達がいろんなパフォーマンスを見せてくれました。
- ヨーロッパ**新進系の**デザイナーのアイテムを取り扱っています。
- 外資系企業に特化した**新進系の**人材紹介エージェントです。
- 海外から参加しているブランドは既に国際的な地位を確立しているブランドではなく**新進系の**ブランドが中心だ。
- **新進系の**ラーメンよりも昔ながらの中華系のラーメンの方が好きなんです。
- こんなやりかたで旨い肉を食べさせてくれるのか、という驚きも与えてくれる、**新進系の**こだわり店を紹介しよう。

　理科系、外資系、太陽系、銀河系など、名詞の後ろに「系」を付けて一つのまとまりのある関係にあることを表す語はたくさんあります。でも、新進系という言葉は初めて目にしました。

　近頃は「かっこいい系」「かわいい系」など、なんでもかんでも「系」を付けて一つの"くくり"に属しているというニュアンスを表したりもするので、これもその一種なのかなと最初は思いました。

　でも、これってもしかしたら「新進気鋭」を聞き間違えて覚えてしまったんじゃないでしょうか。

　「新進気鋭」という言葉を耳にした時、もし「気鋭」という言葉が思いつかなければ「系」と聞こえる可能性は十分あると思います。

　聞き間違いからこうなったのか、それとも今どきの表現なのか。これだけは書いた人に聞いてみないと分からないですね。

【新進気鋭】その分野に新しく現れて、勢いが盛んであること。また、その人。「―の研究者」

ヘキヘキする　壁壁する

もしかして：**へきえき（辟易）する？**

検索例1　（実質件数842件）
- マスコミのこうした常套句には**ヘキヘキする**。
- 自分の言語能力の低さに**ヘキヘキします**。

「へきえき（辟易）する」の独自表現。カタカナ表記については、日本語であると意識しながら使用しているかどうかは不明。
　耳から入って来た言葉をどう書くんだろうという思考過程がすっぽり抜け落ち、何の疑問も持たずに表記してしまうこの不思議。
　ひらがなの「へきへきする」もたくさんあります。

検索例2　（実質件数781件）
- JR駅の**へきへきする**過剰アナウンス
- そのマナーの悪さには**へきへきする**。
- 気温の高さに**へきへきする**観光客も多いようだ。

　漢字表記については、辟易する＞へきへきする＞壁壁する　の変化と思われます。

検索例3　（実質件数51件）
- 特に看護婦の横柄さには**壁壁する**ことがあります。
- 一国家なのに、独りよがりな幼稚さには、もう**壁壁です**。
- 家族割で無料だからといって長時間の電話に**壁々する**。
- この原油価格の高騰ぶりには**壁々してます**よ。
- 日本の通勤電車には**壁々です**（泣）

　伝えたい事と、その為に使う漢字との間の意味のズレ（違い）に気付かないのが不思議です。

【辟易（へきえき）】閉口すること。うんざりすること。
「あまりのおしゃべりとうるささに—する」
「辟」は避ける、「易」は変える。避けて路を変える意。

いちよう

もしかして：「一応」？

> 検索例1
> ・**いちよう**、お値段確認宜しいでしょうか？
> ・**いちよう**美大に通ってます…
> ・**いちよう**夏の課題出来たけど納得いかないので描き直す!!

　最初ネット上でこの言葉を見た時、私の頭に浮かんだのは樋口一葉の「一葉」でした。
　文脈ですぐに「一応」のつもりで書いているんだなとは分かりましたが、その後多くのサイトで同じ表現を見かけて正直けっこうな衝撃を受けました。
　言葉を教科書の活字で覚えるよりも先に耳で聞いて、なんとなく覚えてしまってそのまま文章を書くようになった結果なのでしょうか。
　また、「一応」のつもりで「一様」と書いてる人もいるし、更に「いちよお」「いちよ」なんてのも数多く見られます。

> 検索例2
> ・**一様**、再度、お知らせしときます！
> ・**一様**言っとくけどな、この本お前の親父さんの書斎で見つけたんだからな
> ・**一様**確認しましたが、迷惑メールも今日は届いていません

> 検索例3
> ・**いちよ**お申し込んだけど、やっぱり今更あれに6万円も払うことになったらつらい
> ・**いちよ**お社会人であるため喪服が必要になる。
> ・もちろん、**いちよ**彼に了承をとって、購入決定.
> ・その辺は**いちよ**確認してから叫んだんです。

　近頃自分のウェブサイトを持っている小学生もたくさんいるし、そういうサイトの中でならあるいはこんな"幼児言葉"もないこともないだろうとは思いました。でも実際に検索結果を見てみたら、普通の会社員や主婦などのサイトがたくさん出てきてびっくり。

興味つつ　興味律律

もしかして：**興味津津？**

> **検索例1**　（実質件数237件）
> ・初めてのメーカーなので**興味つつ**で箱を開けました。
> ・娘はおもちゃ屋さんで、おままごとセットに**興味つつ**。
> ・車買うわけでもないのに**興味つつ**でカタログ欲しがる

> **検索例2**　（実質件数28件）
> ・その質問には結構**興味律律**で聞いています。
> ・子ども達は臼の周りを囲み**興味律律**な様子で見つめていました。
> ・裏話には**興味律律**たるものがあります

　ネット上で初めてこれらを見たとき一瞬キョトンでしたが、すぐに深く納得しました。「興味津々（しんしん）」のうろ覚え表記。目から入って読み損なってそのまま覚えてしまったようです。
　「興味律律」というのを見つけてしまうと、今度は「興味りつりつ」とそのまま書いちゃってる例もあるのか気になるところですが、実際にありました。

> **検索例3**　（実質件数28件）
> ・さきほど来た時、遠くのテーブルにあったビールに**興味りつりつ**。
> ・あの壮大で神聖な第3楽章のあとに、いったいどんな4楽章が続くのか、**興味りつりつ**でした。
> ・幾らになるか、とても**興味りつりつ**です。

【興味津津（きょうみしんしん）】興味があとからあとからわいて尽きないさま。「やじ馬が―と見守る」

　検索結果の中で「興味津津」を何故「きょうみしんしん」と読むのか理解できないと言っている人がいて、この点については妙に共感してしまいました。

焼き回し

もしかして：**焼き増し**？

検索例1　（実質件数 175 件）
- 親族みんなで撮った写真の**焼き回し**してもらう為に いまから式場へ行って お金払ってきます
- 昔は，カメラの写真は現像して，**焼き回し**して友人に配るというのが一般的でした。
- この写真を今年の思い出として**焼き回し**してもらいたいのですが…

　ある写真屋さんのサイトによると、お客さんがフィルムを持ち込んで焼き増しを依頼する際「焼き回しして下さい」と言う人の割合は 30% だそう。
　私自身このような覚え違いをしていた事はないのですが、ネット上であまりにもこの言い回しを頻繁に見かけるので、もしかしたらこれは私の知らない写真用語で何か特別の意味があるのではないかと、少し不安な気持ちになったりもしました。

同じ写真を増やすという意味より、焼き増し後に出来上がった写真を多くの人に配布して回る行為のイメージの方が直接結びついてしまって、こんな言い方が広まったのでしょうか。
　Web上では単純に誤りとして指摘している人と、焼き増しとは異なる新しい言葉、もしくは以前から存在する言葉であると主張する人の両方が存在します。
　また、「焼き回し」という言い方を「焼き直し」のつもりで使っている人も多いです。「この曲は誰それのなんとかいう曲の焼き回しだ」みたいな使い方で。

検索例2
- この曲を聴け! 60〜70年代の**焼き回し**はもう要らない。　個性を打ち出せない連中は世に出てこなくてもいい。
- この小説はオリジナルなものもありますが、　だいたいが2次的な作品です。**焼き回し**ですね。
- ちょっと昔にヒットした映画を**焼き回し**したような映画が多いですね。

【焼き増し】写真の印画を追加して焼き付けること。また、その写真。

テレビ誤植3

事態→自体？

2014/8/28　Eテレ「オトナへのトビラTV」

第1章　当然すみません。

感情輸入

もしかして：**感情移入**？

検索例（実質件数 266 件）
- 展開が速すぎて**感情輸入**する暇がない
- RPGというジャンルはどうしても**感情輸入**できないと、最後まで遊べない傾向がある
- 自分の分身たる主人公に全く**感情輸入**ができません

　多くの人達が自分で感情を移入できずに、どこかの国からの輸入に頼っているらしい今日この頃。その件数は今後も増加傾向にあり、自給率の低下が懸念されています。なんつって。

【感情移入】自分の感情や精神を他の人や自然、芸術作品などに投射することで、それらと自分との融合を感じる意識作用。

店員オーバー

もしかして：**定員オーバー？**

> **検索例**（実質件数 330 件）
> ・狭い店内に、**店員オーバー**の参加者。
> ・**店員オーバー**になるので早めのお申し込みをお願いします。
> ・エレベーターは**店員オーバー**に近い状態だった。

「定員オーバー」のつもりのうろ覚え表記。
　うろ覚えと言うより単に「タイプミス＋そのまま変換」のパターンがほとんどなのだと思いますが、いずれにしてもかなりの面白変換です。
　クルマや船舶、そしてエレベーターなどの"乗り物"の定員だったり、またなんらかの募集やイベントの定員枠などとして多く使われています

> 【定員】規則によって定められた組織などの人数。また、乗り物・会場などの安全を考慮した上での収容人数。「―に達する」

第1章　当然すみません。

アメリカ在中

もしかして：**アメリカ在住？**

検索例1　（実質件数 153 件）
・御主人の仕事の関係で**アメリカ在中**という若い日本人御夫婦と一緒でした。
・当時、**アメリカ在中**の叔母が帰国していて、叔母が命名してくれました

「アメリカが入っています」？
　アメリカに住んでいるということを言いたいのなら、それは「アメリカ在住」です。
　アメリカ以外にも色々な国が入っていました。

検索例2
・先日**ロシア在中**の大使館の方が来店しました。
・一番参考になったのは**英国在中**の方の経験談etc…

【在中】中に書類・金品などが入っていること。また、そのことを封筒や包みなどの表に示す語。「書類が―している袋」「請求書―」

満身相違

もしかして：**満身創痍？**

検索例1　（実質件数 227 件）
- 既に**満身相違**のアメリカ経済をこれ以上追い詰めるのは危険
- 足をつったようだが交代枠はなく、**満身相違**で試合はそのまま終了。
- **満身相違**の身体は、すでに限界を超えとった。

意味：まったくの別人であること。

用例
- 大好きな彼だと思って後ろから抱きついたら満身相違。全然違う人でした。（涙）

　さすがにこんな使い方をしている人は一人もいなかった「満身創痍」のうろ覚え表記。
　一応この言葉の意味は、全身傷だらけであること。転じて、徹底的にいためつけられることです。
　「慢心相違」という表記もたくさんありました。さすがに冗談で使っている人も少なくないようですが、漢字が一つも合ってないのに多くはちゃんと「満身創痍」の意味で使われています。完全に音だけで覚えているんですね。

第1章　当然すみません。

もってのこい　持っての他

もしかして： **もってこい　以ての外？**

検索例1（実質件数64件）
・サッカーには**もってのこい**の天気
・ピアノ上達には**もってのこい**らしいですね
・ドライブと観光の疲れを癒すのには**もってのこい**

「もってこい」と「もってのほか」の合体語。
もっぱら「もってこい」の意で使用される。
ちなみにもってこいは漢字で書くと「持って来い」。

【持って来い】 最も適しているさま。打ってつけ。「スポーツには―な季節」

検索例2（実質件数216件）
・メイクを落とさずに寝てしまうなんて**持っての他**ですよ。
・外国製品を安易に購入するなんて**持っての他**。
・暴言や暴力を振るう等は**持っての他**なのはお解かりでしょう

「増税等持っての他だ!!」と息巻いても、ちっとも説得力のない「以ての外」のうろ覚え表記。
　「もってのほか」と続けてタイピングすれば、だいたい間違いなく変換されると思うのですが、何故そうならないのか不思議です。

【以ての外】 とんでもないこと。けしからぬこと。また、そのさま。（by Yahoo! 辞書）

■**バリエーション**
・そんな、お客様には**持ってのこい**のイベントではないでしょうか!?
・二階の大広間もあるので接待や宴会にも**持っての来い**だと思います。
・年金財源の手をつけようなどいう安易な考え方は**盛っての他**です。

アルファーファ

もしかして：**アルファー波？**

検索例1　（実質件数292件）

- **アルファーファ**が出る自然の音CD7枚セット
- 心地よいから、たぶんすごい**アルファーファ**出てると思うよ
- 5分ほど見て頂くだけで**アルファーファ**状態に！
- ぽかぽか陽気がわたしに**アルファーファ**をくれるんです
- 心地よいサウンドで脳の**アルファーファ**を刺激します
- 緊張から解き放された時、脳内に良い物質（**アルファーファ**等）が生成されるそうで

あんまり癒されすぎるのも考えものだと思った「アルファー波（α波）」のうろ覚え表記。単なる名称の覚え違いだけでなく、その他色々な勘違いも混じっているようです。

4番目はアルファー波が外から取り込めるものになってるし、5番目では脳の一部分の名称になっていて、6番目では物質化しちゃってます。

検索例2

- 大きな木々の中を歩いてると**αファ**をいっぱいもらえます
- こちらの日陰コースは、野鳥のさえずりが聞こえてきて 自然の**αファ**と森林浴を浴びながらは、飼い主にもとっても落ち着いてくるんですよ。
- ワンコの頭をひとなでするだけでワン好きなヒトの頭の中には**αファ**が出ると聞いたことがあります。。。
- あの伸びやかな歌声……**α－ファ**出まくってたモンなぁ
- 間違いなく**αファ**は出せます。自身あります。こう、なんていうか頭のてっ辺からふぁ〜んって感じで出るんですよ。

「αファ」と書いている人達にとって「ファ」って何なんでしょうか。
やはり言葉は目で見て覚えるのが一番確かなんだと、改めて思いました。

【α波】脳波の波形の一つで、覚醒安静時に表れる8〜13ヘルツの波。

第1章　当然すみません。

一把ひとからげ

もしかして：**十把一絡げ**？

検索例1　（実質件数 57 件）
- 他人様から**一把ひとからげ**される理由はない！
- **一把ひとからげ**で考えられてはたまりません
- 最大公約数的な、**一把ひとからげ**、一面的な評価をせざるを得ない教育システム

【十把一絡げ（じっぱひとからげ）】いろいろなものを雑然とひとまとめにすること。一つ一つ取り上げるほどのことはないとして、まとめて扱うこと。
(by Yahoo! 辞書)

はじめから一つしかないものを更に一つにまとめるってどうやるのでしょう。
ちなみに「じゅっぱひとからげ」では変換されません。
私のパソコンでは「十派一からげ」となりました。
実際これで確定してしまっている人もたくさんいるようです。

検索例2　（実質件数 153 件）
- 薄暗い船内は、まるで**十派一からげ**の奴隷達を運ぶガレー船のようでもありました。
- **十派一からげ**の保育で全くひとりひとりに目を配る余裕はありません。
- **十派一からげ**で「民族主義」と規定することはできない。

バリエーション

「**十把ひとかげら**」
- そうそう、十把ひとからげを長いこと**十把ひとかけら**とか**十把ひとかげら**なんて間違えて覚えてしまったのは私です。

「**十派ひとかけら**」
- 重要キャラじゃないから**十派ひとかけら**にされたんだよ

「**十把人からげ**」
- **十把人からげ**の給食教育は、どうかなと思います

一色単

もしかして：**一緒くた？**

検索例（実質件数 485 件）
・個人を尊重せず全員**一色単**の見方しかせず
・サッカーとフットサルと**一色単**化にされてもねぇ
・日本だと、何でも違法薬物は**一色たん**に「覚せい剤」と呼ぶ事が多い
・よくよくみるとコンデジとミラーレスとかが**一色たん**に評価されています。

【一色単】「様々な色を混ぜ合わせて一色にする」「複数あるものを一つ（単数）にまとめる」というところから「雑多な物をひとまとめにする」という意味。

用例
・インドネシアとタイを**一色単**にしている
・大人も子供も**一色単**にして考えてしまっている
・公私を**一色単**にするつもりはないetc……

　ちょっと悪乗りしてみましたが、言うまでもなくこれは「一緒くた（いっしょくた）」のうろ覚え表記であり、一色単という言葉はありません。
　検索件数の多さに驚きますが、この中には誤りの指摘をしているページや、子供の頃またはつい最近までこういう言葉があると思っていた、と書かれているページなども含まれています。

【一緒くた（いっしょくた）】 雑多な物事が秩序なく一つになっていること。ごちゃまぜ。「何もかも―に扱う」「―に煮込む」

バリエーション
「一色多に」「一緒くたん」

　実際の会話の中で「一緒くたん」と聞こえたり、また地方によってはむしろこう発音する方が自然だったりしたとしても、書き言葉はそれとは別ですから、一緒くたにはできません。

責任転換

もしかして：**責任転嫁？**

検索例（実質件数 332 件）
・私に**責任転換**されても困るんですけど？！
・やっぱりいるんだよね人に**責任転換**するやつ（怒）
・いまのあなたは**責任転換**してるだけで自分の責任を逃れようとしてるように思います。

「責任転換」だと責任を何か他のものに変えてしまうという意味になりますが、実際検索された文章を見ると、殆どの人が「なすりつける」という意味合いで使っています。

転嫁：他人になすりつけること
転換：別のものに変えること

ほかにもいろいろありました。

「責任転化」：「転化」はある物質が別の物質に変わるときなどに用います。

・こんな事で悩んだり**責任転化**したりするのは時代遅れもイイトコロです。
・まさに責任逃れと**責任転化**のためだけに書かれた文章だ。

「責任添加」：「添加」は（他のものを）付け加えること。これはこれでなすりつけている感じが出ていますが、やっぱりちょっと違います。

・人に**責任添加**したら気持ちは確かに楽になりますが、これってどうなのでしょうか？
・自分の弱さを人に**責任添加**するのはやめた方がいいと思いますよ。

「責任天下」：「責任」をいったいどうしたいのか分かりません。

・政治を軽んじ、**責任天下**をしているように しか見えないんですよ。
・動員力が無いのは前からわかってるやん。ただの**責任天下**やな。

万難を配して

もしかして：**万難を排して？**

検索例1　（実質件数 120 件）
- とにかくめでたいことですから、**万難を配して**出席します。
- 私も悪霊にとりつかれ易いタイプらしいので御祓いには**万難を配して**参加せねばと思っていた。
- 諸君は**万難を配して**東京高裁に結集し、同志として会おう。

　わざわざ自分の行く手に困難を配置する必要はないと思うんです。

検索例2
- 次回は**万難を配して**もシーバスを仕留めてみせます。
- 彼らは**万難を配して**も日本に来て、少しでも自分らがベネフイット・ライヴ的なものに協力ができればと言い続けてくれた

　そして今回検索例を見ていて気が付いたのは、「万難を配しても」という表現を意図的に用いて「どんな困難が目の前にあっても（それを乗り越える）」という"意志"を表明しているのではないかと見られる使い方があったことです。
　単なる変換ミスなのかどうか、実際の意図は書いた人に聞いてみるしかないのですが、ユニークな使い方だと思いました。

バリエーション
「**万難を廃して**」微妙に違います。
「**万難を拝して**」拝んでどうする。

検索例3
- 先日、**満難を排して**、23日の夕方便をギリギリのタイミングで、最後の席を予約した。
- 上司からの誘いには**満難を排して**付き合う

　驚いたのは「満難を配して」という表記。これはおそらく「万難」を「まんなん」と読み覚え、あとから書こうとしてこうなったものと思われます。

必須うアイテム

もしかして：**必須アイテム？**

検索例1（実質件数 380 件）
- カッコイイ女性の**必須うアイテム**
- キリスト教学は**必須う**科目だった
- 法的視点からの**必須う**セキュリティ対策
- １８種類の**必須う**アミノ酸
- 履歴書、職務経歴書の２つが**必須う**資料です。

「必須アイテム」のうろ覚え表記。
「必須」を「ひっすう」と聞き覚えてしまった為の間違い。
実際にやってみて分かりましたが、少なくとも私の PC 環境では「ひっすう」の変換候補にはカタカナの「ヒッスウ」しか表示されず、一旦「必須」を確定させてその後ろに「う」を付け足すようにしないと「必須う」とはなりません。
さらに、例えば「ひっすうきょうか」「ひっすうかもく」を変換するとそれぞれ「必須右京か」と「必須羽化目」のようになってしまい、やはり一発で「必須う」にはできませんでした。
それでも「必須う」で確定できてしまうのが不思議です。

検索例2（実質件数 213 件）
- 国連の仕事に就きたいのですが国連はフランスと英語が**必須い**だと聞きました。
- 視界が悪い日にはメガネ着用**必須い**だと思います♪
- 今日は3日ですが大晦日に**必須い**の年越しそばを食べるのを忘れてました!!
- グルタミン酸，アスパラギン酸，ロイシンなど**必須い**アミノ酸を含めた十数種類のアミノ酸

「必須い」と覚えている人もたくさんいるようです。

massege

もしかして：**message** ？

> 検索例 （実質件数 478 件）
> ・○○さんににＢｉｒｔｈｄａｙ**ｍａｓｓｅｇｅ**を贈りませんか？
> ・☆**massege**☆このHPから、みなさんにメッセージをおくるページです。
> ・そこの**Massege**から、表示したいメッセージウィンドウ名をクリック

　ある若手女優さんのオフィシャルサイトに偶然たどりついてなんとなく眺めていたら、リンクボタンの一つに「MASSEGE」という表記がありました。

まっせげ？？

　嫌な予感がしたまま恐る恐るクリックしてみたら、自分のパソコンのメーラーが立ち上がり、これは「MESSAGE（メッセージ）」のつもりなのだと理解しました。
　嫌な予感がした理由は、実は私自身 MESSAGE と書くときいつも頭の中で「めっさげ」だったか「まっせげ」だったか一瞬悩んでしまうからなんです。
　そこで検索してみたら、たくさんの「まっせげ」が見つかりました。

テレビ誤植4

以外に→意外に？

2010/6/17　フジテレビ「ザ・ベストハウス123」

第1章　当然すみません。

事情徴収

もしかして：**事情聴取**？

検索例1　（実質件数 340 件）
・昨日、警察で**事情徴収**を受けた
・友人が**事情徴収**を受ける事に
・名前のあがった力士らに**事情徴収**した

件数が多い割に誤りの指摘が意外に少ない「事情聴取」のうろ覚え表記。

【徴収】
　(1) 金をとりたてること。「会費を―する」「臨時―」
　(2) 行政機関が法に従って租税・手数料などを国民からとりたてること。「住民税を―する」
【聴取】
　(1) 事情や状況などをききとること。「被害者から事情を―する」
　(2) ラジオなどをきくこと。

そういう訳で、「事情」はお金ではないので"徴収"はできません。

検索例2
・直ちに**事情聴衆**と、身柄引き取りに出向くと申し入れました
・警察から**事情聴衆**を受けるため、近所で噂になることもある。
・当然**事情長州**以上の事されてるだろうけど、何も報道ない
・警察はあいつからも**事情長州**しろよ

「事情聴衆」もたくさんありましたし、絶対ないと思っていた「事情長州」(殆どはジョークで使用) も見つかりびっくり。

半旗を翻す

もしかして：**反旗を翻す？**

検索例1 （実質件数108件）
- 反日国家と共謀し日本政府に**半旗を翻す**国会議員経験者が後を絶たない。
- 選挙で地方を無視し続けてきた政府に今こそ**半旗を翻す**とき！
- 唯一の戦力である騎士団が、王に**半旗を翻した**としたら？

　「反旗を翻す（謀反を起こす。反逆する。）」のうろ覚え表記。
　「半旗」は翻すものではなく掲げるもの。弔意を表すために、国旗などを旗ざおの先から三分の一ほど下げて掲げることです。

用例
- 米国で発生した同時多発テロの犠牲者を悼み、在日米国大使館でも**半旗が掲げられ**た。

　この検索結果の中に、本来「半旗を掲げる」とするべきところ（弔意を表すための掲揚）を「半旗を翻す」としている例は殆ど見られませんでした。

検索例2 （実質件数244件）
- 北京の北朝鮮大使館が**反旗を掲げた**そうです。
- 皇帝に**反旗を掲げ**流刑に処せられた。
- やがて工場にはストライキが起り、或る植民地は**反旗を掲げ**、鉄橋はダイナマイトで壊された。

　そしてもちろん「反旗を掲げ」ている人達もたくさんいるのでした。
　こちらの検索結果には、少数ですが弔意を表す意味で「反旗を掲げ」ている例が見られました。

検索例3
- 葬儀は十一月四日、日比谷公園において厳粛盛大に執り行われ、国民は各戸に**反旗を掲げて**弔意を表した。
- 中国の北朝鮮大使館で反旗を掲げられたという放送がありますが、具体的に「**反旗をかかげる**」ということはどういうことですか？旗をさかさまにするんですか？

不足の事態

もしかして：**不測の事態？**

検索例1 （実質件数 381 件）
- 本ページはメインサイトとは別のサーバにて管理されているため、**不足の事態**に陥った際にご利用いただけます。
- AEDを1Fロビーに設置して、**不足の事態**に備えております。
- 一部が治安当局と対峙するなどしているため，**不足の事態**に発展する可能性もあります

不足の事態：予測以上に数が足りなくなること。

　ではなくて、殆どの場合においてこれは「不測の事態（予測できない事態）」の誤りです。
　日常会話にあまり出てこない言い回しということもあり、企業や大学などのお堅いサイトが目につきます。

　※単に「○○不足の事態」のようにして何かが足りない（足りなくなる）状態を表している場合も多くあります。

> 例
> ・阪神先発要員"不足"の事態
> ・アラブの春は米に情報不足の事態を生んだ
> ・風疹ワクチンについて、メーカーの増産で在庫不足の事態は回避された

　あと「不足の自体」も多数ありますが、これは読みが一緒なだけで意味付けのしようがありません。できるならばもうちょっと面白く間違えていただきたいものです。

> 検索例2
> ・災害・地震等の**不足の自体**において起きた事故等についても一切責任を負えませんのであらかじめご了承ください。

> 【不測】予測できないこと。思いがけないこと。「―の事態」

テレビ誤植4

矢沢栄吉→矢沢永吉？

2013/3/11　テレビ朝日「ストライクTV」

第1章　当然すみません。

「事故解決しました。」

もしかして:「自己解決しました。」?

検索例 (実質件数138件)

・申し訳ありません**事故解決**しました。オプションのUIをオフにして起動すると正常に作動できました

質問掲示板で多く見られる定番の変換ミス。

例

・パソコンソフトの動作が急におかしくなったりして慌てて質問の書き込みをし、数件の返答を もらったあとで、「すみません、**事故解決**しました。〜ヽ(´ー`)パソコンを再起動したらあっさり認識してくれました…<(_ _)>汗。」とか書いて本人そそくさとフェードアウト。

よくある光景ですね。
答えた皆さんどっちらけ。
とりあえず自己解決できて何よりです。

今日つけて　気よつけて

もしかして：**気をつけて？**

検索例1　（実質件数 423 件）
- 皆さんも花粉症には**今日つけて**くださいね。
- みなさんも健康には**今日つけて**ください。
- 「車に**今日つけてね〜**」と送り出した。
- おまえら明日は**今日つけろ**よ。
- 夏ばてに**きょうつけて**くださいねっ♪
- ネットもいいけどネット依存症には**きょうつけよう**

　今日、何をつければいいのか聞き返したくなる「気をつけて」のうろ覚え表記。
　うろ覚えにもほどがあると思います。
　小学生の「きょうつけて」はまだかわいいかもしれませんが、大人が自分のブログで「今日つけて」と書いているのはあまりかわいくないかもしれません。
　この言葉は検出が大変難しく、いくつかの表記に分けて検索しました。
　普通に「何かを身に付ける」の意味も当然とても多く、検索件数については目安程度に考えて下さい。

検索例2　（実質件数 135 件）
- 分かれば良いのよ。次回から**気よつけて**くれれば
- 熱中症とかに本当に**気よつけてね！！**
- 温度差で風邪引かないようにみんな**気よつけてね**(*´∀`*)

　その間違いを指摘すると「小さい頃からずっとこう覚えてたし、今まで誰からも間違いだなんて言われたこともない。それに『気よつけて』の方がゼッタイ言いやすいし、言葉って時代と共に変わるもの？ですよね。一々こういうこと指摘されるとけっこうムカつくんですけど」と言われそうな「気をつけて」のうろ覚え表記（長っ！）。
　ちなみにローマ字式のタイピングでは「を」は「WO」。「よ」は「YO」。
「W」は左手。「Y」は右手で打ちますから、指が滑って打ち間違えたとは考えにくいです。

第1章　当然すみません。

えんりょうなく

もしかして：**えんりょなく？**

検索例1　(実質件数126件)
・**えんりょうなく**立ち寄ってください。
・荒らしには、**えんりょうなく**文句書きます。
・**えんりょうなく**施工会社に直してもらうこと

　これについては最初にひとこと言わせてもらっていいですか？
　では遠慮なく。なんじゃこりゃ……
　という訳で、「遠慮」を「えんりょう」と聞き覚えて、そのまま書いてしまっている例が多くて驚きました。
　日常会話の中で「えんりょう」と聞こえたり、地方によってむしろこう発音するのが自然だったりすることはあるかもしれません。でも、それを書き言葉として普通の文章の中で使ってしまえば、不自然だと思われても仕方がないでしょう。
　検索結果を見てもらえば分かりますが、「えんりょう」とひらがなで書くぐらいなので、小学生を主な対象とした掲示板での書き込みが多いようですが、文章の内容などから義務教育をすでに終了したと思われる人のサイト内にも少なからず見られました。
　そして更に「えんりょう」をそのまま漢字に変換した、とても奇妙な「ごえんりょう」もありました。

検索例2　(実質件数166件)
・神経質な方ご入札を**ご縁領**下さい。
・バナーの改造は**ご縁領**ください。
・**ご縁量**なくお問い合わせください。
・どうぞ**ご縁量無く**スタッフまでお声をお掛け下さいね。

　漢字一つひとつの意味はもうどうでもいいみたいです。
　これらの変換はオークションサイトやネットショップ上に多く見られ、他人事ながらイメージダウンに繋がるのではないかとちょっと心配になります。

【遠慮（えんりょ）】人に対して、言葉や行動を慎み控えること。「―なくいただきます」「年長者への―がある」「この部屋ではタバコは―してください」

ネットで見かけた信じられない日本語

クレーン射撃

もしかして：**クレー射撃？**

検索例 （実質件数 321 件）
- **クレーン射撃**ってお金のかかるスポーツだと聞いたことがあります。
- ライフル型コントローラを採用した**クレーン射撃**ゲーム
- 雑誌の**クレーン射撃**の記事

　クレーン射撃ではなくクレー射撃なのですが、この間違いがネット上には意外に多く見られます。
　クレー射撃のクレーは標的に使う粘土（clay）の皿のことでクレーピジョンとも呼ばれ、その名の通り昔は生きた鳩を放して標的としていた事もあったそうです。残酷ですね。
　クレーを粘土のことだと分かってしまえばもう間違うことはないと思うのですが、クレーンと表記（記憶）している人は頭の中にどんなイメージがあるのでしょう。
　クレーンが目の前に飛んできたらすごく恐いと思うのですが……。

第 1 章　当然すみません。

内部告白

もしかして：**内部告発？**

> **検索例**（実質件数 78 件）
> ・今回の事件は**内部告白**によって公になったそうだ。
> ・以前は隠し通されていた不正が**内部告白**によって暴露されている。
> ・**内部告白**者の保護的措置

> 【内部告白】職場内で思いを寄せる相手に自分の気持ちを伝えること。

　ということでよろしい訳はなく、Web 上に見られるほとんどの「内部告白」は「内部告発」の誤りと思われます。
　全体的にシリアスな文章が多く、例としてあげるのは大変心苦しい部分もあるのですが、それだけに内容と無関係にこんなことで揚げ足取りをされることのないよう気をつけたいところです。
　「告白」と「告発」はよく似ていますが、もちろんその意味は異なります。

> 【告白】（1）秘密にしていたことや心の中で思っていたことを、ありのまま打ち明けること。また、その言葉。「罪を―する」
> 　　　　（2）キリスト教で、自己の信仰を公に表明すること。また、自己の罪を神の前で打ち明け、罪の許しを求めること。
>
> 【告発】（1）悪事や不正を明らかにして、世間に知らせること。「内部―」
> 　　　　（2）犯罪とは直接関係のない者が、捜査機関に犯罪事実を申告し、犯人の訴追を求めること。「―状」

　「告白」がありのままに打ち明けることであるのに対し、「告発」にはそれ自体に悪事や不正を明らかにするという意味が含まれています。
　近年特に食品関連の"偽装"問題の報道が続き、それらの報道の中に「内部告発」という言葉が含まれていることが多く、それに伴い Web 上でこの言葉（内部告白）もよく見られるようになってきました。

有料で買える

もしかして：**買える**

素朴なギモン。
「無料でもらえる」或いは「タダでもらえる」という言い方は普段の会話で普通にすると思うのですが、では「有料で買える」という言い方はどうでしょう。
どちらも重ね言葉なのに、何故か後者に微妙な違和感があるのは私だけでしょうか。

検索例（実質件数126件）
- カップラーメンやスナック菓子が**有料で買える**。
- **有料で買える**デジタル情報も日々増えている。
- ゲーム内通貨が普通に**有料で買える**みたいだし
- **有料で買える**もの以外にたまに無料でもらえるものもあります。

勝手に思うに、例えば会話の中で「○○がもらえるんだよ」というのが出てきた場合、相手はその物によっては「エッ、それタダでもらえるの？」と聞き返すかもしれません。
「もらえる」には「（本当は有料だけど今回は）もらえる」或いは「（もらえそうにないものが）もらえる」というようなニュアンスがついてくるんじゃないでしょうか。
だから、それを聞いた相手は確認の為に「タダで？」と聞き返す。そして、そのことが（無意識にでも）予想されるので、話す方が予め「タダで」を付け加えるのが習慣化し、その言い回し自体が日常的なものになったのではないでしょうか。
対して「買える」は、この言葉自体がすでに「お金を支払う」ことそのものを意味しているので、ここに更に「有料で」を付け加える必要がないし、「お金を出しさえすれば（本来売っていないものを買うことができる）」というニュアンスはまだそれほど強く持たせられていない為、ここに「有料で」を加えるとどうしても"クドく"なってしまいます。
「お金を出しさえすれば」のニュアンスをはっきり伝えたいのであれば、その場合は普通に「販売している」或いは「販売もしている」という言い方で代用できる気がします。
でもこれは、違和感がない人にはまったくないのかもしれません。

モロともせず

もしかして：**ものともせず**？

> **検索例1**（実質件数 434 件）
> ・最悪のコンディションを**モロともせず**にガチンコファイトを展開。
> ・未開の自然路を**モロともせず**ツインエンジンで一気に駆け上がっていく姿は圧倒的でした。
> ・寒さを**モロともしない**お年寄りが多いこと多いこと
> ・向かい風を**モロともしない**圧倒的飛距離！

　ぱっと見、何のことかよく分かりませんが、これは「○○を物ともせず」のうろ覚え表記です。
　おそらく「モロ」という言葉を「大きいダメージ／障害」というニュアンスでとらえ、「ダメージ／障害が大きいにもかかわらずその場を切り抜けた」というような解釈をしているのではないでしょうか。
　単なるタイプミスだとしても、「モロ」というカタカナが出ているのを気付かずそのまま確定するのは凄いなと思いました。
　ちなみに「諸共せず」というのも非常に多いです。こちらはもう解釈不能。全く意味が分かりません。

> **検索例2**（実質件数 92 件）
> ・のんびりツーリングを楽しんでる大型バイクをも**諸共せず**ぶち抜く嫌な原付
> ・集中する視線を**諸共せず**、カウンターに置かれた椅子に腰掛ける。
> ・メンバーたちはそんなことを**諸共せず**、気迫のこもったパフォーマンスを見せてくれました。

> 【物（もの）ともせず】障害を無視して立ち向かうさま。「負傷を―出場する」
> 【諸共（もろとも）】行動を共にするさま。あいともに。ともども。「戦車―自爆する」「死なば―」

ご愛好いただき　ご愛護いただき

もしかして：ご愛顧いただき？

検索例1　（実質件数316件）
- 取引先の皆様方には平素から格別の**ご愛好いただき**、厚くお礼申し上げます。
- 長い間**ご愛好いただき**誠にありがとうございました。

　「ご愛好いただき」は「ご愛顧（を）いただき」のうろ覚え表記ですのでお気をつけ下さい。検索結果は企業サイトやオンラインショップがてんこ盛り。
　「ご愛顧を」と「ご愛好」とでは、アクセントの違いはあれど読みはほぼ一緒ですから、耳から聞いてそのまま間違って覚えた人も多いのだと思います。
　タイプミスも当然あるでしょうけど、「ごあいこ『を』」を「ごあいこ『う』」と打ち間違えるのは、言葉そのものを間違って覚えていたと考える方が自然ではないでしょうか。
　【愛顧】は「ひいきにすること。目をかけること。」で、【愛好】は「（おもに趣味として）物事を愛すること」なので、重なる部分もあり検索結果の文章の中にも正否の判断がつけがたいものもいくつかありましたが、やはり使う場面は異なります。

検索例2　（実質件数124件）
- ○月○日で閉店いたします。　**ご愛護いただき**誠にありがとうございました。
- 今後とも変わらぬ**ご愛護いただき**ますよう、どうぞよろしくお願い申し上げます。

　可愛がっていただいたことを感謝、という意味の使い方として必ずしも間違いではないのかもしれませんが、通常、業務上の挨拶言葉としては「ご愛護下さい」「ご愛護いただき」というような言い方はあまりしないと思います。

> 【愛好】その事が好きで楽しむこと。「美術を―する」「バロック音楽―家」
> 【愛護】かわいがって、大事にすること。「動物―週間」
> 【愛顧】ひいきにすること。目をかけること。多く「御愛顧」の形で、目をかけられる側が用いる。

　「可愛がる」と「ひいき（贔屓）にする」は、似ているけれどやっぱりちょっと違います。

私念

もしかして：**私怨？**

> **検索例**（実質件数260件）
> ・少なくとも、**私念**でスレ立てなんかしない。
> ・政治は**私念**でするものではない
> ・いますぐ**私念**での書き込みはおやめください。

　ネット上で「私念」という言葉を見つけて、見慣れない言葉だなと思ったので調べてみたのですが、複数のオンライン辞書と手元の国語辞典には載っていませんでした。
　そこでこの言葉で検索してみたら、中国語で「利己的な動機」、そして、哲学用語として「言語化されていない感覚的確信のこと」などの意味を持つ言葉であることが分かりました。
　ただ、実際のネット上での用例を見ると、その多くは「私怨」の意味で使われているように思われます。

> 【私怨（しえん）】個人的なうらみ。「―を晴らす」

　「私念」はネット上の掲示板などによく見られ、この言葉が出るたびに誤りの指摘も数多くされています。

> **検索例2**
> ・**私念**てもしかして、私怨のこと？私怨の怨と怨念の念を間違えた…
> ・ごめん。正しくは**私念**にしか見えないだった。私念　⇒　私怨な。漢字くらい間違えないでくださいませ
> ・私怨だとおもうんだけど、**私念**ってなに？思念？
> ・荒らしさん達、「**私念**」ってどういう意味？「私怨」って言いたいの？

　いずれにしてもあまり一般的な言葉／表現ではなく、少なくとも私自身が使うことは決してないだろうと思うのでした。

強いたげる

もしかして：**虐げる？**

検索例1 （実質件数 328 件）
- 相手を**強いたげる**事でしか愛を見出だせない男
- 食物連鎖でもわかる様に、強者は弱者を**強いたげる**。
- そんな**強いたげられた**状況で小遣いなしなんて自分ならキレてます
- そんな家にいて、家族に**強いたげられた**毎日を過ごしていて大丈夫ですか？

「強いる」 ⇒ 無理に〇〇させる ⇒ 相手を苦しめる ⇒ 「虐げる」というイメージの繋がりが、この誤記を気付きにくくさせている要因だったりするのでしょうか。
　いずれにしても「しいたげる」とタイピングして「強いたげる」が変換候補には出ないと思うんですけどどうなんでしょう。

検索例2
- 奥さんに無理を**強いたげる**と、愛想尽かされますよ(笑)
- 世の中で不便を**強いたげられている**女性達に朗報をもたらす
- 辛い強制労働を**強いたげられていた**父親
- 我慢の限界を**強いたげられた**ことは幾度となくあります。

　検索例を一つひとつ見ていくと、実際には「無理強いする」「強いる」の意味で使っている人がとても多いことに気が付きました。
　これもまた不思議な間違い方です。変換ミスとも違うし、「しいる」よりも先に「しいたげる」という言葉が頭に浮かび、そのまま書いてしまったと考えるのが自然でしょうか。

【虐げる】むごい扱いをして苦しめる。虐待する。いじめる。「異教徒を―・げる」
【強いる】相手の意向を無視して、むりにやらせる。強制する。「酒を―・いる」「予想外の苦戦を―・いられる」

徐所に

もしかして：**徐々に？**

> 検索例1　（実質件数 324 件）
> ・紫外線は3月頃から**徐所に**増え始めます。
> ・先輩や上司のアドバイスで**徐所に**ランクアップしていける環境です！
> ・最初はゆっくり、**徐所に**スピードアップします。

　非常に数が多いので、もしかしたらこういう言葉があるのかと、おもわず複数の辞書をチェックしました。
　「徐々に（じょじょに）」を「じょしょに」とタイプミスして、このように変換されたのでしょうか。
　読み方そのものを「じょしょ」と覚えてしまっている人がいるのか、いないのか気になります。
　ちなみにひらがなで「じょしょ」と書いている人もたくさんいます。

> 検索例2　（実質件数 90 件）
> ・差し入れの回数を**じょしょに**減らしていったらどうでしょうか
> ・三品目。**じょしょに**味が濃くなってきてます。
> ・でも**じょしょに**雲行きがあやしくなりそうな気配で

　また、「じょじょに」と続けてタイプしないで「じょじょ＋に」のように「じょじょ」でいったん区切って変換してしまうと、「徐所」「除所」「叙所」などの変換ミスになりやすいようです。

> 検索例3　（実質件数 399 件）
> ・リンパ管の老廃物を溶かしながら**除所に**運んでいく効果があります。
> ・お昼前になると天気が**除所に**回復してきました。
> ・TOEICにも興味があり、**叙所に**ビジネスでも使えればと思っています。
> ・運転も**叙所に**馴れてきて上手くなってきたかも

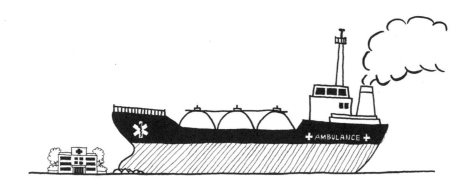

タンカーで運ぶ

もしかして：**担架で運ぶ？**

> 検索例
> ・○○大学の主将が**タンカーで運ばれる**怪我を負い終盤少し試合が荒れて来たのは残念でした。
> ・選手が演技中に転倒して骨折、**タンカーで運ばれた**なんてこと見た事ないですよね。
> ・観光客らしきスキー客が救急車で搬送されてきて**タンカーで運ばれてくる**ではありませんか。
> ・病人は**タンカーで運ばれた**が、救急車はなかなか発車しない。

担架（たんか）のことをタンカーと聞き覚えて、そのまま使っている人が意外に多いようです。

それにしても、もし病院にけが人がタンカーで運ばれてきたらびっくりしますね。なかなかそんなイメージは頭に浮かびませんけど。

思いつかばない

もしかして：**思い付かない　思い浮かばない**

「思い付く」と「思い浮かぶ」が合体した否定形。なんでこうなるのとしか言いようがありません。

検索例1　（実質件数74件）
- どういった手段があるか**思いつかばない**状況です。
- 他にいい言葉が**思いつかばない**
- 我々スタッフにも**思いつかばなかった**使い方があるみたいです

【思い付く】ある考えがふと心に浮かぶ。考えつく。「いいアイデアを―・く」
【思い浮かぶ】心に浮かぶ。「名案が―・んだ」

　とっさに口をついて出たのなら分かりますが、書き文字に使われているのは不思議。
　どこかの方言であるのかもしれませんが、標準語の文章中に唐突に出てくるのはいかにも不自然です。
　ただ検索結果をよく見ていくと、この表現を意図的に使っている人達もいるようです。

検索例2
- 友達がよく「思いつかない」を「**思いつかばない**」というので、それは違うだろというと、普通にみんなつかうでしょとのこと。
- 「**思いつかばない**」はよく使うわよ
- 「俺言葉」といふものがあります。方言や俗語とも違った自分しか使ってないだろう独特な言葉です。代表的なもので「**思いつかばなかった**」というものが。

　語感重視で日本語として正しいかどうかにはこだわらない人が増えれば、このような"独特な"表現ももっと増えていくのかもしれません。

物議をかます

もしかして：**物議をかもす？**

> 検索例1　（実質件数834件）
> ・ゲストは、先日**物議をかました**あの女優。
> ・最近はテレビでも色々**物議をかます**言動が出てきてるようだ
> ・なんか私の発言が色々**物議をかましていた**ようで申し訳ございません。
> ・彼の突然の引退は**物議をかましました**

　世間の論議を引き起こすことを「物議を醸す（ぶつぎをかもす）」と言いますが、これを「物議をかます」と書いているのを見ることがあります。

> 【かもす（醸す）】（2）ある状態・雰囲気などを生みだす。「物議を—・す」
> 【かます（噛ます／咬ます／嚼ます）】（3）相手がひるむように衝撃を与える動作・言葉を加える。「張り手を—・す」「はったりを—・す」

　面白いと思ったのは、検索結果の中に「物議をかます」と書いて「議論をふっかける」「議論を交わす」というようなニュアンスにとれる使い方が見られたことです。

> 検索例2
> ・そして私は、活動先で地域リーダーと**物議をかました**のだった。
> ・これだけ上位にいる人へ**物議をかました**のは配属先以外では初めてだった。
> ・何で結婚しないのかうちの課の課長とこっそり**物議をかまして**ます。
> ・神父と隊長はなにやら先程のチェスの結果について**物議をかましている**ようだ。

　面白いというより明らかに間違った使い方なのですが、なんとなく雰囲気で通じてしまうから不思議です。

ネットで見かけた信じられない日本語

苦しまみれ

もしかして：**苦しまぎれ**

「苦し紛れ（くるしまぎれ）」のうろ覚え表記。大変数が多く、誤りの指摘もされています。

検索例1（実質件数 207 件）
- いきあたりばったりの**苦しまみれ**の企画だったりでキャラ設定がいい加減
- 冗談に見せたカミングアウトにも聞こえるし**苦しまみれ**の冗談にも聞こえる
- 問い詰められ、**苦しまみれ**に余計な事まで言ってしまった
- 私は**苦しまみれ**の言い訳をしました。

検索例2
- 職場のアルバイトの女の子が「苦し紛れ」のコトをいつも「**苦しまみれ**」って言うんですよ…。そ、そんなモンにまみれたくないって…。
- てか、**苦しまみれ**ってなんだ？
- 御題もしょうもないのなら出来てるんで、**苦しまみれ**に じゃなかった苦し紛れに更新して見ようかな
- **苦しまみれ**・・・違ッ！苦しまぎれ

【苦し紛れ（くるしまぎれ）】苦しさのあまりにすること。「―の言いわけ」
【紛れる（まぎれる）】（4）他に心が奪われて、本来行うべきことがおろそかになる。「多忙に―・れて返事が遅れる」
【塗れる（まみれる）】（2）問題を多く抱えて困った状態である。「汚名に―・る」

　「まみれる」に「困った状態」の意味があり、それを理由に「苦しまみれ」という言葉もアリなんじゃないかと主張することはできるかもしれませんが、「まぎれる」の「心が奪われて」いる状態とは異なるので、ムリに使っても苦し紛れの言い訳に受け取られかねないので、やはり使わない方が良さそうです。

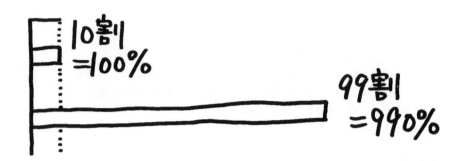

99 割

もしかして：99 パーセント？

> 検索例（実質件数 573 件）
> ・野菜はほぼ**99割**モヤシでしたがこれが結構こだわってるモヤシらしく
> ・東京大学の現役合格者の**99割**が使っている受験の必勝アイテム
> ・線画ができた時点で**99割**終了しているも同然です。

　どうやらわざとやっている人も多いようなのですが、数年前から大型掲示板等で見られるようになり、その後それ以外の場所でも少しずつ見られるようになってきた表記です。
　言うまでもなく 1 割は全体の 10 パーセントですから、99 割だと 990 パーセントになり、軽く 100 パーセントを超えちゃってます。
　限られた場での一種の言葉遊びとして使われているうちはいいのですが、これらをたまたま目にして 99 割と 99 パーセントを同義と捉え、そのまま覚えてしまう人が出てきてしまうんじゃないかちょっと心配です。

超高速ビル

もしかして：**超高層ビル**？

> **検索例**（実質件数 99 件）
> ・大地震が起きたら・・・**超高速ビル**って本当にポキッておれることはないのでしょうか？
> ・どこから撮っても背後の**超高速ビル**群が邪魔をしています。
> ・1993年 **超高速ビル**では日本一の高さとなる横浜ランドマークタワー開業。
> ・周りを取り囲む**超高速ビル**群と鮮やかな対比を見せる佃島

　物凄い速さで向かってくる大きなビルを連想して怖かった「超高層ビル」のうろ覚え表記。

　うろ覚えと言うより単なるケアレスミスの方が多い気もしますが、その語感のインパクトの強さで思わずピックアップしてしまいました。

　検索結果からは、他にも「超高速マンション」「超高速住宅」「超高速ホテル」など、色々速そうな建物が見つかりました。

一人で店をきりもみ

もしかして：**一人で店を切り盛り？**

> **検索例**（実質件数 142 件）
> ・宿泊客は私たちだけ、しかも婆さん**一人できりもみ**しているらしい。
> ・店主は60歳過ぎの親父さんが**一人できりもみ**をしながらやっていました。
> ・ただ**一人で店をきりもみ**する女主人が作る独自のソース。

なんだかとても忙しそうなイメージは伝わってくるような気がするのですが、やっぱりこれは「切り盛り」のつもりで書いてるんだろうと思います。

> 【切り盛り（きりもり）】2. 物事をうまく処理すること。切り回し。「大世帯を―する」
> 【錐揉み（きりもみ）】2. 飛行機が失速したあと、機体が螺旋（らせん）を描きながらほとんど垂直に降下すること。スピン。

脳内保管

もしかして：**脳内補完？**

> **検索例**（実質件数 493 件）
> ・想像力豊かな人はいろいろ**脳内保管**ができそう。
> ・わりと大雑把に間を抜いても、意外と**脳内保管**が効くもので動いているように見えます。
> ・無音の部分は**脳内保管**でお願いします

しまっとくんですか？頭の中に。

足りない情報を脳内で補うという意味で「脳内補完」という言葉が使われますが、この"補完"が"保管"になっているのを見ることがあります。

もしかして単純な変換ミス以外に、「脳内に保管されている情報を出し入れして、使いたい時に取り出す」というようなニュアンスで、意識的に使っている人もいたりするのでしょうか。

同一3位

もしかして：**同率3位？**

> **検索例**（実質件数 84 件）
> ・もし、今日勝てばゲーム差はなくなり、**同一3位**となる。非常に大事な一戦。
> ・総当りでは、一年生二人が**同一1位**でした！
> ・ありがとうございました これで**同一首位**で、折り返せたよ

　スポーツの試合などで、複数のチームの勝ち点が横並びで順位が付けられないとき、「同率〇位」という言い方をしますが、これが「同一〇位」になっているのを見ることがあります。

　単純に何勝したかだけでなく、引き分けの数や総得点数など、競技によって様々な基準が設けられ、それによって勝ち点が決まります。

　そのようにして出た勝ち点が同じで、順位が付けられないから「同率」なのであり、「同一順位（同じ順位）」ではありません。

　例外として、ルール上3位決定戦などを行わず、順位を決めずに「同一3位」とする場合はあります。

尾形船

もしかして：**屋形船？**

> **検索例**（実質件数 248 件）
> ・陽春の川面を水車の音を響かせながら**尾形船**がゆっくりと下る。
> ・各町内ごとに**尾形船**を装飾し、川原で御霊を供養します
> ・月夜に**尾形船**に観覧車。夜の旧江戸は明るいのである。

　「屋形船」とは違うのかなあ……。

> **【屋形船（やかたぶね）】**屋形を設けた船。2階屋形もある。多くは、川や海辺での遊覧用。

　けっこう役場とか観光案内のページに出てくるので気になりました。

盤上一致

もしかして：**満場一致？**

検索例（実質件数 43 件）
- 当時はスタンディングオベーションが起こるほど**盤上一致**で賛同された
- すっごい女優オーラだ！**盤上一致**の受賞だと思われる
- **盤上一致**で決まりです‼今回のヘアスタイリストさん じようずです．

何がどう一致したのかよく分からない「満場一致」のうろ覚え表記。
「満場一致」→「万丈一致」→「ばんじょういっち」→「盤上一致」の変化と思われます。

【満場一致】その場にいるすべての人の意見が一致すること。「―で可決」
【盤上】盤の上。特に、碁盤や将棋盤などの上。

近郊報告

もしかして：**近況報告？**

検索例（実質件数 100 件）
- 体の調子が戻っていないけど、**近郊報告**にスクールの校長のとこに顔を出してきた。
- 7年間**近郊報告**メールも、年賀状の交換すらなかった
- これから不定期ですが**近郊報告**としてブログを更新していきますので応援のほどよろしくお願いします。

ローマ字入力では「近況 kinnkyou」の「y」を抜かすと「kinnkou 近郊」になるので、その分間違いやすいのかも。
ちなみに「近郊」は都市周辺の地域の意味です。

せきゅうストーブ

もしかして：**石油ストーブ？**

> **検索例**（実質件数 23 件）
> - **せきゅうストーブ**なんて使うのは論外だし、火事になったら責任とれない。
> - **せきゅうストーブ**には、色々取扱注意点があるらしく 東京消防庁から使用上の注意が出ています。
> - 『石油』を『**せきゅう**』で変換しようとしていたことは誰にも言わずにおこう．
> - 「**せきゅう**を変換できないなんてバカなパソだよね」 って大声で言って「バカはおまえだ」と大笑いされたのだ。「**せきゅう**」でなく「せきゆ」なんだよね。
> - **せきゅう**で変換したら、背級が出てきて、あれ！？っと、思って気がついた。 石油ストーブ、これまでどんな読み方を入力をしていたんだろう

　言うまでもなく「石油ストーブ」の誤りで、私自身初めてこれを目にした時はとても驚きましたが、どうやらある年齢/時期まで「石油」を「せきゅう」だと、思っていたという人は意外に多くいて、Web上には実際にたくさんの誤りと、かつてそう思っていたという"告白"が見られます。

　発音だけなら分かりますが、かなりの年齢になるまで気付かなかったのが不思議です。

気分展開

もしかして：**気分転換？**

> **検索例**（実質件数 777 件）
> - ちょっと**気分展開**しようって事で、久々に髪の毛バッサリ。
> - **気分展開**を兼ねて買い物へ出ました
> - 映画館はひとり貸切状態で映画もとても面白く、いい**気分展開**になりました。

　多くは単純なタイプミスだと思いますが、「展開」には「広くひろげる」という意味の他に「次の段階に進む」という意味もあるので、何かポジティブなニュアンスを含んだ新しい表現として、意識的に使っている人ももしかしたらいるのかも。

　あと、「気分転嫁」という表記もとても多いのですが、こちらの方は「気分を"なすりつける"」となり、ちょっと解釈の仕様がありません。

継続は持続なり

もしかして：**継続は力なり？**

検索例 （実質件数 51 件）
- **継続は持続なり**。まだまだまだ上を目指して突っ走ろーう。
- またちょっとサボっちゃいました。**継続は持続なり**とはようゆうたもんですね。
- **継続は、持続なり**と申しますが頑張ってやらないとリバウンドします。

　テレビに背を向けた状態でぼんやり音だけ聞いていたんです。
　そしたら聞こえてきました。
　女性の声で「継続は持続なり！」
　おもわず、「なんじゃそりゃ！」と心の中でつぶやいてしまいました。
　Web上では、この言いまわしをジョークっぽく使っている人も勿論いましたが、こういう慣用句が元からあるかのように普通に使っている人も多く、これもまた驚きでした。

旧態然とした

もしかして：**旧態依然とした？**

検索例 （実質件数 352 件）
- 地域社会で幅を利かせていたさまざまな業界の**旧態然とした**慣習
- 従来の**旧態然とした**日本の保険会社とは異なる保険が用意されている
- **旧態然とした**慣習が根強く新規参入も厳しい業界

　耳で聞いたとき、「きゅうたい」の"い"と「いぜん」の"い"が一文字に聞こえてそのまま覚えてしまったと考えると分かりやすいですが、「○○然とした」で「いかにも○○のようである」という意味になるので、そういう意識で使っている人も実際少なくないように思えます（例：「学生然としている」「紳士然とした人」など）。
　いずれにしても「旧態全とした」「旧態前とした」「旧態善とした」とかになると意味不明だし、「球体善とした」までくるともう本当に何がなんだか分かりません。なんのこっちゃ。

【旧態依然】もとのままで変化や進歩のないさま。「―とした生活ぶり」

不買い運動

もしかして：**不買運動**？

検索例（実質件数 147 件）
- やってみないと判んないじゃんやってみようよ**不買い運動**
- 継続して**不買い運動**をやって、大々的に世界のマスコミに取り上げて頂きたい。
- 元々買う気の無いものの**不買い運動**ってどういうことだ？

　「不買運動」と書いて「ふばいうんどう」と読みますが、これを「ふがいうんどう」と読み覚えてしまうと、あとから書こうとした際「不買い運動」になることがあるようです。
　私の PC 環境（Win+IME）では「ふがいうんどう」とタイピングしても「府がい運動」「フガイ運動」のような変換候補しか出ないのですが、もしかして"何故か変換されない"と思いながら「不＋買い」などのように分割した形で確定したのでしょうか。不思議です。

【不買（ふばい）】ものを買わないこと。
【不買運動（ふばいうんどう）】抗議などを示すために、特定の品物を買わないようにする運動。

割り合いさせていただきます

もしかして：**割愛させていただきます**？

検索例（実質件数 529 件）
- 書かなくてもお分かりだと思いますので**割り合いさせて頂きます**。
- 内容は最初に書いた通りあまり覚えていませんので**割り合いします**。
- それぞれのモジュールの意味は，ここでは**割合させていただいた**。
- 感想を述べたいですが、長くなりそうなので、**わりあいさせて頂きます**
- 他にも見どころがたくさんあるんですが、今回は**わりあいします**。

　「割愛（かつあい）」を「わりあい」と読み、あとから書こうとしてこうなったものと思われます。
　件数としては「割合」が最も多く、「割り合い」「わりあい」も見られます。

戦意創出

もしかして：**戦意喪失？**

検索例（実質件数 22 件）
- 春の嵐の突風とドシャブリに前半は**戦意創出**気味でした。
- 後半は体力の限界！**戦意創出**で朝6時納竿し終了です。
- ボコボコにやられて来ました。もちろんやる気も最初だけ、**戦意創出**なんてものではありません。
- この番組は戦時下で国威高揚や**戦意創出**、意識誘導、世論誘導に軍隊が使ったプロパガンダ映画に作りが非常に似ていると。

　戦意があるのかないのかよく分からない、戦意喪失のうろ覚え表現。
　戦意喪失の誤りである場合と、文字通り戦意を作りだすという意味で使われている場合とがあるようです。
　人間には元々様々な感情があって、その中の攻撃的な気持ち（戦意）を高めるという意味で「戦意高揚」という言葉があり、新しく作り出すという意味の「創出」をここに当てはめるのはちょっと無理があるんじゃないでしょうか。

もっともベター

もしかして：**？？**

検索例（実質件数 755 件）
- **もっともベター**な戦略をオーナー様に提案するんです。
- 一番最初に入った企業が自分にとっては**もっともベター**だった

　ネット上で時々見かけるこの言い方。これって「ベスト」とは違う意味で使われているのでしょうか。ベストではないけれど、それに最も近いとか。
　「ベター」自体が「〜より良い」という比較の意味を持っているのだから、これだと「最も比較的良い」となり、表現としてまともであるとは思えません。
　今流行りの、断定を避ける曖昧表現の一つなのか、より反論されにくい表現を選ぶうちに段々このような言い方になり、それがいつの間にか広まってしまったのでしょうか。

ホローしてくれて

もしかして：**フォローしてくれて？**

> **検索例**（実質件数 451 件）
> ・心優しき同僚が**ホローしてくれて**何とかこなせました
> ・うまく**ホローしてくれて**嬉しい限りです
> ・だれか**ホローしてね**

　ある英単語が日本語として定着する際、必ずしもその読み方が一つに統一されるとは限らないということはよく分かります。
　でもいくらなんでもこれはないだろうという気がします。
　既に「follow＝フォロー」として国語辞典にもちゃんと載っていますから。
　系統としては「いちよう ← 一応」と同じく「耳から入ってこう覚えちゃいました」のパターンなのだと思われます。

医療同源

もしかして：**医食同源？**

> **検索例**（実質件数 79 件）
> ・中国医学の「**医療同源**」の考えに根ざした食事の考え方が「薬膳」。
> ・「**医療同源**」・・・それが玄米食の良いところなのでしょう。
> ・「**医療同源**」の言葉どおり、自分の口でしっかり噛んで食事が出来るということは、全身の健康の維持にとても重要であると考えられます。

　健康相談のサイトや食材関連の会社のサイト等で時々見かけるこんな文章。
　見る度にいつも思ってました。「食」はどこに行ったのって。
　そういう訳で正しくは「医食同源」です。

> 【医食同源】病気を治療するのも日常の食事をするのも、ともに生命を養い健康を保つために欠くことができないもので、源は同じだという考え。　（by Yahoo! 辞書）

もともこうもない

もしかして：**元も子もない？**

検索例（実質件数 217 件）
- 目的を間違ってしまっては**もともこうもない**
- 死んじゃったら、**もともこうもない**じゃないですか!!
- 本業に差し支えては**もともこうもない**

「元も子もない」のうろ覚え表記。

よく知られている覚え違いの一つだと思っていたのですが、Web 上で指摘しているサイトがほとんどなかったのでとりあげました。

単なるケアレスミスも多いと思いますが、漢字変換せずに確定してしまう時点でやはりこう覚えていると思われても仕方ないかもしれません。

他に「元もこうもない」「元も項もない」などもありました。

一線をがす

もしかして：**一線を画す（一線を画する）？**

検索例（実質件数 65 件）
- これまでの日本のアニメとは**一線をがす**
- ノーマルとは**一線をがす**存在感
- あきらかに、ほかのバンドとは**一線をがす**

漢字を読み間違えて覚えて、それをそのままひらがなで書いた「一線を画する」のうろ覚え表記。

【**一線を画する（かくする）**】（境界線を引いて）相互の区別をはっきりさせる。

これとは別に、漢字で書いたまでは良かったけれど、やっぱりちょっと間違えている「一線を隠す」「一線を隔す」なども存在します。

感動も一塩

もしかして：**感動も一入？**

> 検索例（実質件数 227 件）
> ・自分で作ると愛着湧きますし、できた時の**感動も一塩**ですよね。
> ・期待していなかっただけに**感動も一塩**。
> ・大きく成長したのが目に見えたので**感動も一塩**でした

　「ひとしお」は、「一入」という読むのも難しい漢字なので、そのままひらがなで書けばいいと思うのですが、変換候補の上の方に「一塩」と出てついそのまま確定してしまう人が多いのかもしれません。
　「一塩」は、たとえば料理の手順の説明で「バターで軽く炒めて一塩振って火を止める」のような感じで普通に使われるし、その分変換候補の上位に上がりやすいのでしょう。

> 【一入（ひとしお）】ほかの場合より程度が一段と増すこと。多く副詞的に用いる。いっそう。ひときわ。「苦戦の末の優勝だけに喜びも―だ」「懐しさが一つのる」

感動もしとしお

もしかして：**感動もひとしお？**

> **検索例**（実質件数 93 件）
> ・結婚10年目のお孫さん誕生でお喜びも**しとしお**です。
> ・当時のまま残されている展示物に懐かしさも**しとしお**
> ・シンプルな具材の料理ほど、美味しい時の感動も**しとしお**。
> ・同じ時代を生きてきたので感慨も**しとしお**。

　こちらは「ひとしお（一入）」という言葉そのものを聞き間違えて、覚えてしまったと思われる例です。
　地方によっては「ひ」と「し」の発音が入れ替わることはよく知られていますし、もしかしたらそのせいでこう覚えてしまっている人も多いのかもしれません。
　いずれにしても書き言葉としては正しいとは言えないので、やはり注意が必要でしょう。

「堪忍しろ！！」

もしかして：**「観念しろ！！」？**

> **検索例**（実質件数 211 件）
> ・抵抗するな。おとなしく**堪忍しろ**。
> ・小僧いい加減**堪忍しろ**。お前あたりじゃ相手にならないから。
> ・「おら、**堪忍しろ**、強盗犯！」

　諦めさせたいのか許してほしいのか、よく分からない「観念しろ‼」のうっかり表現。うっかり、ですよね？
　「もう勘弁して」「いい加減許してよ」という意味で「堪忍しろ」を使っている例もありますが、検索結果中では少数で、やはりこれらの多くは「観念して」のつもりの誤りのようです。
　まあ普通は許してほしければ「堪忍しろ」ではなく「堪忍して」だと思うのですが、どうでしょう。

自暴自得

もしかして：**自業自得？**

検索例（実質件数261件）
・開幕戦を取りこぼしたのは**自暴自得**
・最近彼が**自暴自得**になっているような気がして気になる
・**自暴自得**だから全然かわいそうじゃないんだよね

「自業自得」と「自暴自棄」とが合わさって生まれたと思われる新四字熟語。両方の意味で使われているようです。
　せっかくなので意味を考えてみました。

【自暴自得】結局暴れた者が得をするのだ

類似したことわざ：「無理が通れば道理が引っ込む」
使えませんか？

事業自得

もしかして：**自業自得？**

検索例（実質件数313件）
・行動に問題がありますので**事業自得**と言えるでしょう。
・同情はされません、**事業自得**だとおもわれます。
・叩かれるのは**事業自得**だと思うけどね。

【事業自得】事業をおこして自ら利益を得ること。

　これっておもいっきりフツーじゃん‼というふうに、文字通りの新四字熟語として使っているのなら、それはそれでなくもないかと思ったりもするのですが、検索結果を見る限りこれらの多くは単に「自業自得」のつもりの覚え違いのようです。
　最初に「自業自得」という四字熟語を目にしたときに「じぎょうじとく」と読み違え、あとからそのまま「じぎょうじとく」とタイピングして、たまたま最初に出てきた変換候補の「事業自得」をそのまま確定したのだと思われます。

ワールドワード

もしかして：**ワールドワイド？**

> **検索例**（実質件数 127 件）
> ・洗練された女性の為に捧げたコレクション。**ワールドワード**に人気を博しています。
> ・北海道だけでなく、日本国内だけでなく、**ワールドワード**に活動してきてます。
> ・国内外の良質なダンスミュージックをリリースし**ワールドワード**な活動で注目されるレーベル

言いたいことは伝わりますが、それを言うなら「ワールドワイド」じゃないでしょうか。

> 【ワールドワイド［worldwide］】世界的な広がりをもつさま。世界中の。「―な話題」

少数ですが、「世界に通じる日本語」という意味でこの言葉（ワールドワード）を意識的に使っている例も見られました。

恩義せがましい

もしかして：**恩着せがましい？**

> **検索例**（実質件数 118 件）
> ・**恩義せがましい**言い方ですね。
> ・ありがた迷惑で**恩義せがましい**方々ばかり
> ・面倒見たってるんやで〜って**恩義せがましい**

「恩着せがましい」は「恩を着せる＋がましい（いかにも〜のようだ）」で「相手にありがたく思わせようとするさま」をあらわす意味になりますが、「恩義せがましい」だと「恩義＋せがましい」となり、いったい"せがましい"って何よという事になってしまいます。
語感に引っ掛かりがない分、今はまだ検出件数は少ないですが、これから少しずつ増殖してスタンダード化していく言葉のような気がします。

斜線変更

もしかして：**車線変更？**

> **検索例**（実質件数 306 件）
> ・交差点の手前3mの時点では**斜線変更**してはいけません
> ・路面の継ぎ目の通過や**斜線変更**時の車体の姿勢変化がとても少ない。
> ・方向指示器を出さずにふらふら**斜線変更**する車

　ほとんどが単なる変換ミスなのだと思います。
　「斜線変更」でこそ意味が通るような文章は見つけられなかったし、どんな文章なら成り立つかもちょっと想像がつきません。
　ただ、走行中「車線」を変える場合は斜めに車線を横断する事にはなりますので、あとから自分の文章を読み返す際に、そのイメージ優先でつい見落としてしまいやすいものなのかもしれません。
　意図的にこの言葉を使用している人がもしいたら、どんな意味で使っているのか是非教えてほしいです。

社交事例

もしかして：**社交辞令？**

> **検索例**（実質件数 254 件）
> ・**社交事例**で美味しい美味しいですとは言いますが、美味しいかどうかも分かりません。
> ・単なる**社交事例**のメールにせよ、お礼のメールはすぐに送りましょう。
> ・顔知ってる人にも何人かお会いし**社交事例**程度に話をすます。

　物凄い数の人が普通に使ってますけど、辞書を引いても「社交事例」という言葉はありません。
　「社交辞令」は、例えば仕事上の付き合いとかで使われる口先だけの儀礼的なお世辞を指してそう言われたりしますが、「辞令」は言葉に対して、「事例」は具体的な実例に対して使われますのでやっぱり「社交事例」だと意味が通りません。

憮然としない

もしかして：**釈然としない？**

検索例（実質件数 50 件）
- 何だか**憮然としない**
- なぜか**憮然としない**表情
- ちょっと**憮然としない**ものがあります
- 何か**憮然としない**面もちで

　検索でたくさん見つかりますが、上記検索例はすべて「釈然としない」のつもりですよね、おそらく。

【憮然】失望・落胆してどうすることもできないでいるさま。また、意外なことに驚きあきれているさま。「―としてため息をつく」「―たる面持ちで成り行きを見る」
【釈然】疑いや迷いが解けてすっきりするさま。せきぜん。しゃくねん。「説明を聞いてもまだ―としない」（by Yahoo! 辞書）

疑心難儀

もしかして：**疑心暗鬼？**

検索例（実質件数 365 件）
- 思惑の違いから**疑心難儀**になりギクシャクする
- **疑心難儀**ながらもメールで問い合わせをすることに・・・。
- 正直**疑心難儀**でした

　近頃よく見かけるなんだか分からない「疑心暗鬼」に似た言葉。
　その多くは「疑心暗鬼」と言うよりは、むしろ「半信半疑」ぐらいの軽い意味合いで使われているようですが、いずれにしても何故この漢字、この当て字なのかは不明です。

【疑心暗鬼】うたがう心が強くなると、なんでもないことが恐ろしく感じられたり、うたがわしく思えたりする。「疑心暗鬼を生ず」の略。

誇大評価

もしかして：**過大評価？**

> **検索例**（実質件数 400 件）
> ・自己評価結果は謙虚な面を感じ、**誇大評価**でなく信頼性がある。
> ・自分の土地・建物も**誇大評価**をしている傾向に見受けられます。

　単なるタイプミスでも変換ミスでもなく（検索にかかった件数中のかなりの人達が）、「過大評価（実際よりも高く評価すること）」のつもりで使っていると思われます。
　ただ「過大評価」と同じ意味合いで使っているのだとすれば、「誇大」は「誇大広告」などのように"大げさ"であることを表す言葉なので、やっぱり使い方としてはちょっと変。
　「過大評価」の反対の意味の言葉は「過小評価」。
　では「誇大評価」の反対の意味の言葉は何？と「誇大評価」を使っている人達にとりあえず聞いてみたいです。

この後に及んで

もしかして：**この期に及んで？**

> **検索例**（実質件数 218 件）
> ・**この後に及んで**口答えとかすごく良い度胸と思います．
> ・**この後に及んで**「妨害行為をした事実がない」とは…
> ・**この後に及んで**なんといい加減なことを言っているのだろう。

　「この期に及んで帰りたいとは何事だ！」などのように言いますが、この「期」を「後」にしちゃうと、いったいいつ帰りたいと言ってるんだか、よく分からない文章になるので気をつけましょう。
　「この場に及んで」も思った以上にたくさんあり、こちらの方が現代的にはかえってイメージが伝わりやすいのかも。

【此の期（このご）】この大事な時。いよいよという場合。「―に及んでじたばたしない」

法廷速度

もしかして：**法定速度**？

検索例（実質件数229件）

・広めのしっかりした道路は全体的に**法廷速度**をプラス10キロ位してもいいと思う．
・私はすっかり「のんびりゆったり**法廷速度**運転」になりました。
・特に朝の通学時間は**法廷速度**を守らない車が多く、大人でさえ歩くのが怖い道路です。

「法定速度」のよくある間違い。
「トロトロと法廷速度で走っている車には、パッシングをしまくり、一斜線だろうがなんだろうが強引に抜かしましょう。」
なんていう文章をどこかのサイトで見かけたりすると、たとえそれが単なる変換ミスであったとしてもかなり間の抜けた文章に見えてしまいます。
運転マナーとかモラルとかを扱うサイトの定番うろ覚え表記。

肝に命じて

もしかして：**肝に銘じて？**

検索例（実質件数 345 件）
・苦しさを乗り越えて今がある事を社員一同**肝に命じて**ゆきたい。
・母と同じことはするまいと**肝に命じて**子育てに臨んできたつもりです

　肝に命じる（命令する）のではなく銘じる（刻み込む）です。
　自分自身を戒めるように使われている分にはまだよいのですが、例えば「あくまで自己責任であるということを肝に命じておいて下さい」などのようにして、自分以外の誰かの行動や考え方に対して注意を喚起したり、たしなめたりしている文章の締めで使われていたりするのはちょっとカッコ悪いです。
　あと、「命じる」だとまだそれなり意味が通るような気もしますが、「肝に免じて」まで行っちゃうともうなんだか分かりません。

悪がはこびる

もしかして：**悪がはびこる？**

検索例（実質件数 331 件）
・正義が通らないというのは、逆にいえば**悪がはこびる**ということです。
・ウイルスや不正アクセスが**はこびる**ブロードバンド環境
・こんなデタラメが**はこびる**なら独立して真っ当な会社をつくろう！
・運び屋が**はこびる**
・あやしい広告が**はこびっている**
・何処の国でも白タクが**はこびっております**

　色々な悪がはこびるこの世の中を、皆さん嘆いていらっしゃいます。

【蔓延る（はびこる）】よくないものの勢いが盛んになって広まる。広まって勢力を張る。「害虫が―・る」「悪が―・る」

「自立神経」と「交換神経」

もしかして：「自律神経」と「交感神経」？

検索例（実質件数 325 件）
・天候と**自立神経**失調症は非常に良く関係があります。
・**副交換神経**が優位になると、夜ぐっすり寝れるようになり、誰も病気になりません。
・低体温と**自立神経**のバランスの関係について
・人はイライラしたり怒ったり怯えたりなどといった負の感情が働くと**自立神経**の一つである**交換神経**が興奮することになります。

　健康相談のサイトの中などにごく自然に登場してくるので、一瞬どちらが正しいんだか分からなくなってしまいます。
　健康食品ほかのオンラインショップにも多いですが、取り扱い商品のイメージにも影響しかねない誤字なので、早めに訂正した方がいいんじゃないかと思うのでした。

この低たらく

もしかして：この体たらく？

検索例（実質件数 85 件）
・みな一流大学を出ていたって目先の利益を貪るばかり。そして**この低たらく**。
・自分でやると言っておきながらの**この低たらく**ぶり。
・大新聞の記者が**この低たらく**、まったくあきれるばかりです。

　皆さん怒りにまかせてこのフレーズを使ってらっしゃいます。
　もともと「ていたらく」を「低堕落」とイメージしたことから、今の意味になったという説もあるようであながち誤りとは言えないのかもしれませんが、やっぱり見た瞬間のインパクトとしてかなりカッコ悪い印象は免れません。

【体たらく（ていたらく）】：すがた。ありさま。現代では主に好ましくない状態やほめられない状態をいう。ざま。

念頭の挨拶

もしかして：**年頭の挨拶？**

> **検索例**（実質件数 255 件）
> ・本年も皆様のご健勝と益々のご発展を祈念して、**念頭の挨拶**とさせていただきます。
> ・会長の「今年も、明るく、仲良く、楽しく」と優しい**念頭の挨拶**。

　年の初めに社長さんが社員全員を前に行うのは「年頭の挨拶」。
　Web上では社長さんだけではなく、「会長」「理事長」「市長」ほか、たくさんのエライ人達が「念頭の挨拶」をされています。

> **バリエーション**「年等の挨拶」「念等の挨拶」など
> ・会員各位の限りないご発展とご健勝をお祈りし、**年等の挨拶**とさせていただきます。
> ・喪中なので、**念等の挨拶**は無い方向で。

ちゃちを入れる

もしかして：**ちゃちゃを入れる？**

> **検索例**（実質件数 210 件）
> ・ほかのメンバーが**ちゃちを入れる**とムカムカする。
> ・変更しましたら早速**ちゃちを入れてくる**人がおりました。
> ・自分と反対意見の方に**ちゃちをいれる**のに忙しそうです

　それを言うなら「ちゃちゃ（茶茶）を入れる」だよね。
　と、ちゃちゃを入れてみました。

> 【ちゃち】安っぽくて見劣りのするさま。いいかげんで貧弱なさま。「―なおもちゃ」「―な考え」
> 【茶茶（ちゃちゃ）】他人の話に割り込んで言う、ひやかしや冗談。「まじめな相談に―が入る」
> 【茶茶を入れる】じゃまをする。水をさす。「まとまりかけた話に―・れる」

引っ込み事案

もしかして：引っ込み思案？

> **検索例**（実質件数 438 件）
> ・うちの子は**引っ込み事案**で、体育は全然ダメ。勉強もどちらかというと苦手
> ・**引っ込み事案**で、なかなか、言いたいことが言い出せない性格
> ・あまり積極的でなく**引っ込み事案**なイメージの私達日本人

　なんじゃそりゃ！
　なんぼ引っ込み思案の私でも突っ込まずにはいられません。
　このコトバをネット上で初めて見つけた時、こんな会話を連想しました。
　「君、例の件はどうなったかね」「はい。あの件につきましてはさきほどの役員会議で引っ込み事案となりました」「うむ、そうか」みたいな……
　訳わかりません。
　全体としての意味とその中のパーツ（漢字）との繋がりをいちいち考えるのをやめると、こういうコトバはできやすいのかもしれません。

〜すること必死

もしかして：〜すること必至？

> **検索例**（実質件数 266 件）
> ・オープニングナンバーのあまりの勢いとカッコよさには呆然と**すること必死**です
> ・今年も白熱したレースが繰り広げられギャラリーを魅了**すること必死**！

　「必死だな・・・」
　匿名掲示板上で論争が起こった時、熱くなった相手に対して投げかけられる冷ややかな一言。
　これは「必死」の正しい使用法。
　でも「すること必死」のようにして使うとそれはちょっと違うかも……。

【必至】 必ずそうなること。
【必死】 全力を尽くすこと。

息統合

もしかして：**意気投合？**

> **検索例**（実質件数 322 件）
> ・二人はすっかり**息統合**して毎日インド映画を見ながら踊っているらしい
> ・カラオケ好きが集まれば、初対面でもすぐに**息統合**できます！！

　変換ミスには違いないのですが、この字を見ていたらなんだか本当にこういう言葉があってもいいような気がしてきました。意味は「みんなで息を合わせて頑張ること」。
　用例：「よし。この大仕事を俺達みんなで息統合して最後までやり遂げよう‼」
　そんな意味で使っている人が本当にいるかどうかは分かりませんが。
　ちなみに同じ間違いとしては「意気統合」が圧倒的に多かったです。
　「投合」は互いの気持ちなどが合致すること。
　「統合」は二つ以上のものをまとめて一つにするということなので、似ているけれどやっぱり意味は違います。

幾重不明

もしかして：**行方不明**？

　これは皆様本気なのでしょうか。久しぶりにびっくりしました。
　探している物や人が、いくつもの壁の向こうに隠されているかのようでもあり、なんかすごく「行方不明」な感じは出ています。
　まず「行方不明（ゆくえふめい）」を「いくえふめい」と読んで覚えてしまい、変換候補として最初に表示されたこの漢字のまま確定してしまったのでしょう。

> **検索例**（実質件数 200 件）
> ・**幾重不明**の荷物（lost baggage）
> ・日本人が武装グループに拘束されて**幾重不明**になっている
> ・業務改善命令と**幾重不明者**の関係

　「郁恵不明」も多いですが、こちらはさすがに皆様冗談で使っているようです。あんまり笑わせないで下さい。

じくじたる思い

もしかして：**じくじたる思い？**

検索例（実質件数 149 件）
- 率直に言って内心**じくじくたる思い**があります。
- 「**内心じくじくたる思い**」だと28歳まで思ってました。思い出すとじくじくします。
- 今でも**じくじくたる思い**の残る痛恨の試合であった。
- 彼が「**じくじくたる思い**」を連発するので、たまりかねて「そうとう傷口が化膿しちゃったみたいですね」と言ってしまいました。
- 心中**じくじくたるもの**があろうと私は思う。

【じくじ（忸怩）】：自分のおこないについて、心のうちで恥じ入るさま。「内心―たる思いであった」

じくじくした思いのケアには早めの軟膏の塗布をおすすめします。

口実筆記

もしかして：**口述筆記？**

検索例（実質件数 238 件）
- 両目も見えなくなってしまった状態で、**口実筆記**によって書き上げられた
- **口実筆記**用の著者の声が最初の数分、録音されていない。顔面蒼白。
- そんな彼女が本を出版したらしい。正確に言えば**口実筆記**と言う物らしいのですが…

【口実筆記】言い逃れや言いがかりの材料を記録すること。また、その記録。
こういう言葉があっても楽しい「口述筆記」のうろ覚え表記。

【口述筆記】他の人が述べることを、その場で書き記すこと。また、そのもの。「原稿を―する」

どんなことを口実にしようとも、カッコ悪いことにかわりありませんので少しでも早く気付いてほしいと思うのでした。

行き当たりばっかり

もしかして：**行き当たりばったり？**

検索例（実質件数 185 件）
・いつも**行き当たりばっかり**だからこーゆーことになるんだよ
・ホームページの知識もなく、**行き当たりばっかり**で作ってみました。

　冗談なのか単なるタイプミスか、それともこういう言葉なんだと思って使っているのかよく分からない、「行き当たりばったり」に似た言葉。
　こういう言葉があると思って使っている人の中には、「行き当たり」＋「ばかり」という意識で使っている人が少なくないような気がします。
　もしそうだとすると「行き当たりばかり」のラフな表現として「行き当たりばっか」なんていう言い方もできるだろうし、検索してみたところすでに実際に使われており、なんだか言葉はこうやって変わっていくのだという、一つの見本を見ているような気持ちになりました。

検索例2（実質件数 51 件）
・僕達の旅行は**行き当たりばっか**!!
・なんかいつも**行き当たりばっか**な気がしてさ

行き当たりだったり

もしかして：**行き当たりばったり？**

検索例（実質件数 42 件）
・とにかく予定をせず**行き当たりだったり**で過ごす休日。
・準備する時間があるにもかかわらず、**行き当たりだったり**な行動をする人

　不思議な日本語ですが、おそらく「行き当たりばったり」のうろ覚え表記と思われます。

【行き当たり（ゆきあたり）】行き当たること。また、その場所。いきあたり。
【行き当たりばったり（ゆきあたりばったり）】計画を立てないで、その場の成り行きにまかせること。また、そのさま。
　いきあたりばったり。「―な（の）施策」

話を反らす

もしかして：**話を逸らす？**

検索例（実質件数 396 件）
・都合が悪くなると**話を反らす**！
・将来の話をすると、**話を反らしたり**、黙ったりします。

「話を逸らす」の誤り。ただ「逸らす」は常用外なので新聞等では漢字を使わず「そらす」とひらがな表記をするのが通例のようです。

　昔「話の腰を"揉む"」というギャグがありましたが、「話を反らす」という表現を初めて見た時、話の腰に手を回して思いっきり"さば折り"しているイメージが浮かびました。

【反らす】まっすぐな物、平らな物を弓なりに曲げる。「ベニヤ板を—・す」
【逸らす】向かうべき方向・目標からわきの方へ向ける。他へ転じる。「話を—・す」「視線を—・す」

増資が深い

もしかして：**造詣が深い？**

検索例（実質件数 39 件）
・インターネットに**増資が深い**人ほど、使いにくく感じるサービスなのかもしれません。
・デザイン関係に**増資が深い**方限定
・実際にはインディーズに**増資の深い**人だったのかもしれません。

件数は少ないですが、ちょっとヒネリのきいた間違い方だったのでとりあげてみました。
　元々「造詣（ぞうけい）が深い」を「ぞうしが深い」と読み覚え、あとから書こうとしてこうなっちゃったものと思われます。

【造詣】：学問・芸術・技術などについての深い知識やすぐれた技量。「文楽に—が深い」
【増資】：企業が資本金を増加すること。「新工場設立時に三割—する」

根を上げる

もしかして：**音を上げる？**

> **検索例**（実質件数 521 件）
> ・忙しい店舗なので最初の1ヶ月で**根を上げる**人が多い
> ・どちらかが**根を上げる**までの価格戦争だ。
> ・この程度で**根をあげる**のはまだ早いぞ

　おそらく少数である「『根』を上げる」だと本当に思っている人の理屈（理由）を考えてみたのですが、根が上がってしまうと植物は栄養や水分の補給ができなくなることから「活力の源を失う」という意味でとらえて「生命力が減退する」⇒「弱音を吐く」というニュアンスで理解しているのではないか、と思うのですがどうでしょう。
　更に「ぐうの音も出ない」と合わさって「ぐうの音を上げる」まで出現しています。

> 【音を上げる】苦しさに耐えられず声を立てる。弱音を吐く。降参する。「つらい仕事に─・げる」

悠著に

もしかして：**悠長に？**

検索例（実質件数 473 件）
- **悠著に**失業保険を待ってはいられません。
- 何を**悠著に**昼の2時に起きているのか。
- 長官、そんな**悠著な**事言っててええんですか？

　タイトルだけ見てもなんのことか分からないと思いますが、これは「悠長（ゆうちょう）に」のうろ覚え表現です。
　単純なタイプミスなのか、それとも「ゆうちょ」という読みの言葉として覚えてしまっているのかは判断がつきませんが、「悠」「著」の漢字二文字で確定して違和感を持たない、或いはスルーしてしまう感覚が不思議です。

【悠長】落ち着いていて気の長いこと。のんびりとして急がないこと。また、そのさま。
「―に構える」「―な態度」「そんな―なことを言っていられない」

そんな流暢なこと

もしかして：**そんな悠長なこと？**

検索例（実質件数 327 件）
- 今はそんな**流暢なこと**を言っている時間や余裕はありません。
- もちろん、そんな**流暢なこと**を言っている事態ではないというのは分かっている
- 年齢も差し迫ってくるとそんな**流暢な事**を言ってられないという女性もいる。

　かなりメジャーなうろ覚え表現のようで、指摘もたくさんされています。
　"流暢"ではなく"悠長"。
　言葉のイメージも、悠長はのんびりしていて、流暢の方にはスピード感があり、言葉としての方向性は逆な気がします。

【流暢（りゅうちょう）】言葉が滑らかに出てよどみないこと。また、そのさま。「―な英語で話す」

何者入り

もしかして：**鳴り物入り？**

検索例（実質件数88件）
- 何者入りでデビューしたが、予選88位タイ・・・やっぱりプロは違うね。
- アマチュアから何者入りでプロの世界へと進んだ、超人気プロスケーター
- 二世ドライバーとして何者入りでF1参戦を果たしたものの、ここまで成績は振るわず
- 「何者入り」って何が入ってんの

いったい何者が入っているのか気になる「鳴り物入り」のうろ覚え表記。
私以外にも何者が入っているのか気になっている人はいるようです。

【鳴（り）物入り】
1. 鳴り物を入れて、にぎやかにはやしたてること。「―の応援」
2. おおげさに宣伝すること。「―で入団した選手」

活気的

もしかして：**画期的？**

検索結果の多くは「画期的」の単なる変換ミスですが、中には下記のような意味で意識的にこの文字を当てているとみられるものもあり、驚かされます。

活気的：生き生きとして活動的である様子。活気がある。

検索例（実質件数499件）
- 夜、昼とわず活気的な様子が分かる。
- ヴァイタリティのある街、活力の街、活気的で行政が積極的
- 心身ともにゆっくり休め、翌日の活気的な一日の計画を立ててください。
- サルサの活気的な熱いビート
- ステージに現れたので、会場が活気的になった。
- 社内の雰囲気も非常に活気的です

対区間　体躯感　…

もしかして：**体育館？**

検索例
・**対区間**利用者への施設利用の指導助言
・地毛が金髪に近いからよく呼び出されたわ**体区間**裏
・愛知県**体躯感**でコンサートやってましたね。見逃した事を反省。
・2人は服装を整え、何事も無かったかのように手を繋いで**体躯館**から出ていきました。
・今年は、冬も**体く間**を利用してテニスもしますか？
・市民**体く館**のトレーニング室で十分です一回何時間使用しても100円無料温水シャワーあり

　体育館を「たいくかん」と発音してしまうというのは分からないでもないですが、それをそのままタイピングしてしまうと色々な「たいくかん」が出現することになります。
　漢字が一個も合ってなくても気が付かない（気にしない？）のが不思議です。

インフレ整備

もしかして：**インフラ整備**

　最初検索結果を見たとき、その数の多さから、一瞬こういう言い方もあるのかと思いそうになりましたが、どう考えても「インフレ」じゃなくて「インフラ」ですね。

検索例 （実質件数208件）
・環境・教育・医療などを中心にした生活**インフレの整備**に積極的に関与
・イラク最大の消費市場になる見込みから空港の建設や**インフレ整備**も進行中だ。
・インドでは、電力や物流などの**インフレ整備**の必要性が声高に叫ばれている。

【インフラストラクチャーinfrastructure】生産や生活の基盤を形成する構造物。

　インフラってインフラストラクチャーの略だったんですね。し、知らなかった……。

第1章　当然すみません。

学級院長

もしかして：**学級委員長？**

検索例1　（実質件数 203 件）
- 私も小さいころは勉強もよくできて、**学級院長**なんてやりました
- そのメガネちゃんは学級院長に立候補して**学級院長**になります

　「体育館（たいいくかん）」の2つ続く「い」のうちの1つを打ち損じて、「対区間」になってしまうのと同様のパターンでしょうか。いずれにしても気付けよって感じですが。
　当然「学級委員」が「学級院」になっているのもありました。

検索例2
- 自分の子が**学級院**に立候補するなど、これが初の体験。
- 紙に立候補者の名前を書いて、名前が多かったら、**学級院**に選ばれるってやつだよ。

身を交わす

もしかして：**身をかわす？**

> **検索例**（実質件数128件）
> ・さっと左に**身を交わす**
> ・敵の攻撃から**身を交わす**

　上記「交わす」は通常ひらがなで「かわす」と表記し、漢字で書く場合には（滅多に見ることないですが）「**躱す**」という字が当てはまります。
　「交わす」は互いにやりとりをするという意味で、「言葉をかわす」「挨拶をかわす」「約束をかわす」「杯をかわす」などのように使います。
　ちなみに「情を交わす」は「肉体関係をもつ」という意味。
　そんな訳で、「私はとっさに自分の身を交わしました」なんていう文章を見ると、いったいこの人はどうしたいんだかよく分からなくなってしまいます。

あげつらねる

もしかして：**あげつらう**

　「他人の欠点・短所などをことさらに言い立てる」という意味で「あげつらう」という言い方をしますが、Web上ではこれによく似た言葉で「あげつらねる」という表現を見かけます（漢字では「挙げ連ねる」「上げ連ねる」などで表記）。
　「あげる」＋「つらねる」で「複数の例を示す」という意味で使われている場合もあり、一概に間違った言葉遣いであるとは言い切れないのですが、やはり「あげつらう」の意味で使われている例は数多く見られます。聞き間違いからこのように覚えてしまったのでしょうか。ちなみに「あげつらう」は漢字で書くと「**論う**」。

> **検索例**（誤りではない使い方も多いので件数は省略）
> ・お互いの非を**挙げ連ねる**ばかりの喧嘩
> ・闇雲に問題点を**上げ連ねる**
> ・悪いところだけを**あげつらねる**のは簡単です
> ・不注意を**あげ連ねる**書き込み

オンデマインド

もしかして：**オンデマンド？**

検索例（実質件数 277 件）
- NHKのHPで**オンデマインド**で有料配信がありますが…。
- 絶版になった本が今、**オンデマインド**という形で復活しているよ。
- 低額にてインターネット、ひかり電話、**オンデマインド**＆TVを利用できます。

　最近よく聞くオンデマンドという言葉ですが、これをビミョーに間違えて覚えている人が少なくないようです。

【オンデマンド（on demand）】利用者の注文に応じて，指定された音声や画像情報を提供する，ネットワーク上のサービス。

　「オンでマインド」なんかもありがちですね。

趣旨に乗っ取り

もしかして：**趣旨に則り？**

検索例（実質件数 55 件）
- 議会本来の**趣旨に乗っ取り**、多くの市民に知ってもらう仕組みが必要である。
- 介護保険法の**趣旨に乗っ取り**、利用者の意思及び意向に沿って行っています。
- 放送法三条の**趣旨に乗っ取り**品行方正なバランスのとれた番組を提供している

　ハイジャックかよ！と突っ込みたい気持ちを抑えつつ、これは「趣旨に則り」のうろ覚え表記です。
　「行政改革の趣旨に乗っ取りながら〜」とかいう感じでお堅い文章の途中に出てくる事が多く、説得力の著しい低下が懸念されます。

【則る】規準・規範として従う。「伝統に―・った儀式」「法に―・って裁く」
【乗っ取る】2. 航空機・船などに乗り込んだ者が、乗員を脅して、その乗り物を自分の支配下に置く。「旅客機が―・られる」

魅力する　⇒　魅了する？
検索例「圧倒的な歌唱力と端正なルックスで観る者を**魅力する**！」
　どちらも英語では charm ですが、魅力に「する」は続きません。

言う事に欠いて　⇒　言うに事欠いて？
検索例「**言う事に欠いて**、ハゲとは何ですか！ハゲとは！！」
　なんだか言葉のパズルのよう。

○○の受け入り　⇒　○○の受け売り？
検索例「評論家の意見の**受け入り**は安易に行わない。」
　人の意見や考えをそのまま他人に話すことは「受け売り」と言います。

素早い耐用　⇒　素早い対応？
検索例「**素早い耐用**で非常に良い出品者でした」
　ネットオークションのサイトでよく見かけます。

暴力をふるまう　⇒　暴力を振るう？
検索例「お母さんに**暴力をふるまわれて**困ってます」
　振るまうのはできれば御馳走だけにしてほしいです。お願いします。

食欲をさそる　⇒　食欲をそそる？
検索例「昔ながらの味わいで、**郷愁をさそる**逸品です。」
　もしかしたらこれは「さそう」と「そそる」が合わさってできた、ハイブリッド表現なのかも。

心境地　⇒　新境地？
検索例「ミニバンの**心境地**を拓く！」
　タイピング時に「しんきょう」で一旦確定してしまうと、こうなってしまいます。

送り向かい　⇒　送り迎え？
検索例「子供の習い事で面倒くさいのは**送り向かい**。」
　「送り迎え」→「送り向かえ」→「送り向かい」の変化と思われます。

快挙に暇がない　⇒　枚挙にいとまがない？
検索例「女子アナウンサーとプロ野球選手との結婚は**快挙に暇がない**」
　検索結果には「今回の優勝は快挙に暇がないのですが」のような表現もあり、タイプミスとは異なる独自の使い方をしている人ももしかしたらいるのかも。

行き道理　⇒　憤り？
検索例 「わかってもらえないことに**行き道理**さえ感じていたようです。」
「憤り（いきどおり）」を「いきどうり」とタイピングしてこうなっちゃったみたいです。また、わざと「生き道理」と書いて「生きる道理」の意味で使っているらしい文章も見られました。

謙虚に現れる　⇒　顕著に現れる？
検索例 「こと絵画に関してはおなじ芸術作品で文化の違いが**謙虚に現れる**。」
はっきり現れているのかいないのかよく分からない、「顕著に現れる」のうろ覚え表記。

動揺作戦　⇒　陽動作戦？
検索例 「これは見せかけだ、**動揺作戦**だな、と思ったのもつかの間本当にバントでした」
元々「陽動作戦」という言葉があることを知っていて、その上でわざと「動揺させる作戦」の意味で使っている人も多いようですが、単なるうろ覚えであまり考えずに使っている人も少なくない気がします。

危険衰期　⇒　危険水域？
検索例 「輸出産業にとっての**危険衰期**に限りなく接近している。」
危険が衰える時期。つまり、もうそろそろ大丈夫という意味なのでしょうか。
でも実際に文章を読んでみるとそんなニュアンスは微塵も感じられず、どうやら危険水域の単純なタイプミスのようでした。

弱みに漬け込む　⇒　弱みに付け込む？
検索例 「人の**弱みに漬け込む**なんてひどい話です」
とりあえず付け込まれるだけのスキはありそうです。

雄雌を決する　⇒　雌雄を決する？
検索例 「今度という今度は**雄雌を決する**戦いになる」
単純なタイプミスではなかなかこうはならないので、おそらくこういう言葉として覚えてしまっているのだと思われます。

県立した　⇒　建立した？
検索例 「天正一四年（一五八六）、秀吉は東山に方広寺大仏殿を**県立した**。」
「建立（こんりゅう）」を「けんりつ」と読み覚え、あとから書こうとしてこうなったもののようです。「建立」と書いて「けんりつ」とも読みますが、その場合は築き上げるという意味で、「国家を建立する」などのようにして使います。

内証的　⇒　内省的？
検索例「非常に**内証的**な歌詞の多いアルバム」
　「内省的（ないせいてき）」を「ないしょうてき」と読み、あとから書こうとしてこうなったのでしょうか。

そないあれば憂いなし　⇒　備えあれば憂いなし？
検索例「**そないあれば憂い無し**、ということわざあるが地震予知をより早く確実に。」
　そんなにたくさんあるんだったらもう心配要らないね、の意味でしょうか。

ライディングソフト　⇒　ライティングソフト？
検索例「CDとDVDとブルーレイを焼くことができる無料**ライディングソフト**」
　DVDなどに書き込むときに使用するソフトウェアは「ライディング（riding）ソフト」ではなくて「ライティング（writing）ソフト」です。

しょっぱらから　⇒　しょっぱなから？
検索例「いやあ、新年**しょっぱらから**ディープですね」
　単純なケアレスミスもあるとは思いますが、「初っ端」という言葉を「しょっぱら」と聞き覚えてそのまま使っているというケースも、けっこうあるんじゃないでしょうか。

○○とおぼしめき　⇒　○○とおぼしき？
検索例「20代**とおぼしめき**若者」
　「おぼしい」と「おぼしめし」あたりを一緒にしてしまった言葉のような気がします。

下出に出る　⇒　下手に出る？
検索例「高圧的な態度もダメですが、あまり**下出に出る**のは逆効果ですよ。」
　「下手」を「したで」と読んで覚えて、それをそのままタイピングしてこうなったという感じでしょうか。

技術を屈指して　⇒　技術を駆使して？
検索例「秘伝の**技術を屈指して**製造しています。」
　屈指は指折りの意味。「国内屈指の強豪チーム」などのように使います。

わき目もそらさず　⇒　脇目も振らず？
検索例「**わき目もそらさず**もくもくと歩きまくった。」
　脇目は脇見のことなので「脇見を逸らさない」となり、これでは意味が分かりません。

暴力を振る ⇒ 暴力を振るう？
検索例 「父親が**暴力を振る**人でした。」
　単純に「う」を忘れたのか、それとも「（暴力を）振る」だと思っているのか判別はつきにくいです。「棒を振る」などのような、何かを振り回すという連想でこう覚えるということはありそう。

一掃のこと ⇒ いっそのこと？
検索例 「**一掃のこと**年金制度なんてやめてしまえばいい。」
　「いっそのこと」を「いっそうのこと」と覚えていて、それをそのまま漢字で書こうとしてこうなったものと思われます。

強固採決 ⇒ 強行採決？
検索例 「年金改革法案も**強固採決**で可決しました」
　"強固な意志を持って採決すること"だと強固に言い張ることは可能かもしれません。でも、ネット上に見られる「強固採決」のほとんどは「強行採決」の誤りのようです。

朝っぱなから ⇒ 朝っぱらから？
検索例 「**朝っぱなから**人騒がせな奴だった」
　「昨日は**朝っ端から**東京ドームへ」
　「朝っぱら」は「朝っ腹」。「朝っぱな」は、おそらく「朝っ腹」と「初っ端（しょっぱな）」が合体した誤字表現と思われます。

印籠を渡す ⇒ 引導を渡す？
検索例 「個人的に期待したいのは、**印籠を渡す**くらいの大差で予選敗退へと追いやってもらいたい。」
　「引導を渡す」の時代劇ヴァージョン!?

二点三点する ⇒ 二転三転する？
検索例 「**二点三点する**ストーリーも飽きることなく最後まで楽しめる一冊でした。」
　二点三点するストーリーってどんなストーリーなのかが、とっても気になる「二転三転」のうろ覚え表記。

喧嘩越し ⇒ 喧嘩腰？
検索例 「**喧嘩越し**の対応はやめた方が無難です。」
　「献花腰」よりはましかな。

名言する ⇒ 明言する？
検索例「私はここに**名言する**」
「自衛隊を出動させないと**名言する**べき」
　同様の表現をたくさん見かけますが、何かをはっきりと言い切る様子を表すのは「名言」ではなく「明言」です。
　「名言は するものではなく 吐くものである」（←これは名言？）

感動も一押し ⇒ 感動もひとしお？
検索例「結構時間かかったんで、完成したときの**感動も一押し**です。」
　「感動もひとしお」→「感動もひとおし」→「感動も一押し」の変化と思われます。

二の前 ⇒ 二の舞？
検索例「そんなことばかり言っていれば、衆院選の**二の前**になるのがオチでしょうね。」
　「二の舞」の語源は、「一の舞」に続いての二人目の舞だから「二の舞」です。

これを期に ⇒ これを機に？
検索例「**これを期に**禁煙したら？と言われました。」
　【期】を使っている人がとても多いですが、【期】は時期を意味し【機】はきっかけを意味する言葉なので「これを機に」が正解。

対抗車線　⇒　対向車線？
検索例 「無理に抜かそうとすると**対抗車線**に大きく入らなければならないので、事故を起こしそうになる。」
　なんだかすれ違うドライバー同士が睨み合う、殺伐としたイメージが浮かびました。運転は譲り合いの心を忘れずに。

優越つけがたい　⇒　優劣つけがたい？
検索例 「正直、海の美しさと星空の美しさは、**優越つけがたい**ほどでした。」
「面接をしても二人とも**優越付け難い**意欲が見て取れる。」
　「優」と「劣」とがあるから初めて比較ができるわけで、"優越をつける"のは相当難しいと思われます。もしくは「甲乙つけがたい」と混同してるとか。

中秋神経　⇒　中枢神経？
検索例 「欠乏すると代謝異常を起こし、過剰に摂取すると**中秋神**経障害を起こします。」
　ほとんど専門的なサイトばかりだったので、もしかして「中秋神経」という用語もあるのかと思い、かなり検索しました。

運の月　⇒　運の尽き？
検索例 「あたしに会ったのが**運の月**。」
「つい読んでしまったのが**運の月**。」
「多めに飲んでしまったのが**運の月**だった。」
　これってみんな冗談で書いてるんですよね、と思わなければやってられない「運の尽き」のうろ覚え表記。

どこ行く風　⇒　どこ吹く風？
検索例 「そんな親の心なぞ**どこ行く風**だ」
　「行く」んじゃなくて「吹く」んです……。

体調不慮　⇒　体調不良？
検索例 「食後の**体調不慮**とニキビが漢方薬のおかげで同時によくなっていました。」
　「不良」と「不慮」のどちらもネガティブなイメージを持つ言葉であることから、混同している人もいるのかも。

精錬潔癖　⇒　清廉潔白？
検索例 「果たしてこの世の中、**精錬潔癖**な人ばかりなのでしょうか」
　「精錬潔癖」。ぱっと見スルーしそうですが、こういう四字熟語はありません。

所有時間　⇒　所要時間？
検索例「大江戸線で両国駅から大門迄の**所有時間**を教えて下さい。」
　A地点からB地点まで移動するのに必要な時間という意味なら、「所有時間」ではなく「所要時間」です。

多様した　⇒　多用した？
検索例「毎日食べてもヘルシーな、野菜を**多様した**お料理を提供しています。」
　いかにも国語のテストに出そうな間違いですが、「多様」は種類の違ったものが色々あることで、たくさん使うという意味ではありません。

おしとよし　⇒　おひとよし？
検索例「性格は、**おしとよし**なんです。だまされやすいほうです。」
　「おひとよし（御人好し）」のうろ覚え表記。「人」が「好い」という連想（関連付け）ができていないと案外気が付きにくいのかもしれません。

徹底徹尾　⇒　徹頭徹尾？
検索例「**徹底徹尾**個人主義的精神によって貫かれている。」
　正しくは「徹頭徹尾」。最初から最後まで一貫するさまを表す四字熟語ですが、「徹底徹尾」だと「頭から尾まで」突き通す（一貫する）ことができないので、意味が成り立たなくなります。

老補　⇒　老舗？
検索例「**老補**が軒を連ねる江戸風情豊かな街並み」
　「老舗（しにせ）」の「舗」を「補」と見間違えてそのまま覚えてしまったものと思われます。「老舗」は「ろうほ」とも読みますが、「舗」が「店舗、みせ」の意味なので、この字を使わない「老補」だとなんのこっちゃ分からなくなります。

地域未着　⇒　地域密着？
検索例「**地域未着**で活躍されている先生の特集です」
　地域にまだ着いてもいない人の情報を伝えられてもなあ。みたいな感じになっちゃいますね。

多いに起こりえる　⇒　大いに起こりえる？
検索例「改正により過去の判例も変わる事態も**多いに起こりえる**だろう。」
　「大いに」と「多いに」の取り違えはネット上に限らず大変多く見られ、単なる変換ミスに加えて「数多く起こりえる」のような連想から、自然に確定してしまう例もありそうです。

チェレンジ精神　⇒　チャレンジ精神？
検索例 「いくつになっても**チェレンジ精神**が旺盛なのは見習うべき」
　短い文章中に２度出てくるケースもあり、単なるケアレスミスだけでなく、こう覚えている人もけっこういそうです。

不要の長物　⇒　無用の長物？
検索例 「この砂漠気候に乾燥機など**不要の長物**。」
　「無用の長物」で一つの慣用句になっているので、「不要の長物」でも意味は通じるし一緒じゃん、とか言いながら使っても、言葉を知らない人と思われるのがオチなので使わないのが無難です。

再現なく続く　⇒　際限なく続く？
検索例 「まるでブラックホールのように**再現なく**国民のお金を呑み込んでいく。」
　もう終わっちゃうのかそれともまだまだ続くのかよく分からなくなる「際限なく」の誤変換。シンプルな間違いですが意味合いとしては逆方向になるので、指摘されるとけっこうへこむかも。

いいことどり　⇒　いいとこどり？
検索例 「コンパクトカーとSUVの**いいことどり**というこのクルマ」
　それぞれの長所をうまく取り入れることを「いいとこどり」と言いますが、これが「いいことどり」になっているのを見ることがあります。「いいこと」を取り入れるという意味では必ずしも間違いとは言えませんが、それぞれの「いいところ（部分）」を取り入れるという意味とは異なってしまいます。

全治全能　⇒　全知全能？
検索例 「この宇宙を支配しているのは**全治全能**の神なのだから…。」
　「病気が治って能力をフルに発揮できるようになった状態」という解釈でどうでしょう。

満を辞して　⇒　満を持して？
検索例 「以前から人気があり、**満を辞して**の日本出店となった。」
　満を持して辞めちゃうのでしょうか……。

意味新　⇒　意味深？
検索例 「ブログでは**意味新**なコメントを残している」
　タイプミスが多いのだとしても、「いみしん」と続けて打てばたいがい「意味深」になると思うのですが。なりませんか？もしかして「ある意味新しい」の省略表現だったりして。

ネットで見かけた信じられない日本語

遅ばきながら ⇒ 遅まきながら？
検索例 「**遅ばきながら**夏休みを取り信州方面へ旅行に行って参りました」
　これはもしかしたら「遅ればせながら（遅れ馳せながら）」と「遅まきながら（遅蒔きながら）」が混じってしまったのかも。

遅きに逸した ⇒ 遅きに失した？
検索例 「今更禁止しても**遅きに逸した**感があります」
　「遅きに失する」で、遅すぎて間に合わなくなってしまうという意味。

自覚自賛 ⇒ 自画自賛？
検索例 「われながら良い方法だと**自覚自賛**したのだった」
　「自画自賛」を「じかくじさん」と読み覚え、その読みのまま変換しようとしてこうなったものと思われます。

執拗以上 ⇒ 必要以上？
検索例 「イメージダウンにつながる可能性のあることに**執拗以上**に神経質になっていた」
　執拗以上ってどんだけ執拗なんですか！という訳で、異常に多い「必要以上」のうろ覚え表記です。

おすとわけ ⇒ おすそわけ（お裾分け）？
検索例 「飴ちゃんを Get！ 持ってない友達にも**おすとわけ**して Happy！！」
　どうしてこう覚えちゃったのかとても不思議。当然タイプミスも多いとは思いますが、かなりパンチの効いたうろ覚えではないでしょうか。

人質パッシング ⇒ 人質バッシング？
検索例 「私たちはこの異様な**人質パッシング**をどう考えたらいいのであろうか。」
　「**パ**ッシング passing」ではなく「**バ**ッシング bashing」。小さい文字だと本当に分かりにくいです。

コラム1 どうやって見つけているのか

　この本に書かれているようなうろ覚え表記を普段どうやって見つけているのかというと、方法は大きく分けて二つあります。

1. インターネットやテレビなどを見て発見する。
2. 自分で思い付く。

　おもにインターネット上で見つけることが多いですが、中でも個人のサイト／ブログは公開までに第三者のチェックが入ることがないので、ミスがそのまま出てしまいます。はっきり言って面白言葉の宝庫です。
　テレビに関しては、平日の朝や昼下がりに放送されるニュースワイド番組の字幕やフリップで見つかることが多いですが、ジャンルや局に関係なく、やはり生番組に多いです。
　特に間違いを見つけることが目的という訳ではなく単に情報収集のため、日頃からこれらの番組のいくつかを録画してあとから見ています（録画しておくと、間違いを見つけた時に証拠画像としてキャプチャしておけるというメリットもあります）。いずれにしても朝の情報番組を夜に見るのはなんとも不思議な感覚ですが。
　あとは自分自身、或いは誰かの言い間違いをそのまま検索して、件数が多ければ採用します（架空請求→加給請求など）。
　自分で文章をタイピングしていて変換候補に変なのが出たら、それもそのまま検索（茹で加減→湯で加減など）。
　言葉の区切りの位置を変えて出てきた漢字で検索してみるのも面白いです（横断幕→大段幕など）。一気にタイピングすればいいものを、途中で一旦変換するからおかしな感じ（漢字）になってしまうんですね。それをピックアップ。
　全く意味の異なる二つのよく似た言葉を入れ替えて検索してみる（プラシーボ効果→スパシーボ効果、オーバーホールする→オーバーオールするなど）。
　おもに特定の大型掲示板内で使われている用語を、そうとは知らず日常的に使っている例（世も末→世もまつなど）。
　あれっ、と思ったら辞書を引いて確認する癖が付いていると見つかりやすく、自分の間違った思い込みや勘違いに逆に気付くことも多くあります。
　仕事でも趣味でも、何かしらの"専門分野"についていつも気にしていると、いつの間にか頭の中にそれらを探すための専用のアンテナが立つんじゃないかと思います。

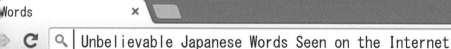

勘一発！ 前代未踏の油断大的うる覚え！

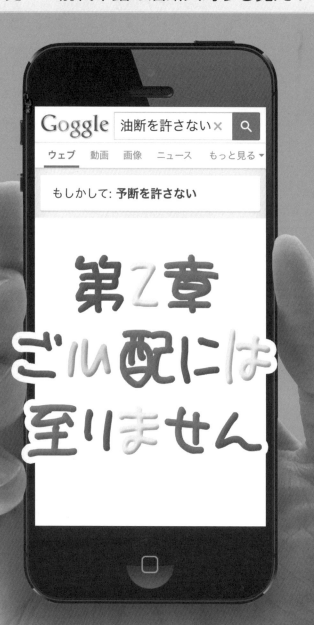

ただいまご紹介にあがりました……

もしかして：ただいまご紹介に与りました……？

検索例1　（実質件数67件）
- ただ今ご紹介にあがりました、生徒会長の───○○です☆
- 会場には、あなたのことを知らない人も沢山いると思いますので「ただいまご紹介にあがりました。○○と申します。私は新婦◇◇ちゃんの高校の時の友人にあたり・・・」などと、紹介するといいでしょう

　おもに目上の人から紹介されて挨拶を始める時のお決まりフレーズである「ただ今ご紹介にあずかりました○○でございます」の「あずかりました」が何故か「あがりました」になっているのを見ることがあり、Web上でその指摘も多くされています。

検索例2
- 結婚式の２次会でいきなり乾杯の音頭をとることになって、「ただ今ご紹介にあずかりました・・・」を「ただ今、ご紹介にあがりました・・・・」って言ってしまったらしい。ドンマイだッ。
- 只今、ご紹介にあがりました…」ってあがってどうすんの。あずかりましたでしょ！
- ご紹介に上がりました」⇒「ご紹介にあずかりました」の間違いじゃない？人称が変わってますぜ。「アンタが紹介するのかよ！」みたいな感じ。

　この場合の「あずかる」は漢字で書くと「与る」。そして、指摘例にもあるように、「上がりました」だと「(自分が)向かう、行く」という意味にとらえられて主語が変わってしまいます。

【与る（あずかる）】
(2) 主に目上から、好意の表れとしてあることを受ける。こうむる。「お褒めに─・る」「お招きに─・る」
【上がる（あがる）】
(9-4)「行く」「訪ねる」の謙譲語。参上する。「お話を伺いに─・ります」

　大勢の人がいる前でこれをやっちゃうとカッコ悪いので気を付けましょう。

「独断上」と「独占上」

もしかして:「独壇場」と「独擅場」？

> **検索例1** （実質件数296件）
> ・1000ccクラスとなると相変わらずVツインの**独断上**でした。
> ・これまで携帯ゲーム機は任天堂の**独断上**でした
> ・携帯電話市場は以前NTTドコモの**独占上**でした。
> ・日本の家庭用プリンタの市場はエプソンとキャノンの**独占上**となり競争がない状態

　「○○の次世代技術は日本の独壇場と化している」というような文章中の「独壇場（どくだんじょう）」。元々「独擅場（どくせんじょう）」という言葉があり、「擅」を「壇」と書き誤って生じた言葉だと言われています。

　現在はどちらも辞書に載っているのですが、巷では未だにどちらが正しいか議論になることがよくあります。

　ところがそんな議論とは全く別の次元で、Web上ではどちらでもない「独断上」と「独占上」という表記が使われているようなのです。。

　また、上記検索例は単純な変換ミスかもしれませんが、中には「独壇場（独擅場）」とは無関係に、単に音韻類似が原因で「独断上（独占上）」を使っている例もあるようです。

> **検索例2**
> ・このような投稿・発言は管理人の**独断上**の判断で削除します。
> ・ですが私の**独断上**ではとても好きなサイトです。
> ・JALが潰れてしまうとANAの**独占上**になるからといいますが、

　上記はそれぞれ

> ・このような投稿・発言は管理人の独断で削除します。
> ・ですが個人的にはとても好きなサイトです。
> ・JALが潰れてしまうとANAの独占状態になるからといいますが、

などのように言い換えができると思います。

　言葉は時代とともに変わるというけれど、「独断上（独占上）」が「独壇場（独擅場）」に取って代わる日は決して来ないと思うのでした。

一とつ二たつ

もしかして：一つ二つ？

　以前ネットのニュースで「小2の3割が『一つ』書けず」という内容の記事がありました。小学生の漢字の読み書き能力についての記事だったのですが、これは別に小学生に限ったことではないようです。
　記事では「一つ」を「人つ」「入つ」などと書いている例があげられていましたが、実際に検索してみて色々な数え方の表記が見つかりました。

検索例1
- 出来る事から**一とつずつ**
- お伝えすることは**二たつ**あります
- 日本に**五つつ**ある公営書店のひとつ
- 気になる点が**1とつ**ある
- 池袋から**2たつ**目の駅にある専門店
- **5つつ**目の信号を左折

　普通に文章をワープロソフトで打っただけでは、このような変換候補は出ないはずですが（一応全部やってみました）、どうしてこうなるのか不思議です。
　このような表記をする人は、もしかしたら物を数える時に数字にあてられる読みは全て一音であると思っていたりするのでしょうか。「一とつ」「二たつ」「三つ」「四つ」「五つつ」などのように。
　あとユニークだったのは「9のつ」という表記。「9」だけ打ってそのあとに「のつ」を打ち足したとしか思えません。ワープロソフトによっては「ここのつ」の変換候補に「9のつ」も表示されるのでしょうか。

検索例2
- その中から面白い答えを**9のつ**選びアンケートに表示
- これは扉ですが、丸いものが**9のつ**扉についています。9は皇帝の数だそうです。
- 芸能人の方も**9のつ**揃えて運気が上がったことを、テレビでお話ししていました。
- 四角形が**9のつ**並んでいて真ん中と左上の四角形が選択できるようになっている

妄想壁

もしかして：**妄想癖**？

検索例1　（実質件数250件）
- 彼の場合は、強迫神経症と誇大**妄想壁**が主に見られる。
- あんな経験、初めてだったので、いつもより何倍も**妄想壁**が膨らんでしまいました
- 自分の中であれこれとストーリーを繰り広げてしまうような**妄想壁**のある人

【妄想壁】自分の前に大きな壁が立ちはだかっていると感じられ前に進めなくなる状態をいう。またその本人にしか見えない想像上の壁のこと。

　あるサイト内で見つけて、これはかなりの数があると直感し検索してみました。
　もちろん上記のような意味で使っているという訳ではなく、あくまで「妄想癖」の変換ミスとしてです。
　実際その数はとても多く、もしかして単なる変換ミスだけではなく「妄想癖」の「癖」が「くせ」であるという認識自体がないケースもあるのではないかとさえ思えます。

検索例2
- 面白かったのは**空想壁**があり、本の目録とか映画の予告編でわくわくする子だったという
- 上司が、かなりの**虚言壁**で困っています。
- **失言壁**があるのなら、いったん頭の中で考えをまとめてから注意深く口に出す訓練をすることです。
- **想像壁**のある私は話題が耐えなく大変です（頭のなかで）

【癖（へき）】かたよった好みや習性。くせ。「放言の―がある」「煙霞（えんか）の―」

　これ以上こんなのが増えるともうほんとにヘキヘキ（15ページ）してしまいます。

二十歳こそこそ

もしかして：**二十歳そこそこ？**

検索例1　（実質件数 104 件）
- **二十歳こそこそ**で一般企業の管理職並みの高給が何故貰えるのか、考えてみて下さい。
- 今の脳を持った**20歳こそこそ**の自分に会ったなら、なんてイヤなヤツだと思うでしょうしね。
- その会社、その後**30歳こそこそ**の既婚者の採用が増えましたよ。
- 現在**30歳こそこそ**の若者が経営する一味違う店である。

　これ、「はたちこそこそ」って読みます。こそこそって……。
　そこそこがどうしてこそこそになるのか、そこそこ考えましたがよくわかりませんでした。
　あと、少数ですが二十歳そこここという表記も見られ、これも不思議です。

ネットで見かけた信じられない日本語

検索例2 （実質件数10件）

・あれはまだ私が**二十歳そこここ**だった頃の父の誕生日。
・彼女は、**20歳そこここ**で何百万円の毛皮コートを買っちゃうようなセレブなのである。
・**20歳そこここ**の私はプチ失禁した。
・**50歳そこここ**から色々な団体に属し、ずっと定年後の生き方を探し続けて、ついに、定年になった

【そこそこ】十分ではないが一応のレベルにあるさま。「―の評判を得る」
［接尾］数量を表す語に付いて、それに達するか、達しないかの程度である意を表す。「四〇―の男」
【こそこそ】人目につかないように物事をするさま。こっそり。
「―（と）出ていく」「陰で―するな」
【そこここ】あちこち。いたるところ。「車が―で立ち往生している」

テレビ誤植7

茨木・鹿島市→茨城・鹿嶋市？

2012/1/30　テレビ朝日「ワイドスクランブル」

その他

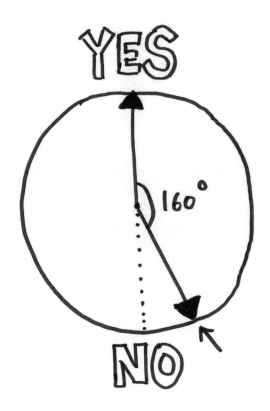

160度違う

もしかして:180度違う？

> **検索例1** （実質件数35件）
> ・試合前と試合後のマスゴミの対応が**160度違う**のが腹立つな
> ・自分の勝手な想像と**160度違って**おりビックリした
> ・これまでの生活と**160度違って**ヤル気ダウンしがちだけどまだまだがんばります
> ・『企画 ⇒ サンプル ⇒ 展示会 ⇒ 量産』という日本の一般的なやり方とは**160度違います**。

　正反対。今どきの言い方で「真逆」の意味を表す「180度」が、どういう訳か「160度」になっちゃってます。20度足りません。

　実際に検索結果を見ていくと本気で間違えている（と思われる）人はむしろ少なく、

「"正"反対まではいかない」微妙なニュアンスの表現としてジョークっぽく使っている例の方が多いようです。

同種のうろ覚え表現としてはガッツ石松さんの「私はボクシングで人生が380度変わりました」が超有名ですが、Web上にもこの表現は数多く見られます。

さすがにこちらの方は本気の間違いは殆どないようですね。

検索例2　（実質件数38件）
・その前にバンドの音楽性と**380度違う**メタルギターは如何なものか？
・勿論、**380度違う**訳じゃないけど、やはり、同じ家族でも、個性が違う
・車の性格が**380度違う**ので… コーナーでツンツンされても立ち上がりでバビューンってひきはなす。

いずれにしても360度変わっても一周して元と同じなんですけどね。.

【三百六十度】
1. 1度の360倍。
2. （副詞的に用いる）すべての方向。「―ぐるっと海に囲まれた孤島」

テレビ誤植5

撤底抗戦→徹底抗戦？

2010/1/18

第2章　ご心配には至りません

レンシレンジ

もしかして：**電子レンジ？**

検索例1　（実質件数 264 件）
- 生卵をから付きで、**レンシレンジ**で温めると、どうなりますか？
- 下ごしらえは**レンシレンジ**調理！ なんて楽チンなんだ
- 哺乳ビンの消毒に**レンシレンジ**を使っています。

　単純なタイプミスの方が多いんだろうとは思うのですが、本来漢字である言葉（電子）をカタカナで確定してそのことに気がつかないというのはかえって不自然な感じがするし、検索結果の中には実際同級生がこう覚えていたとか、Web日記に「今日まで『レンシレンジ』だと思っていたものが、『電子レンジ』だと言うことを知った」などと書いている人もいたりして、意外に間違ったまま覚えている人は少なくないのではないかという印象を持ちました。

　このように覚えている人は、小さい頃から「これレンジでチンしといて」、あるいは単に「これチンして」と言えばそれで意味は通じてきたし、きっと電子レンジという"正式名称"を覚える機会も必要もなかったのだと思います。

　とりあえずオトナになってなお「レンシレンジ」だと思っている（思っていた）人たちが「レンシ」という言葉を自分の中でどう意味づけしてきたのかを聞いてみたいです。

検索例2
- 「えぇ〜！？オレずっと**レンシレンジ**だと思ってたけど。」３２年という長い年月を得て、またひとつおりこうになりました。
- 一昨日のブログで**レンシレンジ**ってかいたんですけど…電子レンジの間違え　ずっと**レンシレンジ**だと思ってた
- それと、今この瞬間に勉強になったことがあります。**レンシレンジ**だと思っていたのですが、デンシ（電子）レンジだったんですね!!入力後の変換がおかしかったので、色々と試してみて気づきました

　この記事をブログで書いたのは 2005 年でしたが、ネット上ではその後も途絶えることなく「ずっとレンシレンジだと思っていた」という"カミングアウト"は続いているようです。

観光鳥

もしかして：**閑古鳥**？

> **検索例**（実質件数 51 件）
> ・一昨日まで**観光鳥**が鳴いていた桜並木も昨日は急に人が歩き始めました。
> ・スキー場は、ウハウハと思いきや、**観光鳥**が鳴いているそうです!! 雪が降り過ぎて、通行止めだもん!!
> ・渋滞になってる高速道路も多いようですが、近場の道の駅では**観光鳥**が泣いてます

　マジかネタかよくわからない"閑古鳥"のうろ覚え表現？
　「観光鳥が鳴く」＝「観光地に客が来ないこと」の意味で使われているようです。斬新ですネ。

> 【閑古鳥が鳴く】人の訪れがなく、ひっそりと静まり返っているさま。客が来なくて商売がはやらないさま。「不景気で、店に―・いている」

第 2 章　ご心配には至りません

良い訳する

もしかして：**言い訳する**

よ、よいわけ？
　初めて目にしたときは一瞬理解できなかったのですが、文脈から「言い訳」のうろ覚え表記らしいと分かりました。

検索例（実質件数 98 件）「良い訳する」
・質の低さを、好みの違いだと**良い訳**する。
・変な**良い訳**しないで自分の腕を磨きなさい
・記者会見でどう**良いわけ**するか
・下手な**良いわけ**しないで

「いいわけ」とタイピングした場合、変換候補に「言い訳」は出ますが、「良い訳」は普通出てきません。
　つまり始めから「よいわけ」とタイピングしたと考えられます。
　「言い訳」という言葉自体を知らないのか、それとも例えば「自分にとって都合の良い解釈をする」というようなニュアンスで、こういう言葉があると思い込んでしまっていたのでしょうか。

【言い訳（いいわけ）】筋道を立てて説明すること。
㋐自己の事情を説明して、弁解をすること。弁明。「いまさら―してもおそい」
㋑物事の筋道を説明すること。解説。

また、「いい」は「よい（良い）」のくだけた言い方なので、「言い訳」という言葉を耳から聞いた時に「言い」の部分を「良い」の意味だと勘違いして、そのまま覚えてしまったのかもしれません。
　いずれにしても、このような表記が普通のブログやウェブサイトの中に多く見られることが不思議に思えました。

命一杯

もしかして：**目一杯？**

検索例1 （実質件数 797 件）
- それじゃ今日は**めい一杯**遊ぼうぜ
- **めい一杯**タイヤを切った時に、「ガリガリガリ」とどこかに当たっている音がします。
- 先程より．もっとかかとを上げ．背伸びをし．顔も**めいいっぱい**上に向けてみせた．
- 難しい振り付けは少なく、音楽を**めいいっぱい**楽しめる内容になっています。

「目一杯」の上位表現。限度一杯を更に超えようとする状態。

完全に造語ですが、元は「目一杯」を「めい一杯」と聞き覚えたところから派生したものと思われます。

「命一杯」の方は、単なるケアレスミスに加えて、「命」の部分に意味の重きを置いて「より必死に頑張る」というニュアンスを出す為、敢えて当て字として使っている例もありそうです。

検索例2 （実質件数 399 件）
- ゼンマイが**命一杯**の状態であれば、腕からはずしても、36時間以上動き続けます。
- これでも**命一杯**早起きなのです
- その人達のためにも**命一杯**走ります。応援よろしくお願いします。
- 自分が命一杯やれば、みんなも命一杯やってると信じ合える。 全力で戦って**命一杯**楽しもう
- 目の前の1つ1つの試合を**命一杯**頑張っていきます！

命がけで闘う決意の表現として、言葉としての正誤とは別にこれからも使われていく言葉なのかもしれません。

【目一杯】秤（はかり）の目盛りいっぱいであること。転じて、限度いっぱいであること。また、そのさま。副詞的にも用いる。「―まで詰め込む」「―な（の）サービス」「―がんばる」

油断を許さない

もしかして：**予断を許さない**

とてもメジャーなうろ覚え表現の一つですが、検索してみたら意外に指摘しているサイトが少なかった「予断を許さない」のうろ覚え表記。

【予断（よだん）】前もって判断すること。予測。「形勢は―を許さない」
【油断（ゆだん）】たかをくくって気を許し、注意を怠ること。「―なく目を配る」「―してしくじる」

実際に検索結果をよく見ていくと、単なるタイプミスなどではなく、最初から「油断してはいけない」「油断大敵」「気を抜けない」というような意味合いで使われている（ようにも受け取れる）例が少なくないのが分かります。

検索例1 （実質件数290件）
・しょっちゅうハラハラさせられる**油断を許さない**作品だなあとしみじみ思う。
・一瞬たりとも聴き手に**油断を許さない**別格の緊張感を放っている。
・何時如何なる時も全く**油断を許さない**展開

そもそも「予断を許さない」という表現があること自体を知らずに、「予断」を「油断」と聞き覚えてそのまま一つの言い回しとして本来とは異なった意味でインプットし、そのまま使うようになったというケースも多いのではないでしょうか。
　そのように考えていくと、この「油断を許さない」という表現は、今でこそ「間違い」であると指摘されますが、今後この言い回しを使う人が増えていくに従い、一つの定型表現として認知されるようになるかもしれません。そんなこと絶対有り得ないと思いますか？
　検索結果を見る限り、まったくもって予断を許さない状況だと思うのですが……。

検索例2 （実質件数341件）
・今後更に現地の治安情勢が急速に悪化する可能性もあり、**余談を許さない**状況だ。
・しかし、事態は緊迫しており、**余談を許さない**状況です。

こっちの方は完全に誤変換ですね。「余計な話はするなー‼」っていうことでしょうか。

放漫なボディー

もしかして：**豊満**なボディー？

> **検索例**（実質件数 87 件）
> ・一度見たら忘れることのできない、**放漫な**ボディ
> ・彼女の**放漫な**ボディを見るのは楽しみだったね
> ・あの**放漫な**ボディーで抱きしめて欲しい。
> ・この**放漫な**ボディーを作るのに一体いくらかかっていると思ってるんだ。

　すっごいだらしない自堕落な生活を続けていたら、こんな身体になっちゃいましたってことでしょうか。単純な変換ミスでここまでイメージが変わるのも珍しいです。

【放漫】でたらめで、しまりのないこと。やりっ放しでいい加減なこと。また、そのさま。「―な経営」
【豊満】2. 肉づきのよいこと。また、そのさま。「―な肉体」

第 2 章　ご心配には至りません

目尻が熱くなった

もしかして：**目頭が熱くなった**

　あるテレビ番組に出ていた女性が、自分の話の中で「私はそのときに目尻が熱くなって……」と言っていて、すぐに他の出演者達から「目頭！」と突っ込まれていました。
　司会者からは「目じりが熱くなったらねえ、それタバコの灰が飛んでるのよそこに」と突っ込まれてました。

> **検索例**（実質件数 123 件）
> ・沸き上がってくる何かで**目尻が熱くなった**
> ・驚きと感激で、また**目じりが熱くなった**
> ・人生相談の回答に、不覚にも**目尻が熱くなりました。**
> ・予想より遥か上を行く応募数に感激して思わず**目じりが熱くなりました。**

　これは「うろ覚え」と言うよりは「言い間違い」のジャンルでしょうか。この言葉が真面目な会話のシーンの途中で相手の口から出てきたら、笑うに笑えなくて大変そうです。

もったえない

もしかして：**もったいない**

「もったいない」じゃなくて「もったえない」？タイプミスではなく、本当にこうだと思っている人も少なくないようです。

検索例1 （実質件数210件）
- 交通費代が**もったえない**から片道歩いた
- あれだけの逸材を埋もれさせてしまうのは**もったえない**なぁ…
- 上司が「勿体無い（もったいない）」を「**もったえない**」と書くんです。最初は方言かと思ったのですが、誤用ですよね。
- そういえば"**もったえない**"と"**もったいない**"ってどっちが正しいんだろ…
- 『**もったえない**』です。『もったいない』じゃなくて。

検索結果の中に「あえて、くだけた感じを出すためにどうやら"もったえない"を使うことがあるらしい」という記述があったのには驚きました。

この件数の多さから、近い将来、今現在既に公然と定着しつつある「ふいんき（雰囲気）」などと同様、その間違いを指摘しても「言葉って時代と共に変わっていくんですよ」と、すました顔で言い返されるようになるのかもしれません。

単に言い易さから自然にこう覚えてしまった人も多いのかもしれませんが、もしかしたら「もったいない（勿体無い）」を、その意味はちゃんと把握しつつ、言葉としての成り立ちを「有り得ない」のように「○○得ない」だと思ってこのように覚えた人もいるのでしょうか。実際に漢字交じり表記も検索してみたらたくさん出てきました。正直、平仮名表記よりこっちの方がずっと驚きです。

検索例2 （実質件数218件）
- 少しずつ上手になってるし今辞めたら**もった得ない**ですよ
- 容器が使い捨てなのがちょっと**もった得ない**気がします
- カードを破棄してしまったのは**持った得ない**ような気がします。
- 食べるのが**持った得ない**ぐらい華麗な姿のお好み焼きが出来上がり!!
- わざわざ買い替えるのは、**持った得ない**ですから。

第2章　ご心配には至りません

ご心配には至りません

もしかして：**ご心配には及びません？**

検索例（実質件数 63 件）
・さほど被害もなく**ご心配には至りません**。
・プライバシーには十分配慮していますので**ご心配には至りません**

〜する必要がないという意味の場合、「至らない」ではなく「及ばない」を使います。
「ご心配には至りません」だと「まだご心配いただくような状態にはなっておりません」というような意味になってしまうので、やっぱり変ですよね。

【及ぶ】6 （「…にはおよばない」の形で）…する必要がない。…しなくともよい。「遠慮するには―・ばない」
【至る】3 ある段階・状態になる。結果が…となる。「大事に―・る」「倒産するに―・る」「事ここに―・ってはやむをえない」

鬼畜に入る

もしかして：**鬼籍に入る？**

検索例（実質件数 36 件）
・○○先生が**鬼畜に入られ**て久しい。
・たまにはお会いしなくてはと思う恩人が**鬼畜に入る**ことも多くなった。
・○○先生も○○君も**鬼畜に入り**ましたが元気で長生きしたいものですね

さすがに数は少ないですが、初めて目にした時のインパクトがとても強かったのでピックアップしました。
公の場でこんな間違いをしたら大変ですね。
ちなみに「鬼籍に入る」は「きせきにいる」と読みます。

【鬼籍（きせき）】死んだ人の名や死亡年月日を書きしるす帳面。過去帳。点鬼簿。
【鬼籍に入る】死んで鬼籍に名を記入される。死亡する。
【鬼畜（きちく）】鬼と畜生。転じて、残酷で、無慈悲な行いをする者。

ネットで見かけた信じられない日本語

間逆

もしかして：**真逆**？

検索例（実質件数 820 件）
- 気候は日本と**間逆**で現在は冬です
- たった1文字の順序が替わるだけで意味が**間逆**になるなんて。
- 時を経て、恐怖感とは**間逆**の愛情が芽生えていました。

「真逆」という言葉自体が未だ必ずしも市民権を得ているとは言い難い現状において、そんな事情とは無関係に増殖中の「真逆」の別表現としての言葉。

「きっちり正反対‼」と言う意味を付与する為にわざわざ「逆」の上に「真」の字を付けたはずなのに、もうそんなことすらどうでもいいみたいです。

【真逆】《「逆」を強調した俗語》まったく逆であること。正反対なこと。また、そのさま。「前作とは性格が―の人物を演じる」

むせらない

もしかして：**むせない**？

検索例（実質件数 48 件）
- 水で練って食べてごらん。粉で**むせらない**から。
- ちょっと咳が出るので、運動中に**むせらない**ように咳止めも飲んだし。
- 気管が開かなければ**むせらない**で結構飲む。
- **むせらない**で吸うのに結構な労力を要した。

息を詰まらせて咳き込む状態「むせる（咽る）」の反対は？

ほとんどの人は特に考えることもなく「むせない」と答えると思いますが、Web上で「むせらない」という表記を見つけ、他にも使われているかどうか検索してみました。

例えば「はまる」の反対が「はまらない」となり「とまる」の反対が「とまらない」となるように、反対の意味になるとき語尾が「らない」に変化する言葉が多くある為、それらと同じような感じで深く考えずに「むせらない」としてしまったのではないかと思うのですが、どうでしょう。

形見が狭い

もしかして:**肩身が狭い?**

検索例(実質件数 382 件)
- ビジターの我々は相変わらず、**形見が狭い**。
- 新入社員や若手の台頭で**形見が狭く**なってきた中間管理職
- 自社ドメインのメールアドレスがなく、**形見が狭い**思いをしていませんか?

狭いのは「形見」じゃなくて「肩身」です。

【肩身が狭い】世間に対して面目が立たず、ひけめを感じる。「お古の制服で―・い思いをした」

以前あるバラエティー番組で「『肩身が狭い』という慣用句を使って文章を作りなさい」という出題に対して、「頭より肩身が狭い」と答えたと答えたモー娘。の辻希美さんに比べたらまだましかも。

間逃れない

もしかして:**免れない?**

検索例(実質件数 654 件)
- 慰謝料請求は**間逃れない**
- 遅かれ早かれ辞任は**間逃れない**だろう
- 電力会社は勿論のこと国は責任を**間逃れる**ことはできません。

おそらく「逃れられない」からの連想だと思われるのですが、やはり「まのがれない」と聞き覚えてしまったことからこうなったのではないでしょうか。
それにしても「間逃れない」の「間」をどう解釈したのか聞いてみたい。
ちなみに「免れる」の読みは「まぬがれる」「まぬかれる」のどちらでもよいそうです。

【免れる】身に受けては好ましくないことから逃れる。また、避けてそれにかかわらない。「戦火を―・れる」「責任を―・れる」

窺わしい

もしかして：**疑わしい　如何わしい？**

検索例 （実質件数 255 件）
- もはや日本語かどうかも**窺わしい**です
- 才能もあるかどうかも**窺わしい**
- **窺わしい**サークルも結構あるみたい
- どうやら彼女は**窺わしい**宗教に入信してたらしく

「疑わしい」もしくは「いかがわしい（如何わしい）」を"空耳"して「うかがわしい」と聞き覚え、出てきた変換候補をそのまま確定したものと思われます。他に「伺わしい」も。

検索例 （実質件数 178 件）
- 本当に流行ってたのかどうかも**伺わしい**
- 盆休みにショッピングセンターで似顔絵占いなどという**伺わしい**占いをやってました。

下向きな姿

もしかして：**直向きな姿？**

検索例 （実質件数 63 件）
- その仕事に対する**下向きな姿**
- 練習に打ち込む**下向きな姿**はとても健気
- その**下向きな姿**に感動した

　文字通りの「下を向いている姿」とは別の意味で使われている例が見られます。
　上記はすべて「ひたむき（直向き）な姿」のつもりと思われます。
　「ひた向き」と「した向き」。たった一字違うだけでかなりイメージの異なる言葉になってしまいます。

【直向き（ひたむき）】一つの事に熱中するさま。一つの事に一生懸命になるさま。いちず。「―な態度」「―におしすすめる」

心大きなく

もしかして：**心置きなく？**

検索例（実質件数 57 件）
・これからは**心大きなく**電話できるーw
・これで**心大きなく**カキコできるよ☆

耳で覚えて自由に漢字を当てはめた、典型的なうろ覚え表記。
これでちゃんと意味は間違えずに使っている（らしい）のが驚きです。
「心多きなく」もやはりありました。

【心置き無く（こころおきなく）】
1. 気兼ねしないで。遠慮なく。「―語り合う」
2. あとに心を残すことなく。心配なく。「―旅に出る」

時代交渉

もしかして：**時代考証？**

検索例（実質件数 260 件）
・まあ**時代交渉**とかはかなりええ加減だとは思う
・大半の人が「**時代交渉**してるのか？」といった感じの衣装でした
・こういうドラマに正確な**時代交渉**は求めません

単なる変換ミスの方が多いと思うのですが、「交渉：かけあう」の意であることから、「時代と向き合う」という共通するニュアンスがスルーを生んだ可能性はあると思います。

【交渉】ある事を実現するために、当事者と話し合うこと。かけあうこと。
「―が決裂する」
【考証】古い事物について、文献・遺物などによって、実証的に研究すること。
「時代―」

立つ手がない

もしかして：**立つ瀬がない？**

検索例（実質件数 43 件）
- そんな言い方されちゃあ**立つ手がない**わ
- 兄として男として**立つ手がない**
- 何事も一人で解決されたのでは**立つ手がない**

「立つ瀬がない」のうろ覚え表記。
「立つ瀬」というのは自分の立場。「立つ瀬がない」で自分の立場や面目を失うという意味になります。
一応「立つ手がない」の意味も考えて（捏造して）みました。

【立つ手がない】何かの行動を起こす為に必要な手段・方法がなく行き詰まっている状態のこと。

「クルマの中にキーを閉じ込めてしまい、もはや**立つ手**がなかった」

こちらは「打つ手がない」との混同ですね。

柳に腕押し

もしかして：**暖簾に腕押し？**

検索例（実質件数 51 件）
- こちらの攻撃が一切**柳に腕押し**なのは何故か。
- 会社自体は「知らぬ存ぜぬ」と**柳に腕押し**状態の繰り返しだ
- いつもヒョウヒョウとしてて本心がみえないよーな、**柳に腕押し**といった調子

「柳に風」と「暖簾（のれん）に腕押し」のミックス・バージョン？
確かに意味は似ていますが、一緒にしても新しいことわざにはなりません。

【柳に風】逆らわず、おだやかにあしらう。風に柳。「―と受け流す」
【暖簾に腕押し】手ごたえのないこと、張り合いのないことのたとえ。

少数ですが「暖簾に風」もやはりありました。

永遠と続く

もしかして：**延々と続く？**

検索例（実質件数 312 件）
- **永遠と続く**一本道を走ります
- 目の前に**永遠と続く**地平線
- 天安門広場前に**永遠と続く**自転車の流れ

　Web上での、その数の多さに圧倒される「延々と続く」のうろ覚え表記。

　「永遠と」と「延々と」の取り違えであるとしてすでに多くの日記サイト、誤字や言葉の間違いを指摘するサイトでもとりあげられています。

　別に間違いじゃないと言われれば、一つの文学的表現として通用するとは思いますが、「延延」はあくまで「長く続く」という意味であり、決して「永遠」と同義ではありません。

　「永遠に続く」のか「延々と続く」のか、その表現しようとする内容に合った適切な使い分けが必要です。

一過言ある

もしかして：**一家言ある？**

検索例（実質件数 248 件）
- 酒に**一過言ある**オーナーの目利きで揃えた地酒
- スコッチのモルトウイスキーに**一過言ある**バーテンダーがいる店。

　「一家言ある」のうろ覚え表記。「一家言」の読みは「いっかげん」。「いっかごん」或いは「いちかごん」と読み覚えていた場合、「一過言」と変換されてしまうようです（IME）。

【一家言】（1）その人独特の主張や論説。（2）一つの見識をもった意見。「教育については―をもっている」

　「過言」には「かごん」と「かげん」の二つの読みがありそれぞれ別の意味がありますが、どちらの意味であるにしても「一過言」では意味のある言葉にはなりません。

一歩通行

もしかして：**一方通行**？

> **検索例**（実質件数 376 件）
> ・**一歩通行**を示す標識が街路樹の枝で見えにくくなってる。
> ・商店側の道路は駅前広場への**一歩通行**となります。
> ・マスメディアを使った**一歩通行的**宣伝

　単なるタイプミスと、本当にこうだと思っている人の割合が知りたい「一方通行」のうろ覚え表記。
　検索結果を見ていて気が付きましたが、けっこう一つの文章の中で2度以上「一歩通行」の記述が出てくる場合があって、もしかしたらなんらかの意味付けにより意識的に使っているのかもしれないと思いました。
　そのココロは？

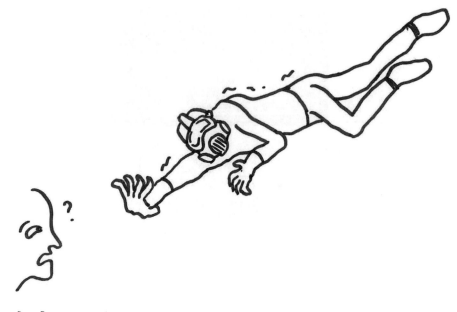

有毒マスク

もしかして:**防毒マスク?**

検索例（実質件数 86 件）
・一酸化炭素には活性炭を用いた**有毒マスク**は無力である
・今回の一時帰島では**有毒マスク**は一度も使わなかった
・いまものすンごく立派な**有毒マスク**を注文しました。だから大丈夫〜。

「防毒マスク」のうろ覚え表記。
「有毒のマスク」は危険なので着けないようにしましょう。
「有毒の状態の中で装着するマスク」という意味で「有毒マスク」なのだと言うことも可能かもしれませんが、その考え方は必ずしも一般的ではないかもしれません。

【防毒マスク】毒ガスを防ぐために顔面をおおう器具。ガス-マスク。防毒面。

進出気没

もしかして：**神出鬼没？**

検索例（実質件数 66 件）
- **進出気没**なおいらですが。。。 よろしくお願いいたします。
- この人本当**進出気没**な人ですね
- 私は**進出気没**ですから、ウロウロしててもすぐ捕まえちゃいますよ〜。

「神出鬼没」の独自表現。「神」も「鬼」もいない不思議な四字熟語になっています。
　私のパソコンでは「しんしゅつ」と「きぼつ」を別々に変換したら「進出気没」になりました。やはり四字熟語は一度に変換しないと、色々変な漢字に変換されちゃうことがあるみたいです。それにしても「気没」って何？

【神出鬼没】：〔鬼神のように自由に出没する意から〕どこでも好きな所に現れて、目的を達するとたちまち消えてしまうこと。

プライバシーの損害

もしかして：**プライバシーの侵害？**

検索例（実質件数 380 件）
- それって**プライバシーの損害**ですよ。
- **プライバシー損害**にあたる依頼や医療行為などはできません。
- 中傷及び**プライバシー損害**のため削除お願いします。

プライバシーは損害を受ける（被る）ものではなく侵害されるものですね。
けっこう誤りとしては定番の部類だと思うのですが、やはり件数は多いです。

【侵害】 他人の権利・領土などをおかし、そこなうこと。「人権を―する」
【損害】 事故や災害により受ける金銭・物質上の不利益。広義では人間の死傷をも含む。「―をこうむる」

いずれにしても「プライバシーの心外」よりはましかもしれません。

第 2 章　ご心配には至りません

上部だけの付き合い

もしかして：**上辺だけの付き合い？**

検索例（実質件数 67 件）
・本気で好きになるのが恐くて、**上部だけの付き合い**しかしていない
・携帯持つと 薄ッペライ**上部だけの付き合い**が増える。
・所詮、**上部だけの付き合い**で本当の友達なんていなさそう

　「うわべ」の変換候補に「上部」は出てきませんので、やはり「上部（じょうぶ）」と覚えてしまったのではないでしょうか。読みは同じでも、やっぱり意味は違います。
　「上辺」は物の表面（surface）を指し、「上部」はあくまで何かの上の部分（upper）という感じですね。

【上辺（うわべ）】（1）物の表面。おもて。外面。（2）内実とは違った見せかけのようすや事情。見かけ。外観。「―をつくろう」
【上部（じょうぶ）】上の部分。上の方。「―組織」

ネットで見かけた信じられない日本語

おせいじ

もしかして：**おせじ**

　この世の中、おせいじが多すぎます！と思わず言いたくなる「御世辞（おせじ）」のうろ覚え表記。話し言葉で「おせいじ」に近い発音になることはあるだろうし、方言（訛り）でむしろ「おせいじ」と発音する方が当たり前という地域もあるかもしれません。
　でも実際に紙に書くときこの言葉だけが「話し言葉」や「方言」で、他がすべて書き言葉／標準語だとしたらやはり不自然に思われるんじゃないでしょうか。見た目にも分かりやすい間違いなので、やはり指摘もされています。

検索例　(実質件数 242 件)「おせいじにも」
- 20歳も年下なのに「綺麗ですね！」と結構**おせいじ**を言ってくださいました。
- **おせいじ**にも美味いとは思わない
- 「**おせいじ**」って何ですか？ お世辞の間違いですか？
- **おせいじ**じゃなくておせじではないでしょうか。 おせいじでは、「お世辞」と変換できないですよ

中途半場

もしかして：**中途半端**

検索例　(実質件数 467 件)
- 就職活動は**中途半場**にやると、結果も中途半場になります。
- みなさん、**中途半場**は失敗の元ですよ

　「半端（HANPA）」と「半場（HANBA）」の違いなのでタイプミスとは考えにくく、また変換ミスでもないので実際こう覚えている人が多いと思われます。それにしても件数多すぎ。
　もしかしたら「半場」に「場の半ば（なかば）までは来た」という意味を当てはめて、意図的に使っている人もいるのかもしれません。耳から聞いて覚えてしまったにしても、その際「半端」という言葉が頭に浮かばなかったのかなと、ちょっと不思議に思えるのです。
　また、「中等半端」という表記も見られ、ここまで来ると、このような間違いをする人たちにとって、漢字はもう聞こえた「音」をそのまま表す為の記号でしかないのだなと、逆に妙に感心してしまいます。

とどのつもり ⇒ とどのつまり？
検索例「アイデアは**とどのつもり**は日々の精進によってうまれる」
トドのつもりかオットセイのつもりかなんだかよく分からなくなりそうな、「とどのつまり」のうろ覚え表記。

全国通津浦々 ⇒ 全国津々浦々？
検索例「協会のメッセージが**全国通津浦々**まで届いている」
「津津浦浦」を「つうつうらうら」と聞き覚え、あとから書こうとしてこうなったものと思われます。

何の落ち目もない ⇒ 何の落ち度もない？
検索例「ちなみに知り合いのサイトが**何の落ち目もない**のに強制閉鎖されました。」
「落ち目」じゃなくて「落ち度」です。「落ち目」は勢いなどが盛りを過ぎて下り坂になること。「落ち度」は過失、あやまち。

下出になる ⇒ 下手に出る？
検索例「**下出になる**とつけ上がる」
「下手（したて）に出る」を、何かの弾みでこう覚えてしまっているみたいです。「下出」って何？

耐震偽造事件 ⇒ 耐震偽装事件？
検索例「今回の**耐震偽造事件**で国交省のチェックも厳しくなる」
耐震強度が偽装された事件なので「偽造」じゃなくて「偽装」です。

カード決裁 ⇒ カード決済？
検索例「只今クレジット**カード決裁**のお取扱いを停止しております」
正しくは「カード決済」。オンラインショップでの間違い多数。

1年356日 ⇒ 1年365日？
検索例「1日24時間、**1年３５６日**しかないもんなぁ…」
1年が356日だと思っている人、実はけっこういたりして。

一応に ⇒ 一様に？
検索例「世界の世論は**一応に**反発をしている」
　　　　「私も**一応に**女だもんね‥」
上は「一応に」ではなく「一様に」。
下は「一応に」ではなく単に「一応」でいいんじゃないでしょうか。

日の目を見るより明らか　⇒　火を見るより明らか？
検索例「医療費が急速に膨張するのは、**日の目を見るより明らか。**」
　「日の目を見る」は、多くは物事が好転する時に使われ、対して「火を見るよりも明らか」は、どちらかと言えば良くない展開が予想されるときに使われる事の方が多いんじゃないでしょうか。そういう意味では、それぞれ語感は似ていても方向性は逆と言えるかもしれません。

切削琢磨　⇒　切磋琢磨？
検索例「勉強会等を開催し議員の**切削琢磨**の場としていく。」
　己を磨くだけでは飽き足らず、身を削ってまで頑張ろうとする心意気が伝わってくるような、これはこれで面白い表現のような気もします。

どさくさにまみれて　⇒　どさくさにまぎれて？
検索例「こういう日は、**どさくさにまみれて**万引きをする連中が増える。」
　まみれる（塗れる）は汗や泥などで汚れることで、まぎれる（紛れる）は見分けがつかなくなること。「どさくさにまぎれて」で、「他と見分けのつかない状況に乗じて」という意味になります。

確信を突く　⇒　核心を突く？
検索例「抽象的ながら**確信を突く**歌詞は、とっても魅力的です。」
　単なる変換ミスがほとんどだとしても、「核心」と「確信」どちらにも「重要な事柄」を対象とするイメージがあり、その分見落としやすかった可能性もあると思うのですがどうでしょう。ちなみに確信はありません。

荷が大きい　⇒　荷が重い？
検索例「リスクが大きいので小心者の私には**荷が大きい**ですね。」
　「大きい」と「重い」。どちらも負担にはなりますが、荷は大きくても軽ければそれなり持てますが、重い荷物はその大きさとは関係なく持てないので、やっぱり慣用句としてどちらでもいいという訳にはいきません。

目して語らず　⇒　黙して語らず？
検索例「敗軍の将は**目して語らず**」
　「目する」には「目で知らせる」という意味があるので、「目して語らず」だと何かを言いたいんだか言いたくないんだかよく分からなくなってしまいます。

矢も立ってもいられず ⇒ 矢も盾もたまらず？
検索例「**矢も立ってもいられず**、そっと起き外に出る。」
　矢で攻めても、盾で防いでも勢いが止められない様子から転じたと言われています。
「矢」と「盾」の組み合わせのイメージが出てこないと間違いやすいかも。

一速即発 ⇒ 一触即発？
検索例「日本と清国が**一速即発**な状況で、大久保利通内務卿が苦心した様子が描かれていました。」
　「一触即発」の2文字目と3文字目を取り違えて「一即触発」と間違えているのはよく見かけますが、これはちょっと珍しかったのでピックアップ。

【一速即発】ローギアーで急発進すること。転じて、空気を読まずに突然自分勝手な行動をし、その場の雰囲気を険悪にしてしまうこと。

こんな四字熟語があってもいいかもしれません。

致し痒し ⇒ 痛し痒し？
検索例「ここまで安くなるとおかしな連中も湧いてくるというのが**致し痒し**」
　「痛し痒し」の変換ミス。「いたしかゆし」と全部続けてタイプしてしまえばちゃんと変換されるはずなのですが、おそらく「いたし」で一旦変換した為こうなったのだと思われます。

サンドデス ⇒ サドンデス？
検索例「**サンドデス**に突入し8人が蹴る好勝負！！」
　うーん、3回死ぬ……。
　小ネタすぎてすまんです。

不のオーラ ⇒ 負のオーラ？
検索例「幸せを感じていない人にはやはり**不のオーラ**が集まってきます。」
　イメージとしてはおそらく不幸の不からきているんだと思いますが、「不」は名詞の頭に付いて、その語を否定するという使われ方をするので、「不の○○」というような言葉の繋がりにはなりません。

租税乱造 ⇒ 粗製乱造？
検索例「**租税乱造**で稼げる時代じゃない」
　確かに租税を乱造されるのは困りものですが、おそらく「粗製乱造／粗製濫造」のつもりと思われます。

湯で加減　⇒　茹で加減？
検索例「こうすることで麺の**湯で加減**も均等になります。」

　しかも湯で加減が難しく、ちょっと茹ですぎた感が。

　「茹で加減」の変換ミスですが、なんだかこれはこれで意味が通る感じがして不思議です。使われ方によっては「お湯の温度を加減するのが難しい」と解釈すれば、必ずしも間違っているとは言えないような気もするし、けっこうビミョーです。

やぶかさではない　⇒　やぶさかではない？
検索例「ネタさえあれば更新するのも**やぶかさではない**のですがね。」

　「吝か（やぶさか）ではない」のうろ覚え表記。

　少数ですが「藪傘ではない」という表記もありました。完全に意味不明です。

はからずしも　⇒　はからずも？
検索例「国家権力がマスメディアに対して直接介入する驚くべき意図を**はからずしも**露呈した」

　最初は「必ずしも」のタイプミスかと思ったのですが、どうもそれだと意味が通らず、文脈から「図らずも（はからずも）」の誤りなのだと気が付きました。

「義兄業務妨害」と「意力業務妨害」　⇒　「偽計業務妨害」と「威力業務妨害」？
検索例「「営業を妨害する」故意と行為があれば**義兄業務妨害罪**」（刑法233条）ですので警察は捜査出来ます」

　団体のメンバーを特定し障害（原文ママ）と意力業務妨害の疑いで捜査する事にしている。

　法律用語は普通の人は普段あまりタイピングする機会もないし、その分変換候補のトップに来ない言葉も多いので注意が必要です。

人身掌握　⇒　人心掌握？
検索例「反対派の**人身掌握**にも成功した」

　なんだか身柄を拘束されてしまいそうな、「人心掌握」の変換ミス。変換ミスであるにしても、その見た目の自然さから意外に「人身」の二文字がはっきり見えていながら違和感なく確定してしまったような例も多い気がします。「人身掌握」でも「人の身体を支配下に置く（思いどおりにする）」と解釈してそれなり言葉として成立するのかもしれませんが、検索結果を見る限り、やはり殆どは「人心掌握」のつもりで使っているようです。

呼んで字のごとく ⇒ 読んで字のごとく？

検索例「肝硬変とは、**呼んで字のごとく**「肝臓が硬く変化する病気」です。」

　呼んでも多分返事はして貰えない「読んで字のごとく」の誤字表記。「（そこに書かれている）字の通り」という意味なので、「呼ぶ」のではなく「読む」。実際はそのほとんどが単純な変換ミスだと思いますが、「呼ぶ」というのが「声を出して読む」にイメージが繋がり、その分見落としも多いのではないかと推測したのですがどうでしょう。

方法の体 ⇒ ほうほうのてい？

検索例「命は失わなかったものの、**方法の体**で自分の故郷にまで逃げ帰った。」

　あるブログで見つけて一瞬訳が分からなかったのですが、文脈で「這う這うの体（ほうほうのてい）」のつもりの誤りだと気付きました。「這う」は「はう」。「這う這う」なので、文字通りへろへろになり、這って逃げ出すさまを表しています。

テレビ誤植6

計れない→図れない？

2012/10/15　日本テレビ「TORE！」

コラム2　被検索エントリーベスト10

　ブログのアクセス解析の検索ワードを見ることによって、どのエントリーに多くアクセスがあったかが大体分かります。過去ログを保存していないので正確にはもう分からないのですが、より頻繁に目にして記憶に残っているエントリーをご紹介します。

1位　他山の石とする？しない？
いつ頃かよく覚えていませんが、テレビで何度かクイズの問題として「他山の石」が採り上げられたあたりからアクセスが増え、以後コンスタントにアクセスが続いています。未だに他山の石とするべきかしない方がいいのか迷っている人がたくさんいるようです。

2位　私念
これはおもにネット上の掲示板で「私念でスレを建てるな！」などと言い合いが起こった際、その流れで誘導されてくることが多いです。このようなリンク元を目にする度に「ケンカは止めて」と思うのでした。

3位　一色単
これは個人ブログから何度かリンクされたことがありました。「ずっと一色単だと思っていた言葉が実は一緒くたの間違いだと気が付きました。」というような驚きと共にURLが貼られていたりします。

4位　命一杯
この言葉に関しては、単に間違って使っている場合と、その人なりに意味を込めて使っている場合とが混在しているため、どんな意味か分からず困惑して検索する人が多いようです。

5位　先見の目
非常にポピュラーな勘違い言葉であり、多くの人がこの言葉をどこかで目にし、正誤の確認のために検索するようです。

6位　責任転換
これもよくある間違いで、「てんか」が「てんかん」に聞こえ、どっちだったかな？とか思いながら確認しようとして検索するパターンか。

7位　ただいまご紹介にあがりました……
結婚式のスピーチを頼まれ、出だしの言葉を考えていて「ご紹介にあがりました？」なんか変だぞ、ということで検索したのでしょうか。

8位　アムール貝
実は私自身、アムール貝という名前の貝が実際にあるのかなと長い間漠然と思っていて、私と同様に疑問を持って調べた人が多いのかもしれません。

9位　一転二転
この言葉は「一点二点」などのように書く人もいて、曖昧な記憶でそのままにしておけない人が確認しようとしたのでしょう。

10位　警笛を鳴らしてきた
これもまた大型掲示板からのリンクが一時期何件か続いて、警鐘か警笛かで論争になり、どっちでもいいはずとか言い張る人もいてなんだか混沌としていました。

　以上の順位は、それぞれのエントリーが書かれた時期がそもそも異なっているので単純に数で比較できないので悪魔で、じゃなくてあくまで目安程度とお考え下さい。

テレビ誤植7

被害に合う→被害に遭う？

2013/6/9フジテレビ「ほこ×たて」

勘一発！　前代未踏の油断大的うる覚え！

試合後者

もしかして：**試合巧者？**

> **検索例1** （実質件数 245 件）
> ・スライスとフラットを打ち分けるなどストローク戦の中で**試合後者**振りを発揮する。
> ・昨年とほぼ同じメンバーで戦ってその**試合後者**ぶりを発揮した
> ・そこは**試合後者**、相手のミスを見逃さず一気に勝負を決め15－2の圧勝

　試合運びのうまい人のことを「試合巧者」なんて言い方をしますが、それをこんな風に間違えてる人がけっこういるようです。

　単なる変換ミスなら確定する前に普通は気付くだろうと思いつつ検索結果をながめていたのですが、中に最近までずっと「試合後者」だと思っていたと書かれている日記を見つけてびっくり。意味付けは、『試合というものは我慢して我慢して最後に勝つものだ。』という解釈だそうです。思いもよらぬ斬新な解釈。

　ところが更に検索結果をよく見ていくと、もう全く意味の異なる言葉として使われている（と思われる）例がありました。

> **検索例2**
> ・常に**試合後者**に回ってしまったウェールズ
> ・**試合後者**になってしまい、追い上げ虚しくストレート負けでした
> ・バイタルエリアでの発想がないから攻めてるのに**試合後者**になってる。
> ・立ち上がりの好機を逃すと**試合後者**へ一直線…決められる時に決められれば良かった。
> ・特に1・2番の出塁率の悪さが、**試合後者**になってしまったのかもしれません。

　どうやら「後れを取る。試合運びが後手に回る」というような意味で使われているようです。斬新過ぎます。

> 【巧者（こうしゃ）】手慣れていてたくみなこと。また、そういう人や、そのさま。
> 「―な手口」「試合―」

今日はいつもとしこうを変えて

もしかして：今日はいつもと○○を変えて？

Q. タイトルの「しこう」に当てはまる漢字はどれ？
- 嗜好
- 指向
- 思考

　例えば上のような問題が出されたとして、何の疑問も抱かずにこの3つの中からどれかを選ぼうとする人はどれぐらいいるのでしょう。
　そもそも「しこう」じゃなくて「しゅこう（趣向）」ですから。

> 【趣向】　（1）おもむき。趣意。趣旨。　（2）おもしろみやおもむきを出すための工夫。「―を凝らしたもてなし」

　「いつもと趣向を変えて」と言えば「いつもとはちょっと感じの違った（面白い）ことをやってみましょう」というような意味になりますけど、それぞれの「しこう」をあててしまうとやっぱりちょっと変かもしれません。
　「嗜好」：趣味や食べ物などの好みのことなので、「変える」というよりは「変わる」ものですよね。今日はちょっとニンジンを好きになってみよう！とか言われても困るし。
　「指向」：ある目的を目指して向かうことですから、あくまで用法は「指向する」となるだろうし、今日だけちょっと変えるというのもおかしな話です。
　「思考」：いつもとちょっと考え方を変えて、という意味でなら使えないこともないかもしれませんが、それなら「思考法」となるだろうし、これはいずれにも当てはまることですが、まずもってこれらを目にした人が「趣向」を連想して、その時点で間違ってるなと思われてしまうので、あえて使うメリットもないんじゃないかと思います。

> 検索例（実質件数212件）
> ・今年はいつもと**嗜好**を変えて車で北海道に行くことにしました
> ・今年は、いつもと**指向**を変えて、ご飯の足しになるものを選びました
> ・今回は、いつもと**思考**を変えて温泉で1泊ゆったり忘年会！

　検索結果を見ると、ほとんどが「趣向」の意味で書かれていることが分かります。

仕事の合間を盗んで

もしかして：**仕事の合間を縫って？**

検索例1 （実質件数 98 件）
・最近は仕事の**合間を盗んで**、資格試験をとるための勉強を始めているのだという。
・現在、日々の業務の**合間を盗んで**企画進行中です。
・電話とインタビューの**合間を盗んで**手紙を書くのはもうごめんだ。
・忙しさの**合間を盗んで**の休憩は、何ものにも代えがたいもの

　ある女性タレントのブログに「ゲームもチョコチョコ仕事の合間を盗んでやってます」という文章があったのですが、仕事の合間に仕事以外の何かをするという意味なら、「合間を盗む」ではなく「合間を縫う」ですね。
　「暇を盗む」という言い回しもあり同じような意味なので、その分間違いやすいのかもしれません。

【縫う】（5）　事物や人々の狭い間を抜けて進む。「雑踏を—・って進む」「間隙を—・う」
【合間を縫う】続いている物事がとぎれた短い時間を活用する。また、つながっている物事の切れ目を抜けて行く。「人ごみの—・って走る」
【盗む】（4）　わずかの時間をやりくりして、何かをする。「暇を—・んで読書する」
【暇を盗む】忙しい中でわずかな時間を利用する。「—・んで資格取得の勉強をする」

　そして、やはり「暇を縫って」という表記もたくさんありました。

検索例2 （実質件数 177 件）
・仕事をやりながら、その**暇を縫って**同窓生を集めて会議を何度も開催したのである。
・執務の**暇を縫って**、ようやく手に入れた花との時間は非常に貴重だった。
・洋舞、日本舞踊、声楽等バイトの**暇を縫って**レッスンに通った。
・学業の**暇を縫って**地道に作業を進めました。

コテンパ

もしかして：**こてんぱん？**

> **検索例 1**　（実質件数 380 件）
> ・**コテンパ**にやられたけれど楽しかったよ
> ・精神的に**コテンパ**に打ちのめされた
> ・**コテンパ**にやっつけて欲しい

　「こてんぱん」という言葉が意外に年齢・世代に関係なく、今でも普通に使われているようで、自分としては古めかしい部類の言葉だと思っていたので、検索結果を見てまずちょっとそのことに驚きました。
　ただ、「こてんぱん」を「こてんぱ」と覚えちゃてる人が多いみたいで、これはこれでカタカナ表記が似合う新しい言葉のように感じられて面白いです。
　そしてもちろん平仮名表記もたくさん見られます。

> **検索例 2**　（実質件数 143 件）
> ・神様に戦いを挑んだけれど、結局**こてんぱ**にやられちゃったんだって。
> ・外人さんに、**こてんぱ**に言われて凹んだなあ。

> 【こてんぱん】「こてんこてん」に同じ。「―に相手をやっつける」
> 【こてんこてん】徹底的にやっつけられるさま。また、やっつけるさま。さんざん。こてんぱん。「―に負かされる」

　ちなみに検索結果を見ていて分かったのですが、「こてんぱ」は北海道の方言でもあるらしく、北海道の方言を集めたサイトなどで紹介されていました。

> **検索例 3**
> ・この前、何気なく見たら「**こてんぱ**」ってあったんですよ。ん？「こてんぱん」じゃないの？って言うか「**こてんぱ**」って北海道弁だったのねぇ...
> ・北海道の方言集.しばれる（凍る）あったらもの（あんなもの）.**こてんぱ**（さんざん）……

第 3 章　○○を文字って

差ちゅう心

もしかして：**羞恥心**？

> **検索例1**　（実質件数 34 件）
> ・**差ちゅう心**とか欠片もないんだろうな。
> ・最近の学生は現実ばかりでなくネット上でも**差ちゅう心**のカケラもない奴ばっか。
> ・そいつらに**差ちゅう心**はないのか？
> ・**差ちゅう心**と書いて、羞恥心の事を指すらしい。日本語の乱れどころじゃないぞこれ・・・

　私がこの表記をネット上で最初に目にしたのは 2006 年でした。
　見た目と語感、そして文脈から「羞恥心（しゅうちしん）」のつもりであるとすぐに分かったのですが、なんというか、イメージと残像だけから生まれたような、「うろ覚え」という概念をも超えた"新表現"に驚きました。
　羞恥心の「羞」の字を「差」という漢字に見間違え、かすかに残っていた「しゅう」という音のイメージが「ちゅう」に変換されて、このような新しい言葉に行き着いたのでしょうか。
　ただ、当時から言葉遊びとしてわざと使っていた人も多く、その後 2008 年にバラエティー番組から生まれた音楽ユニット「羞恥心」が大ヒットした影響もいくらかでもあったのかどうかは分かりませんが、以後それほど件数が増えることもなくほぼ横ばいで推移しているようです。
　ちなみに「羞恥心」を「差恥心（さちしん）」と覚えてしまっている例は当時も今も非常に多く見られます。

> **検索例2**　（実質件数 254 件）
> ・罪悪感と**差恥心**が、ひどく麻痺させられている。
> ・裸に対する**差恥心**があまり無いのでしょう
> ・自分の弱みに対する**差恥心**を超えることができました。
> ・決して年齢のせいで**差恥心**がなくなっているわけではありません。

【羞恥心（しゅうちしん）】恥ずかしく感じる気持ち。「─のない人」

綺麗言

もしかして：**綺麗事？**

> **検索例 1**　（実質件数 235 件）
> ・結局は**綺麗言**並べて自分が良ければいい人の集まりだ
> ・**綺麗言**を言っちゃいけないなら屁理屈言って困らせてやる
> ・時に**綺麗言**を言う人も居ます

　「きれいごと」は「綺麗言」ではなく「綺麗事」と書きます。
　ネット上でこの表記が多いのは、おそらく「独り言」「寝言」などのように「ごと（こと）」を"言葉"だととらえてその意識のまま確定してしまうからではないでしょうか。
　「相談事」「心配事」などと同様、「綺麗事」はあくまで「綺麗な"事柄"」であり、そう意識すれば「綺麗言」にはならないと思います。

> **【綺麗事（きれいごと）】** 実情にそぐわない、体裁ばかりを整えた事柄。「もはや―では済まされない」「―を並べる」

　あと、実際に検索結果を見ていて分かったことですが、両方に異なる意味付けをして意識的に使い分けている例も見られました。

> **検索例 2**
> ・言葉が綺麗だから余計に美しく感じる。綺麗事じゃなくて**綺麗言**。
> ・**綺麗言**を口にします。綺麗事を夢に見ます。平和でありたいと願います。
> ・**綺麗言**は好きだけど綺麗事は好きじゃない

　それぞれこだわりを持って使っているようであり、必ずしもその意図を正しく汲み取ってはもらえないかもしれないということを承知の上で使うのであれば、それはそれでまったく構わないと思います。
　言葉は時代とともに変わるものであり、その言葉に違和感を持つ人が少なくなれば自然に多くの人に使われるようになり、今後この「綺麗言」も「綺麗事」と併記される形で辞書に載るようになるかもしれません。

傲慢ちき

もしかして：**高慢ちき？**

検索例1（実質件数 165 件）
- 我が儘で見栄っ張りで**傲慢ちき**な主人
- 言うこと聞かない**傲慢ちき**な所が可愛いですよね〜
- **傲慢ちき**でごめんちゃい☆

私自身「傲慢ちき」か「高慢ちき」か迷ったので、これを書きました。

【傲慢】おごりたかぶって人を見くだすこと。また、そのさま。「―な態度」「―無礼」
【高慢】自分の才能・容貌（ようぼう）などが人よりすぐれていると思い上がって、人を見下すこと。また、そのさま。「―の鼻を折る」「―な人気俳優」
【高慢ちき】いかにも高慢で、憎らしいこと。また、そのさま。また、高慢な人をののしっていう語。「あの―め」「―な娘」

意味だけ見るとよく似ていますが、複数の Web 辞書と手元の国語辞典を見ても載っているのは「高慢ちき」の方だけだし、やはり「高慢ちき」が正解のようです。

ちなみに「高慢ちき」の「ちき」は接尾語で、人の状態を表す語に付いて、そのような人、そのような奴の意を表す言葉で「的」からの変化と考えられています。

あと、「傲慢ちき」とは間違えなくても「高慢きち」とやってしまうと元も子もないので十分気をつけましょう。

検索例2（実質件数 107 件）
- 店員のあまりに**高慢きち**な態度に腹が立ち，パスして他の店をめぐります。
- 利口で綺麗なことが自慢の**高慢きち**なお姫様がいました。
- お金持ちでも**高慢きち**で嫌味であるとか。

警笛を鳴らしてきた

もしかして：**警鐘を鳴らしてきた？**

検索例1　（実質件数71件）
- 気概を失った日本人に**警笛**を鳴らしてきた
- 生活習慣病への無関心さに**警笛**を鳴らしてきた
- 地震がきたら倒壊すると**警笛**を鳴らしてきた

　事態が良くない方向に向かっていて、それを知らせることを「警鐘（けいしょう）を鳴らす」という言い方をしますが、これを「警笛（けいてき）を鳴らす」と書いているのを見ることがあります。
　「警鐘」には本来の「鐘（かね）」の意味の他、それ自体に「危険を予告し、警戒を促すもの」という意味がありますが、「警笛」はあくまで「（警戒や注意を促すために鳴らす）笛」の意味しかありません。

【警鐘】　（1）　火災・洪水などの、警戒を促すために鳴らす鐘。「―を打ち鳴らす」
　　　　　（2）　危険を予告し、警戒を促すもの。警告。「現代社会への―」
【警笛】警戒や注意を促すために鳴らす笛。また、その音。多く列車・自動車などの乗り物に付いているものをいう。

　「警笛」は警戒を促す道具であり、「警鐘」と同等の意味で使っても問題はないのではないかという考え方もあると思います。ただ、あくまで受け取る側がどう思うかであり、その場で個々にその意図を説明しない限りは単に「言葉を知らない人」と思われる可能性もあるので、どうしても使いたければそのつもりで使うべきだと思います。
　それに、警鐘は広い範囲に危険を知らせるために辺り一帯に響くように鳴らす鐘のことで「警鐘を鳴らす」で広く注意喚起することに対する慣用句として用いられます。警笛では届く距離がしれているので、意味が変わってしまいますね。
　あと、「継承を鳴らして」という変換ミスも多く見られるのですが、これはこれで時代を超えて危険を伝えようとする意志が感じられて面白いと一瞬思ったのですが、肝心の「鐘」がどこにもないのでやっぱり訳が分からないのでした。

○○を文字って

もしかして：○○を捩って？

検索例1　（実質件数277件）
- 友達の名前を**文字って**つけてました。
- 選挙のポスターの決まり文句みたいのを**文字って**できた
- 旧約聖書や神話を**文字って**つけられる名前
- Infection Control Team(ICT)を**文字って**Tobacco Control Team(TCT)と称します。

　テレビ番組の字幕で「ギャグを文字って」とあったのですが、ある芸人さんのギャグ（決まり文句）に「似せた表現で」という意味での発言でしたので、「文字って」ではなく「捩って」の誤りと思われます。

　ただ「捩」という漢字は常用漢字ではないので新聞などでは平仮名で書かれるようです。

【捩る（もじる）】笑いや風刺のため、他の著名な文句などに似せて表現する。
「『古今和歌集』を―・って『故混（ここん）馬鹿集』という」

　「文字って」を「この光景を言葉で表すとするならば」というような意味で使っている人がいたら面白いなと思って検索結果を探してみたんですが、残念ながら見つけられませんでした。

　ちなみに私のパソコンで「もじって」と入力すると「文字って」「捩って」「門司って」「モジッテ」が変換候補に出るのですが、この中の「門司って」をそのまま確定してしまった例が少数ですが実際にあり、驚きました。

検索例2　（実質件数13件）
- imaginaryを**門司って**イマージンさらに派生して ヒマージンなどといいます。
- しかも陰で俺の本名の「哲雄」を**門司って**「鉄男」にされたり
- 乙武さんの乙を**門司って**ホモサピエンスバージョンＺの方が良いと思う

毎度同じみ

もしかして：**毎度お馴染み？**

検索例 1　（実質件数 200 件）
- **毎度同じみ**流浪の番組「タモリ倶楽部」が、レコード工場を見学。
- **毎度同じみ**の質問ですがお味はいかがだったかな
- イヤホン買ったら**同じみ**の曲も、あら楽しい♪

　あるテレビ番組の企画で、新しいカレーのレシピを作ろうとアイディアを紙に書き出している場面があったのですが、「おなじみの具」が「同じみの具」になっていました。
　検索したら Web 上でもたくさん見られ、もしかしたらこれは定番の（おなじみの？）誤字の一つなのかもしれません。
　「おなじみ」は「なじみ（馴染み）」に「お」をつけて丁寧にしたものなので、「同じみ」とは書きません。
　それにしても手書きならともかく、キーボードで「おなじみ」と続けて打てば普通はちゃんと「お馴染み」或いは「御馴染み」などと正しく変換されると思うのですが、何故こうなるのか不思議です。

【なじみ（馴染み）】なじむこと。なれ親しむこと。また、親しい仲の人。
「町会長と―になる」「お坊さんとは―が薄い」「お―の曲」「―ができる」
【おなじみ（御馴染み）】　「なじみ」を丁寧にいう語。
「毎度―のお笑いを一席」「この店の―さん」

　検索結果を見ていて思ったんですが、もしかしたら「同じみ」を「いつもと同じ」という意味合いで使っている人もいるのかもしれませんね。
　3 つ目の検索例だと「イヤホン買ったらいつもと同じ曲も、あら楽しい♪」みたいな感じで……。
　単なる変換ミスとうろ覚え（覚え違い）との比率がどれぐらいなのか知りたいところです。

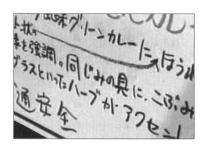

第 3 章　○○を文字って

一生を棒にする

もしかして：**一生を棒に振る？**

検索例（実質件数 38 件）
・軽はずみな行動で**一生を棒にする**
・万引きは**人生を棒にする**
・**優勝を棒にする**かもしれない行動
・ネコババで**職を棒にする**
・**生活を棒にする**わけにはいかない
・手に入れる**チャンスを棒にする**

「一生」以外にも色々な物が棒にされているようです。

【棒に振る】それまで積み重ねてきたものを無にしてしまう。「地位を―・る」

下駄を脱ぐまでわからない

もしかして：**下駄を履くまでわからない？**

> **検索例**（実質件数 57 件）
> ・勝負は**下駄を脱ぐ**まで分からんものさ
> ・言ったろ、勝負は**ゲタを脱ぐ**まで分からないって
> ・サッカーってのは本当に**ゲタを脱ぐ**までは何が起こるかわからないものですね。

　元々は碁からできた言葉で、「下駄を履く」は、勝負が終わって碁会所から帰るときを意味するそうなので、要はその勝負が囲碁などのように屋内で行われるか、それとも野球などのように屋外で行われるか、どちらを頭の中でイメージするかで異なってしまったのだと思われます。

【下駄を履くまでわからない】（勝負事は）終わってみるまでは、結果がどうなるかわからない。

屈折○年

もしかして：**苦節○年？**

> **検索例**（実質件数 193 件）
> ・これで晴れて排気量制限なしの400CCオーバーのバイクが乗れます。16歳高校生の春から**屈折36年目**にして、免許が取得できました
> ・去年は、**屈折10年** 初めて一回戦突破しました
> ・NO.1になるまで、**屈折2年**。強力なライバル達に道を阻まれた時期は、結構辛かったかな。

　やっぱり長いあいだ辛い思いを重ねると、少なからず人の心は歪んで（屈折して）しまうものなのかと、妙に教訓じみたものを勝手に受け取ってしまいそうになる「苦節○年」のうろ覚え表記。

【苦節】逆境にあっても、自分の信念や態度を固く守りとおす心。「―十年」

普及の名作

もしかして：**不朽の名作？**

検索例 （実質件数 267 件）
- アカデミー賞では作品賞にもノミネートされた**普及の名作**。
- 戦国時代劇**普及の名作**がついにリリース！

誰でも知ってる、という意味なら間違いではないのかもしれませんが、おそらくネット上に見られる「普及の名作」の多くは「不朽の名作」のつもりと思われます。

【不朽】朽ちないこと。いつまでも価値を失わずに残ること。「時代を超えた―の名作」

あと「不休の名作」なんていうのもけっこうありますが、こちらは「休む間もなく読み継がれていくべき名作」とでも解釈すれば、それなり通用しそうです。しないか。

食用気味

もしかして：**食傷気味？**

検索例 （実質件数 58 件）
- あまりにも現実離れしたような犯人とトリックにちょっと**食用気味**になってしまいます。
- 常識クイズブームに**食用気味**でテレビに面白さが見いだせない今日この頃。
- 涙の演技どれも同じに見えて**食用気味**です。

「しょくしょう」の「しょう」の部分の頭のsを打ち損じると「しょくよう（食用）」になるので単純なタイプミスとも考えられますが、いずれにせよ気付けよって感じですよね。

【食傷（しょくしょう）】同じ物を食べ続けたり、同じ事が続いてあきること。「テレビの歌謡番組にはいささか―気味だ」

食用って、結局また食うのかよ、みたいな……。

最低必要限

もしかして：**必要最低限？**

検索例（実質件数 294 件）
- **最低必要限**のスペックというのは、あくまで「動作はしますよ」程度の話
- 犬を飼うために**最低必要限**のものを教えてください。
- **最低必要限**の費用として認めましょう

さらっと見落としそうになる「必要最低限」のうろ覚え表記。

【最低限】いちばん低いほうの限界。最低の限度。副詞的にも用いる。「─の値上げにとどめる」「─必要なもの」

「必要最低限」は「必要」+「最低限」。「最低必要限」だと「最低」+「必要限」ということになりますが、「必要限」という言葉は辞書にはありません。

意に関せず

もしかして：**意に介さず？**

検索例（実質件数 202 件）
- 人の心配をまったく**意に関せず**仲良くやっております
- 他人のことは**意に関せず**自分の信じる道を進む人

「我関せず」と「意に介さず」のハイブリッド表現？両方の意味で使われているようです。非常に数が多く指摘もたくさんされているうろ覚え表記。
　同じようにして「意に介さない」のつもりで「意に返さない」となっているのも多く見られます。（例）「細かいことは意に返さない、肝の据わった変人」

【我関せず】自分は関係がない。超然としているさま。また積極的にかかわろうとしないさまをいう。
【意に介する】心にかける。気にする。「そんなことを意に─・する必要はない」

奏を功した

もしかして：**功を奏した？**

検索例（実質件数 65 件）
・価格改正や拡販に取り組んだことが**奏を功した**。
・団体宿泊客への助成などが**奏を功した**格好となっている。

　おそらく「奏功」という言葉の方を知っていて、そこからこの表現になってしまったのだと思われます。

【奏功】目的どおりになしとげよい結果を得ること。功を奏すること。「調停工作が―する」
【功を奏する】《功績を天子に奏上する意から》効果を現す。成功する。奏功する。「説得が―した」

　ちなみに私のパソコン（Win+IME）では「層をこうした」と変換されました。

二色のグラデュエーション

もしかして：**二色のグラデーション？**

検索例（実質件数 113 件）
・空の色の**グラデュエーション**を出したかったので長時間露出で撮りました。
・あじさいの微妙な色の**グラデュエーション**がリースにぴったりです。
・本当、**グラデュエーション**じゃなくてグラデーションが綺麗！ 光の具合もいいです！

　言葉の間違いの定番のようであり大変数が多く、指摘しているサイトもたくさんありました。

【グラデーション gradation】写真・絵画などの濃淡の段階的な推移。階調。ぼかし。濃淡法。
【グラデュエーション graduation】（1）卒業。卒業式。（2）目盛り。格付け。配列。

産地直産

もしかして：**産地直送**

> 検索例 (実質件数 196 件)
> ・農家**産地直産**お勧めサイト
> ・**産地直産**の生牡蠣は豊かな自然が育てた自慢の牡蠣。

　検索結果がとても多いので、もしかしたら一種の業界用語みたいなものかとも思ったのですが適切な意味は思い浮かばず、何というか当たり前に「産地直送」の誤りだろうというところに落ち着きました。関連して「直産農家」という言葉も見つけたのですが、これもよく分からない言葉です。「直接作っている農家」なのは当たり前なのだし、これはきっと「産直農家」をひっくり返して覚えてしまったのではないかと思われます。複数のオンライン辞書と手元の国語辞典を見ても、まず「直産」という言葉自体が見当たらず、やはり造語というよりは「産地直送」のうろ覚え表記のようです。

【産直】「産地直送」「産地直売」「産地直結」の略。「―野菜」

何ふりかまわず

もしかして：**なりふりかまわず？**

> 検索例 (実質件数 84 件)
> ・たまには**何ふり構わず**騒ぐことだってあるさ
> ・流行っているからと、**何ふりかまわず**買いまくればいいってもんじゃない。
> ・**何ふりかまわぬ**買収工作だな。

「なりふり」の「なり」は「形」。

【形振り（なりふり）】身なりと振る舞い。服装と態度。「―をかまわない人」

　ちょっと違ったタイプで「なりふりかなわず（なりふり叶わず）」と間違えている人もいました。（例）「監督はなりふり叶わず選手を呼び始めている。」

行き良い

もしかして：**勢い？**

検索例 （実質件数36件）←「行き良いが」での件数
・シャワーの**行き良い**があまりないのが残念な所です。
・小さい子供さんは**行きよい**が付きすぎて転んでしまう
・でも最後まで**いきよい**が続かずでアウト
・雪解け水が**行き良い**よく流れている
・坂もあり、小さな自転車で**行きよい**よく下って楽しんでいる。

　とても数が多く、一つの文章中に複数回出てくる例もあり、ケアレスミスとは別に、本当にこう覚えてしまっている人もいそうです。
　発音が「いきよい」になってしまうことはあっても、それがこのような書き言葉になっても気付かない（気付きにくい）のは、もしかしたら「行く」という言葉の前向きなイメージと「勢い」が重なるせいかもしれません。

間発入れず

もしかして：**間、髪を容れず？**

検索例 （実質件数145件）
・列車が出たと思ったら次の列車が**間発入れず**に来る

　これもよく見かけます。「間発」って何？

【間（かん）髪（はつ）を容（い）れず】《あいだに髪の毛1本も入れる余地がない意》少しの時間も置かないさま。「質問に―答えた」◆「間、髪を容れず」と区切る。
「かんぱつを、いれず」「かんぱつ、いれず」は誤り。

　類語辞典、慣用句辞典等には「間髪を入れず」の表記もありましたので、"容れず" "入れず" どちらでもよいようです（中国の古典が「間不容髪」となっているので、もともとは「容れず」）。それと近年「間髪入れず（かんぱついれず）」と書く（読む）人が増え、この表記（読み）も誤りではないと考える人が多くなっているようです。

あっっという間に

もしかして：**あっという間に**

おもわずこれ本当にこの通り発音してるの？と聞いてみたくなる表記例です。

検索例
- **あっっというまに**過ぎたひと時でした。
- **あっっと言う間に**オダブツで
- **えっっ！**札幌が日本のラベンダー観光のはじまり？
- **さっっ**と出してさっっとしまうというのも大事なポイントですよね。
- お陰様で、好評のうちに終わり**ほっっ**としております。

　実際には単純なタイプミスが一番多いと思うのですが、このような言い回しが正しいと思っていて実際話し言葉としても使っているという人が、どれぐらいいるのか気になります。

　どこかの方言として使われている可能性もありそうですが、「あっっという間」「さっっとしまう」のような言い回しを普通にしているという地域があれば是非教えてほしいです。

テレビ誤植8

打ち→撃ち？

2014/6/24　テレビ朝日

中途半端ん

もしかして：中途半端？

> **検索例**（実質件数 53 件）
> ・夜、**中途半端ん**な遅い時間に友人と伺いました。
> ・そんな**中途半端ん**な、いい加減な姿勢では、文化も何もないと思うのです。
> ・なんだか掃除も**中途半端ん**なままだ〜 困った
> ・スイマセン全部**中途半端ん**に止まってて

「中途半端」が何故か「中途半端ん」になっているのを見ることがあるんですけど、なんで？

「なんかもうめんどくさくて中途半端んなっとるわ〜」みたいな方言ぽい言い方ではなく、「中途半端」＋「ん」までで一つの言葉になっていると思っているのではないかというような記述が見られるんです。

これもやはり聞き間違えてそのまま覚えちゃったパターンなのでしょうか。不思議。

とんでない

もしかして:**とんでもない**

> **検索例**（実質件数 245 件）
> ・**とんでない**野郎だ！
> ・土下座外交するなど**トンデナイ**！！
> ・50億円の宣伝費を投入する**トンデない**シロモノだった。

　あるブログでたまたま見つけて検索したらたくさん出てきて驚きました。
　全部ひらがなの「とんでない」は微妙ですが、カタカナひらがなまじりの「トンデない」だと一つの表現として意図的に使っているようにも見えます。「ハンパ（半端）じゃない」が今では普通に「ハンパない」と言われてるぐらいですから、これもまたアリなのかもしれません。ちなみに「ハンパない」は今「パない」にまで短縮されちゃってますね。
　いずれにしても「とんでない」は「空を鳥がとんでない」とか「水しぶきがとんでない」とか、普通の表現とダブるのでやめてほしいと思うのでした。

攻めぎ合う

もしかして：**鬩ぎ合う？**

検索例（実質件数 140 件）
・この世は白と黒の**攻めぎ合う**オセロゲームのような世界です。

　ネット上で「両陣営が真っ向から攻めぎ合う」というような文章を見つけて、なんか変だぞと思って確認しました。「せめぎあう」という字は確かとても難しい字だったはず……。

【鬩ぎ合う】互いに争う。対立して争う。「春闘で労使が―・う」

　「**鬩**」こんな漢字。見た事はあっても自分で書いた事は一度もないかも。
　「鬩ぐ」の意味が「互いに争う」ことなので、「攻め合う」→「攻めぎ合う」と自然に連想して違和感なく確定してしまったのでしょうか。

テレビ誤植9

引き下げて→引っ提げて？

2013/6/9フジテレビ「ほこ×たて」

ニアピンカーブ

もしかして：**ヘアピンカーブ？**

検索例（実質件数 69 件）
- モナコグランプリの**ニアピンカーブ**行きたーい！
- 途中**ニアピンカーブ**が続出で、曲がり切れずにいつの間にかコースアウトしてたり。
- 私はヘアピンカーブを**ニアピンカーブ**って言い間違えた事がありますハイ、
- **ニアピンカーブ**なんて言葉は存在しません。ニアピンはゴルフ用語。

　一度でいいから見てみたい。ニアピンカーブを曲がるとこ。
　という訳で、ヘアピンカーブのつもりのうろ覚え表記です。間違えている人、それを指摘している人もたくさんいます。

【ヘアピンカーブ】自動車道路の、U字状のヘアピンのように急角度で折れ曲がっているカーブ。

第3章　○○を文字って

背術

もしかして：**施術**？

> **検索例**（実質件数 340 件）
> ・**背術**が終わった後は 全身がスッキリとした 体が軽くなる感じ
> ・この時期の**背術**後の注意事項として、傷の感染予防がポイントとなります。
> ・プロがお勧めする**背術**者ということは、相当な技術のある人なんだと楽しみに初回コースで、下半身を**背術**してもらいました。

　「施術（しじゅつ）」を「せじゅつ」と読み、そのままタイピングしてこのように変換されたものと思われます。個人のブログや掲示板の書き込み等だけでなく、病院やエステなどのサイトにも多く見られ、信頼度の低下が他人事ながら気になってしまいます。
　尚、施術を「せじゅつ」と読んでも誤りではありません。

【**施術**（しじゅつ）】医者が医療の術を行うこと。特に手術にいう。

高感度アップ

もしかして：**好感度アップ？**

> **検索例**（実質件数 257 件）
> ・相手とすばやく信頼関係をつくるための**高感度アップ**の方法
> ・**高感度アップ**の基本はプロフィールの丁寧な作成
> ・常に清潔さをキープし、**高感度アップ**！

「好感度アップ」（「好感」の度合いがアップすること）のうろ覚え表記。
「高感度アップ」だと、すでに高くなっている感度を更に高めてどうすんの？ということになり、やっぱりちょっとおかしいです。
「高感度」が普通に使われている言葉なのでその分違和感が少ないですが、「高感度フィルム」などのようにして使います。

> 【好感度】よい、好ましいと感じる度合い。「コマーシャルの—調査」「企業の—が高まる」

痛ぶる

もしかして：**甚振る？**

検索例（実質件数 286 件）
- 動物を**痛ぶる**ことでストレスを解消している
- 他人を**痛ぶり**・傷つけ・支配することに喜びを感じる
- その鷺を カラスが数羽で突っついて**痛ぶって**いるんです

　自分より弱い者をおどしたり痛め付けたりすることを「いたぶる」と言いますが、これにそのまま「痛ぶる」と漢字をあてているのをよく目にします。
　「いたぶる」は漢字で書くと「甚振る」ですが、難しい漢字なので、どちらかというとひらがなで書く方が一般的かもしれません。
　また、検索結果の中で「痛ぶる」を「痛い振りをする」というニュアンスで使っているとみられる人もいて、面白いと思いました。

【甚振る（いたぶる）】（2）おどして金品をとる。また、痛め付けたり、嫌がらせをする。ゆする。「たちの悪い相手に―・られる」

良い周到

もしかして：**用意周到？**

検索例（実質件数 43 件）
- イチローの真剣で、**良い周到**な試合前の準備
- しかも、**良い周到**で個人個人の見積もりまで用意してあった。
- 限られた時間の中でどこをクリックするか**良い周到**に考えておきましょ～

　上記検索結果の「良い周到」はおそらく「用意周到」の誤りと思われます。
　「良い周到」があるなら「悪い周到」というのもあるのでしょうか。

【周到（しゅうとう）】手落ちがなく、すべてに行き届いていること。また、そのさま。「―な計画を立てる」「用意―」

金額の過多　⇒　金額の多寡？
検索例「経済的独立は、**金額の過多**ではありません」

「金額が多いか少ないかは問題じゃないんだ！」という意味のことを言いたいのであれば「金額の過多」ではなく「金額の多寡」です。タカとカタ。発音はよく似ているけれど、変換後の漢字の意味は全然違うので気をつけましょう。

臨機応戦　⇒　臨機応変？
検索例「その場にある武器で**臨機応戦**で挑むんです。」

明らかに「臨機応変」の誤りと思われるのですが、「戦いの局面において臨機応変に対応する」という意味の短縮表現として使われている例が多く見られます。

「臨機応変」という言葉があり、その上で更に別表現として「臨機応戦」を使っているのだということであれば、ご自由にとしか言いようがありませんが、実際に使える場面はかなり限られてくると思うので、文字通りの臨機応変な対応が求められるでしょう。

時価談判　⇒　直談判？
検索例「社長に**時価談判**したけれど聞き入られず」

「直談判（じかだんぱん）」の誤り。決して「回らない寿司屋での料金交渉」のことではありません。実質件数で上回ったのは「自家談判」で、こちらの方が「自分で」するというニュアンスが強まり、単純な誤変換というよりこの字を選んで確定させた人も多いのかもしれません。

しばらっくれる　⇒　しらばっくれる？
検索例「まだ**しばらっくれる**つもり！？」

単純なタイプミスなのか、それともこういう言葉として覚えてしまっているのかがとても気になります。

有限実行　⇒　有言実行？
検索例「**有限実行**。言ったからにはやらねばならぬ。」

「私の今年一年の目標は『有限実行』。意味は、『とりあえずできるところまで頑張る』です」。というような意味で使っている人は多分ほとんどいない「有言実行」のうろ覚え表記。

弱気を吐く　⇒　弱音を吐く？
検索例 「ここで**弱気を吐く**わけには行かないッ！！！」
　「弱音を吐く」と「弱気になる」のミックス・バージョン？
　意味（というか雰囲気）は十分伝わるので別に違和感はないという人も多いかもしれませんが、弱音の「音」は声や言葉、弱気の「気」は文字通り気持ちのことですから、やっぱり「吐く」と言うからには「弱音」でしょう。

強行に及ぶ　⇒　凶行に及ぶ？
検索例 「世の中を逆恨みして**強行に及ぶ**」
　あるニュース系サイトで見かけて検索してみました。この場合は「強行」ではなく「凶行」ですね。「凶行」はこれ自体が凶悪な行為そのもののことであり、「強行」は無理矢理何かをやっちゃうことであって、それ自体犯罪的な行為を意味するものではありません。

一目もはばからず　⇒　人目もはばからず？
検索例 「現場ではこの２人が**一目もはばからず**ものすごくイチャイチャしているんです。」
　「一目」を「一瞬見る・チラッとだけ見る」という意味でとらえて「チラ見されるぐらいだったら平気」のつもりで「一目もはばからず」と書いているとしたらすごい。新解釈です。

人目ぼれ　⇒　一目ぼれ？
検索例 「これが**人目ぼれ**という奴であろうか」
　「人目」自体「人目もはばからず」などのようにしてごく普通に使われている言葉なので、その分見落としがちになるのかもしれません。
　とりあえず人目が悪いので、間違えないよう十分気をつけましょう。

怒涛に迷う　⇒　路頭に迷う？
検索例 「**怒涛に迷う**従業員をどうしてくれるんでしょうね。」
　以前悩み相談のサイトで見つけたのですが、この間違いのせいで真剣な悩みにもかかわらずイメージがなんだかユーモラスになってしまい、その点ちょっと可哀想でした。

検討違い　⇒　見当違い？
検索例 「もし**検討違い**だったらスミマセン」
　「全く見当違いの事を検討していること（さま）」という意味でよろしかったでしょうか。なんか普通に国語のテストに出そうな間違いで、指摘をしているサイトもたくさんありました。単なる変換ミスとうろ覚えと、どちらの方が多いかなんて私には全く見当がつきません。

ネットで見かけた信じられない日本語

脳がない ⇒ 能がない?
検索例「戦うことにしか**脳がない**男たち」

「オレは食べることしか能がないんだよ」とか言うときの「能」が脳ミソの「脳」になっちゃってるのをよく見かけます。本当にこう覚えてしまっている人も少なくないのかもしれませんが、単純に変換候補のトップに「脳」が出てきてそれをそのままよく考えずに確定してしまったという人の方が実際はずっと多いのかもしれません。この場合の「能」は能力や才能を意味していますから、これが「脳」になってしまっては何のことか分からなくなります。

事実無言 ⇒ 事実無根?
検索例「**事実無言**の記事を書く「三流週刊誌」」

「事実むごん」と耳から覚えて、それをそのまま漢字変換しようとしてこうなったと思われます。この言葉に対して四字熟語のパロディーとして「問い詰められて答えられないのは、事実の証拠」であるという意味付けをしているサイトもあり、とても面白いと思いました。

ナチュナル ⇒ ナチュラル?
検索例「**ナチュナル**な透明感が一日中持続」

多くはオンラインショップのサイトで、自店で扱っている商品の素材がナチュラル（天然の）素材であることを強調する目的で使われている場合が多いようでした。

行き詰まる熱戦 ⇒ 息詰まる熱戦?
検索例「**行き詰まる熱戦**と呼ぶにふさわしい試合だった」

熱戦が行き詰まるとはいったいどういう状態なのか、ちょっと気になります。

内定捜査 ⇒ 内偵捜査?
検索例「インサイダー疑惑について**内定捜査**を進めている」

ひそかに探る「内偵捜査」が「内定捜査」になってしまっている文章を時々見かけます。「内定捜査」の方は「採用内定者について興信所等に調査依頼すること」という新語として使えそうです。

一皮抜けた ⇒ 一皮むけた?
検索例「近作で更に**一皮抜けた**印象。」

皮は抜けるものではなく剥ける（むける）ものです。

火祭りに上げる ⇒ 血祭りに上げる？
検索例「野党からも**火祭りに上げられ**そうな人も出てくるだろう。」

討論番組で、ある女優さんが「彼らだけが火祭りに上げられている」と発言し、他の出演者から「それを言うなら血祭り」とすぐに指摘されていました。

「火祭り」はあくまで"火の祭り"ですが、「血祭り」には「相手をひどい目にあわせること」の意味があります。

片代わり ⇒ 肩代わり？
検索例「その費用を**片代わり**するとなったら大変ですよ。」

「こっちはオレやっとくからお前はそっちの方を頼む。」と、片側を任せることを「片代わり」という。という感じでなっちゃったのかどうかは分かりませんが、「肩代わり」を「片代わり」と書いているのを見ることがあります。元々駕籠（かご）などの担ぎ手が交代する（別の人の肩に代わる）というところからきている言葉のようなので、それをイメージすると間違わずに済みそうです。

真剣白羽鳥 ⇒ 真剣白刃取り？
検索例「まるで時代劇のように**真剣白羽鳥**した！！お見事！」

ほとんどギャグですが、意外に件数が多かったのでピックアップ。確かに私のPC（IME）でも「真剣白羽鳥」が変換の第一候補に出ましたが、気付かないでしょうか、これ。

是が非か ⇒ 是か非か？
検索例「世の中のコンピューター化は**是が非か**？」

ある行為についてその善悪・適否を論ずるときの「○○は是か非か」という言い回しを、何故か「是が非か」と書いているのを見ることがあります。「是か非か」は「是 or 非？」ですが、「是が非か」だと「是 is 非？」みたいになって何だかよく分かりません。

需要強壮 ⇒ 滋養強壮？
検索例「**需要強壮**作用があり食用として珍重されています。」

あるテレビ番組の中で「夏場の牡蠣は滋養強壮に良い」という話が出てきて、それが一瞬私の耳には「需要強壮」と聞こえたので、こう書いている人がいるのか検索してみました。この漢字を使う解釈を無理にすると、「強壮に対する需要がある」とでもなるでしょうか。

急死に一生 ⇒ 九死に一生？
検索例「病院に運ばれ**急死に一生**を得た」

本気とネタが入り混じる「九死に一生」のうろ覚え表記。単なる変換間違いと、この字だと思っている人の割合がどれぐらいなのか気になるところです。

ネットで見かけた信じられない日本語

一挙一頭足　⇒　一挙手一投足？
検索例 「**一挙一頭足**が注目を浴びる有名選手」
　言いたいことは分かるけど字が違います。それに一文字足りません。

コレンクション　⇒　コレクション？
検索例 「Nゲージ車両の**コレンクション**たるや半端じゃありません。」
　どうしてこうなっちゃうのでしょうか。「オークション」が「オークンション」になっちゃうぐらい不思議です。

末期試験　⇒　期末試験？
検索例 「もし**末期試験**も同じような点数だったら確実に留年だね。」
　期末じゃなくて末期試験になってます。なんだかビミョーにやな感じ。あと「末期テスト」も多いです。こちらの方は間違いの指摘も多くされてました。

不適際　⇒　不手際？
検索例 「学校側の対応に**不適際**があったからだと思う。」
　　　　「**不適際**な表現が含まれていましたので削除しました」
　「不適際」と書いて「ふてきぎわ」と読み、恐らくこれは「不手際（ふてぎわ）」のつもりなのだと思われます。他に「不適切」の意味で使われているらしき例も見られました。

リスクを追う　⇒　リスクを負う？
検索例 「それなりの**リスクを追う**覚悟が必要だ」
　リスクは「追う」んじゃなくて「負う」。追いかけるんじゃなく、負担となるようなことを引き受けるという意味で「負う」という字になります。

残骸絶壁　⇒　断崖絶壁？
検索例 「確かに**残骸絶壁**で、見ていると吸い込まれそうです」
　イメージするのが難しい「断崖絶壁」のうろ覚え表記。地震か何かで崩れ落ちた元絶壁だった場所とでも解釈すればいいのでしょうか。

虚勢手術　⇒　去勢手術？
検索例 「**虚勢手術**をするとマーキングをしなくなると聞きました」
　「威勢のあるふりや、空威張りをすることができなくなるようにする為の手術」だと思って使っている人は多分一人もいない「去勢手術」のうろ覚え表記。

一端引き上げ ⇒ 一旦引き上げ?
検索例「どうするか検討する事にし、**一端引き上げ**て来ました。」

うっかりすると誰でもやってしまいそうになるよくある誤り。「一旦」はひとまず。「一端」はかたはしのこと。そういう訳で、一旦CMで〜す。

あんたら達 ⇒ あんた達?
検索例「**あんたら達**、私の知らない間にどこ行ってんの」

「あんたら達」を無理矢理漢字で書くと「あんた等達」。「等」「達」どちらも複数を表す漢字なのですが、特に意識することなくダブルで使われることがあるようです。

たいわいもない ⇒ たわいもない?
検索例「そんな**たいわいもない**ことをしゃべりながら教室に入る」

私自身「たわい」というのが何のことか調べるまで分からなかったし、連続した一つの言葉として一旦覚えてしまった場合、その修正がなかなかできないというのは分かるような気がします。ちなみに「たわい」というのは「しっかりした態度や考え」のことで、それが無いのが「たわいもない」となります。

意味わい ⇒ 意味合い?
検索例「ヨーロッパの秩序維持という**意味わい**が強くなった。」

「にぎわい」「味わい」などの言葉と十把一絡げで、違和感なくこう覚えてしまったのでしょうか。

あしたらず ⇒ あしからず？
検索例「責任持てませんので**あしたらず**」
　「あしからず（悪しからず）」のうろ覚え表記。「悪しからず」を「足からず」と書いているのもとても多いです。

奥がましい ⇒ おこがましい？
検索例「自分で言うのも**奥がましい**が」
　「おこまがしい」も多いです。ちなみに「おこがましい」の漢字は「痴がましい／烏滸がましい」。

立ち切れになる ⇒ 立ち消えになる？
検索例「展覧会の計画が**たち切れに**」
　「立ち消えになる」のうろ覚え表記。「切れる」んじゃなくて「消える」んです。

和気わいわい ⇒ 和気あいあい？
検索例「上級者から初心者まで、**和気わいわい**とやっています。」
　こっちの方が言いやすい？

酒帯び運転 ⇒ 酒気帯び運転？
検索例「**酒帯び運転**の基準が変わりました」
　飲酒運転について書いている文章などで時々見かけるのがこの「酒帯（び）運転」という表記。「酒気帯び運転（しゅきおびうんてん）」を「さけおびうんてん」と聞き違えてそのまま覚えてしまったのでしょうか。

悲観にくれる ⇒ 悲嘆にくれる？
検索例「母親とも隔離され**悲観にくれる**子供達」
　悲観は悪い結果を予想して気を落とすこと。「将来を―する」
　悲嘆は悲しみなげくこと。「―にくれる」

無断転覆禁止 ⇒ 無断転載禁止？
検索例「※**無断転覆**・コピー・パクリ一切禁止です！」
　冗談みたいですが、検索すると実際に出てきます。おそらく「無断転載」という文字を目にしたときに「転載（てんさい）」を「転覆（てんぷく）」と誤読してそのまま記憶してしまったのでしょう。

度肝を脱ぐ　⇒　度肝を抜く？
検索例「きっとみんな**度肝を脱ぐ**のでは？」
脱がないで下さい！ネット上で見つけて度肝を抜かれ、思わず他にもないか検索してしまいました。

公衆の前面　⇒　公衆の面前？
検索例「このバカップルは**公衆の前面**で何やってんですかね」
「前面」は「前の方」のことなので「公衆の前面」でも意味は通りますが、「面前」は「人の前」のことで、意味は異なります。尚、間違いとしては「公衆の全面」の方が件数は多いです。

実名ともに　⇒　名実ともに？
検索例「これで私は**実名ともに**芸能界のトップよ」
「名実ともに」のうろ覚え表記。匿名に対する実名の意味としてではない使われ方をしています。

不に落ちない　⇒　腑に落ちない？
検索例「こちらの希望では無い職種を紹介され、**不に落ちない**点もあります。」
正しい漢字は「腑に落ちない」。「腑」がはらわたの意味で、「腑に落ちない」で「納得できない。合点がゆかない。」という意味になります。「負に落ちない」も多いです。

心狭しと　⇒　所狭しと？
検索例「ショーケースに**心狭し**と並べられるケーキたち」
窮屈な気持ちを表す新表現？ちなみに「心狭し」と書いて「こころせばし」と読み、「度量が狭い。心が小さい。」という意味になります。

氷山に一角　⇒　氷山の一角？
検索例「この事件は**氷山に一角**に過ぎないとされている」
「氷山に一つだけ角（カド）がある」じゃ全く意味が逆だし、なぜこう覚えてしまえるのか本当に不思議です。

使命感に刈られ　⇒　使命感に駆られ？
検索例「義務感と**使命感に刈られ**お願いする」
使命感に刈られちゃいけません。正しくは「駆られる」。もしかしたら「刈られる」という言葉自体に「突き動かされる／気持ちをグッと持っていかれる」みたいな意味を当てはめて意図的に使っていたりするのでしょうか。少なくとも辞書的には「刈る」には草木などを刈り取るという意味しかないようです。

使え物にならない　⇒　使い物にならない？
検索例「手袋も濡れてしまって**使え物にならない**」
　「使える物ではない」→「使え物にならない」という連想により、このように覚えてしまったのでしょうか。「つかいもの（使い物）」だけで「使えるもの。使って役に立つもの。」という意味なので、そのことを覚えてしまえば、以後間違えることはないかもしれません。

一死報いる　⇒　一矢報いる？
検索例「相手も**一死報いる**つもりで向かってきた」
　単なる変換ミスとは別に、もしかしたら「必死」であるというイメージを連想してこの文字で確定したのかなとちょっと思いました。

せっぱがつまって　⇒　せっぱつまって？
検索例「**せっぱがつまっている**日だった」
　「切羽（せっぱ）」だけで「さしせまった困難」という意味なので、必ずしも「切羽が詰る」という言い方を間違いであるとは言いきれないのかもしれませんが、慣用句としては「切羽詰る」という言い方が一般的だと思います。

欠ける情熱　⇒　かける情熱？
検索例「主人公の夢に**欠ける情熱**には感動したな」
　料理に欠ける情熱を肌で感じました。
　欠けちゃまずいと思うんです、その情熱。熱い思いのこもった文章の中に唐突に出てくるので、誰かが気付いても指摘しにくいというのはあるのかも。

指南の業　⇒　至難の業？
検索例「余りに店舗が多くて一日で巡るのは**指南の業**です。」
　「指南」には「指導する人」という意味もあるので使い方によっては間違いじゃないんですけど、明らかに「至難の業」の意味で使われている例が多く見られます。

なんとかなく　⇒　なんとなく？
検索例「気品があって、**なんとかなく**おだやかな感じ」
　あるブログ上で見つけてなんだか不思議なコトバだなあと思いました。ただ「なんとなく」では表現しきれないニュアンスがそこにはあるのでしょうか。もし、この表現を理解できる、或いは実際に使っているという人がいたら、是非そのココロが知りたいです。

依存はありません ⇒ 異存はありません？
検索例「私としては別に**依存はありません**が、他の方の意見はいかがでしょう。」

多くは単純な変換ミスだと思いますが、「依存」はあくまで他のものに頼るということなので、文章として意味不明になってしまいます。

身をつまされる ⇒ 身につまされる？
検索例「現代人への鋭い風刺には**身をつまされる**思いがした」

「身をつまされる」じゃなくて「身につまされる」。我が身をどうにかされるという感覚で「を」になっちゃうのでしょうか。とっても痛そうな「身をつままれる」というのもありました。

近親感 ⇒ 親近感？
検索例「見知らぬ人なのになんとなく**近親感を覚えてしまう**」

「近親」にも「きわめて親しいこと」という意味はありますが、それならわざわざ「近親感」とせず普通に「親近感」で良いと思うのですが。あと、「他人のような気がしない」という意味で「近親感」という言い方をしているのだと主張されれば、それはもう「そうですか」としか言いようがありません。

コラム3 うろ覚え表記と方言

　おもにネット上でうろ覚え表記らしきものを見つけたとき、もしかしてこれって方言のつもりで書いているのかなと思うことがあります。
　例えば「親しい友人」を「ひたしい友人」、「お人好し」を「おしとよし」と書いている場合などです。"江戸っ子"が「ひ」を「し」と発音するというのはよく知られているし、逆に「し」を「ひ」と発音する地方もあるそうです。
　また、「つ」を「ち」と発音する地方もあり、「いつの間にか」を「いちの間にか」と言ったりします。
　そのため大型掲示板などで誰かがそのような言葉を使った書き込みがあると、「間違いだ」「いや、これは方言だから間違いじゃない」と言い合いが起こることもよくあります。
　ネット上の文章中に方言を使用すること自体は別に何の問題もありませんが、方言かどうかは別にして、標準語の書き言葉の中に唐突に「ひたしい」が出てきたら、やっぱり違和感はあります。
　方言と標準語を混同している人もいれば、言葉遊びとしてわざと標準語の中に方言を混ぜている人もいます。間違った言葉を採り上げる側としては、このような表記を見つけたとき、どうしたら良いのかいつも迷ってしまいます。

コラム4 とうころもし

　映画「となりのトトロ」に出てくる4歳の女の子メイちゃんが、とうもろこしのことを「とうころもし」と言うエピソードはよく知られていますが、このように一つの言葉の中で音の並びが入れ替わってしまうことを音位転換と言うのだそうです。
　これ、小さい子供が変な発音をしてそのまま覚えてしまうというのは分かるのですが、大人になっても変な言葉のまま覚えてしまっていることがよくあるのは、何故なのでしょうか。
　実際に検索結果には既婚の女性がうらやましいを"うらまやしい"と覚えていたとか、22歳の男性が手持ちぶさたを"手持ちぶたさ"だと思っていたなどというような話がたくさん見つかります。
　記憶として定着した一番の理由は、偶然と長年の思い込みのせいなのだと思います。"変な言葉"を自分で書いたり口に出したりしても周りの人がたまたま気付かなかったり、誰も間違いであると指摘してくれなかった為、ずっと自分で気付く機会を得ない。正しい言葉を本などで目にしても、思い込みがあるので気付かずスルーしてしまう。
　気付くきっかけというのは、やはり他人からの指摘が一番なので、それがないのであれば、普段から自分で言葉を曖昧なひとかたまりの音として捉えずに、その意味、成り立ちを考えながら読むようにしないと、なかなか正しい言葉には辿り着けないのかもしれません。

勘一発！　前代未踏の油断大的うる覚え！

第4章
分類わけする

エゴひいき

もしかして：**えこひいき？**

検索例1　（実質件数143件）
- 教師は子どもを**エゴひいき**するなと要求されます。
- 特定の人だけ**エゴひいき**なんてオレにはできません。
- **えごひいき**にならないよう、同じモノを与えたいので、今も自己流で調整しています。
- **えごひいき**てきな政策展開は「だめな政治家」のする事と心得よ。

【エゴひいき】自己中心的な物の考え方、もしくはそのような考え方をする人の肩を一方的にもつこと。

　こう思って使っている人が本当にいるんだかいないんだかよく分からない、「えこひいき」からの派生表現。
　最初は、ほとんどの人が単純に「えこひいき」のつもりで使っているのだろうと思っていたのですが、検索結果をよく見ると、正しくは「えこひいき」であると分かっていて、独自の意味を持たせて使っている例もやはり見られました。

検索例2
- **エゴひいき**＝他人には厳しいくせに自分にだけ甘いこと。
- 「ｅｇｏ」＋「贔屓」→「自分勝手な理由で愛用してる事」の造語。

【依怙贔屓（えこひいき）】自分の気に入ったものだけの肩をもつこと。「女子学生を―する」

　そして近年は、ecoブームの盛り上がりから「ecoひいき」と表記して、節約や環境問題に配慮した人を優遇するという意味で使われる例も増えていて、なんだか面白いです。

検索例3
- 名づけて「いわて、みんなで**ecoひいき**」ecoする人や企業をちょっぴり「ひいき」しちゃいます。
- 毎週日曜日に環境に関するページを作っていて、そこの「**ECOひいき**」コーナーで、環境にやさしい商品を紹介しています。
- ふらの**eco・ひいき**カードで温室効果ガスSTOP！

他山の石とする？しない？

もしかして：**?**

まぎらわしきことわざ問題。
■「他山の石」の使い方で正しいのはどっち？

1. この失敗の経験を自分たちの将来へ活かすために、他山の石としないことが大切です
2. 今回の騒動を対岸の火事だと見過ごさず、他山の石とする意識が大事だ

　テレビのクイズ番組などでもよく出てくる問題ですが、他山の石は、自分の人格を磨くのに役立つ材料。反省材料とすべき、他人のよくない言行のことで、他人の失敗から得られる教訓というような意味になるので正解は2です。
　1の使い方では正反対の意味になってしまうのですがWeb上には数多く見られ、どちらかと言うとお堅い文章の中で使われていることが多く、気まずさ倍増です。
　「他山の石としないように」としている人は、「他山の石」を「自分と無関係のこと」「対岸の火事」という意味にとらえているのではないでしょうか。

検索例1　（実質件数40件）
- とにかく、このような事件が起きるたび、「**他山の石**」としないよう自分自身を戒める機会としています。
- このドタバタを**他山の石**としないように、その原因と対策の成り行きをよく研究し、勉強しておく必要がある。
- 今回の震災を「**他山の石**」としないように、本院も災害対応を進めているところです。

検索例2　（実質件数258件）
- 日本の鉄道関係者の慢心を戒める意味でも、**他山の石**とせず、見直しを図って欲しいものです。
- 事故を「**他山の石**」とせず、自分のことととらえ、一点でもいいですから今後に生かしてくださるようお願いし、挨拶といたします。
- 大地震の津波被害を**他山の石**とせず、わが身を守る防災意識を持つこと.が大切です。

第4章　分類わけする

カチッときた

もしかして：**カチンときた？**

検索例1　（実質件数231件）

・俺を小バカにしたような言い方をしたので、**カチッときた**。
・私自身まで否定されたような気になり、さすがに**カチッときた**のです。
・欠点をずばりと指摘され、**カチッと来た**時もありました、徐々に改めるようになりました。

　例えば、誰かのちょっとした態度や言葉に対して「気に障った」り「ムカついた」りした時の気持ちを「カチッときた」という言葉で表現している文章を最近目にすることがあるのですが、そりゃ「カチッときた」じゃなくて「カチンときた」だろうと私は普通に思うのです。
　ただ、検索結果を見ると10代〜20代の若者の文章が多い気がするのですが、これっていわゆる言葉の乱れとかいうよりは、もしかしたら感情の擬音化における世代間格差だったりするのかなと思ったりもしたのですが、どうなのでしょう。
　「カチン」よりも「カチッ」の方が瞬間的なイラッとした気持ちを的確に表現していると感じられる比率が、若者ほど高くなる傾向なんてものがもしかしたらあるのかもしれません。
　ちなみに私が「カチッときた」を使うとすれば、それはまったくの別の意味で、「合点がいった」「しっくり来た」「フィットした」「ピタッと当てはまった」などというような意味で使うと思います。例えば「その音楽は今の自分の気持ちにカチッと来た」などという風に。
　世代別のアンケートがとれたら面白そう。

検索例2

・なんか久々に聴いたら**カチッときた**！！ちょーーーかっこいい！帰ったらコピーしよ。
・機能性とファッション性が「**カチッ**」**ときた**時に履きたいシューズになるのではないかと考えています。
・その時だけ「『概念』と『文脈』」が、**カチッときた**。

【かちんと来る】他人の言動が神経に障って、不愉快に思う。癇（かん）に障る。「無遠慮な発言に—。来る」

遅ばせながら

もしかして：**遅れ馳せながら？**

検索例1 (実質件数271件)
- **遅ばせながら**お誕生日おめでとうございます
- **遅ばせながら**新春のお慶び申し上げます

件数が多いので、もしかしたらこういう言葉があるのかとちょっと不安になる「遅ればせながら」のうろ覚え表記。

「れ」が抜けたことによって「おそばせながら」「おくばせながら」二通りの読み方ができますが、平仮名のまま検索してみたところ、両方の読み方で使われているようです。

検索例2 おそばせながら（実質件数274件）おくばせながら（同235件）
- **おそばせながら**、新年のご挨拶をさせて頂きます。
- **おくばせながら**私も投票させていただきました。

他に「遅らばせながら」「遅ればしながら」などの表記も多く見られますが、殆ど語感だけで確定したとしか思えません。

検索例3 遅らばせながら（実質件数269件）「遅ればしながら」（同100件）
- 本日**遅らばせながら**今年最初の登山に出かけました。
- 補正予算が通過しましたので、**遅ればしながら**新車を発注しました。

読みが同じでよく見られる誤字としては「送ればせながら」がメジャー級。

検索例4 (実質件数160件)
- 人気が出始めてから半年後、**送ればせながら**購入したわけです
- **送ればせながら**、最近やっとスマートフォンを買ってもらいました

【遅れ馳せ/後れ馳せ（おくればせ）】 （1）他の人よりも遅れて駆けつけること。「―に来る」（2）時機に遅れること。「―ながらお礼を申し上げます」

第4章　分類わけする

勘一発

もしかして：**間一髪**？

> **検索例1**　（実質件数 39 件）
> ・トラックに引かれる所を**勘一発**で救出！
> ・なんとか**勘一発** 間に合って
> ・銃で撃たれそうになったところを、**勘一発**で体をはって、二人を助けた場面
> ・**勘一発**で回避した

> 【意味】勘だけを頼りに危機的な状況を切り抜けること。

　ではなくて、単に「間一髪！」の誤変換だと思われますが、ちょっと面白かったのでピックアップ。
　検索結果は、上記のように「間一髪」の誤変換として書かれたものと、もう一つ文字通りの「勘を頼りにした一発勝負」「勘だけでズバリ当てる」というような意味で書かれているものとに分かれました。

> **検索例2**
> ・**勘一発**の勝負
> ・女の**勘一発**ですね(^^)
> ・**勘一発**で正解を当てなくてはならない
> ・**勘一発**勝負で「こっち！」ってして失敗したら、人の所為にしたくなる。
> ・本命さんはどこぞへ行かれてるようなので、**勘一発**で別の海岸まで探しに行くことに。

　この、誤変換ではない「勘一発」の使い方は見た目も自然だし意味の通りも良いので、今後も当たり前のように使われていく言葉のような気がします。

> 【間一髪】《髪の毛ひと筋のすきまの意》事態が極めて差し迫っていること。その寸前のところ。「―で助かった」

大目玉商品

もしかして：**?**

　これは安いと思って買って帰ったら「何でこんな物買ってきたのよ!!」と激しく怒られる商品のこと。だったりして……。
　「大目玉商品」とはあまり言わないだろうと思ってましたが、実際はけっこう使われているようで正直ちょっと意外でした。

検索例1（実質件数 196 件）
・早期完売確実・今年一番の**大目玉商品**です。
・アウトレットセール**大目玉商品**の紹介です！
・当店屈指**大目玉商品**といえばまぐろ！ とにもかくにもまぐろが安い！ 安すぎる！

　これを「おおめだま」ではなく「だい・めだましょうひん」と読ませるつもりで書いてあるのだとしたら、その分言葉として通りは良くなるような気はしますが、それでもやっぱり見た目の不自然さは小さくないと思うんです。
　で、数はそれほど見つかりませんでしたが、私同様おかしいと感じている人も、もちろんWeb上にちゃんといました。

検索例2
・**大目玉商品　目玉商品**見つけてくれよ　オレが**大目玉**食らうから
・「**大目玉商品**」　おい・・・・買った客が叱られるのか？売った店が客に怒鳴られるのか？どっちだろう
・携帯ショップのPOPに、「**大目玉商品**」と書いてあった。「目玉商品」を強調したいなら「超目玉商品」だろう、普通。

【目玉商品】商店の特売などで、客寄せのために特別に用意した超特価品。また一般に、売り込みの中心に据えるもの。
【大目玉】（2）ひどくしかること。「―を食う」

怒り浸透

もしかして：**怒り心頭**

【怒り浸透】怒りがジワーッと心の中に浸透してくる様子。

慣用句「怒り心頭に発する」から派生したとみられる新語表現。多くの人が「心頭」の誤り（誤変換）としてではなく、自ら意図して「浸透」を使用しています。

検索例1（実質件数 299 件）
- 心は**怒り浸透**し、顔色、表情がかわる
- 弟はだいぶ**怒り浸透**しているようであったが、かろうじて体裁を保っていた。
- 今回の事だけだったらここまで**怒り浸透**しなかったと思う
- **怒り浸透**しておられる顧客のところに積極的に出向くことを行動方針としておりました。

「しんとう」が「心頭：心。心中。」であるという認識はなく、"自由な発想"で「浸透」を選択。「怒り心頭に発する」という言葉の意味（激しく怒る）を保持したまま「怒り心頭」と略す表現（習慣）が既にある程度一般化しており、その言葉を耳で聞いて独自に意味を発想し、「怒り浸透」と脳内変換した結果なのではないかと推測できます。

そして、「怒りが浸透」「怒りを浸透」などの使い方も見られるようになり、もはや「心頭」はどこかに忘れ去られてしまったかのようです。

検索例2（実質件数 73 件）
- 他人が怒っていると自分にまで**怒りが浸透**してきます。
- 思い出してたじろぎ、血管の中に徐々に**怒りが浸透**した。
- その報道により、必ずや一般市民に**怒りが浸透**し、騒ぎたてることにもなる
- 人の多さに負けて結局は**怒りを浸透**させたままその場を去った。
- 嘘八百のこの映画は、全米で日本に対する**怒りを浸透**させ、結果、米国一丸となって大日本帝國に向かってきます。

「あっー!!」「えっー!!」

もしかして：「あーっ!!」「えーっ!!」

　2005年あたりからテレビで目にするようになっていたこの表記（ネットでは更にその数年前から）。流れの中でスルーしがちですが、声に出して読もうとすると途端に困ってしまいます。現在このような表記は徐々に特別な表現ではなくなり、ごく当たり前のように自分のブログやSNSなどで使う人が増えています。この人達は自分の書いたこの言葉をどう声に出して読んでいるのでしょうか。

　実際もう間違いというより、一つの表現方法として意図的に使われていると見ていいかもしれません。

　小さい「っ」を前に持ってくることでより驚きを強調し、あとに続く「ー」で余韻を残す。

　テレビの字幕で使う場合、視聴者は瞬間的に頭の中で読むだけなので違和感は残らないし、日本語として正しいかどうかは別にして、今後もこのような表記は使われ続けていきそうです。

Eテレ「すイエんサー」 2009/9/8

日本テレビ　2010/3/22

第4章　分類わけする

端を欲する

もしかして：**端を発する？**

検索例 （実質件数 88 件）
- バブル経済崩壊に**端を欲する**金融危機
- この損失補填事件に**端を欲して**創設された
- アメリカのサブプライムローン問題に**端を欲した**世界的な不況

「発端（ほったん）」という言葉があり、この読みから「たんをほっする」と読み覚えてしまい、あとからタイピングしようとしたときに「たんをほっする」→「端を欲する」となってしまったのではないでしょうか。
「単を発する」という間違いも多いです。

【端を発する（たんをはっする）】それがきっかけになって物事が始まる。「領土問題に―・した紛争」

模造犯

もしかして：**模倣犯？**

検索例 （実質件数 233 件）
- その後発生した**模造犯**的拉致事件
- 報道の仕方によっては**模造犯**を発生させることにもなり得る
- 『**模造犯**』『クロスファイア』読んでないのでぜひ読みたいですねぇ
- テレビでSMAPの中居君が主演した『**模造犯**』が放映されました

【模造犯】粗悪な模造品を作り本物と偽って売りさばく人のこと？

そのまま通用しそうな気もしますが、これは多くの場合 Web 上で「模倣犯」の誤りとして使われています。
ちなみに、通貨の偽造をした場合は通常「偽札犯」として罰せられますが、その偽造された通貨の出来が非常に悪かった場合は、通貨の偽造としては認められず「模造犯」として逮捕され、その分罪は軽くなるのだそうです。

ノベリティグッズ

もしかして：**ノベルティグッズ？**

> **検索例**（実質件数 620 件）
> ・名刺・封筒・印鑑などのビジネスアイテム・**ノベリティグッズ**の制作及び店舗販売。
> ・イベントでの販促商品や**ノベリティーグッズ**、事務用品等、幅広い商品の取り揃えをお手伝いさせて頂きます。

　宣伝の為に会社名などを入れて配付する贈呈用の品物のことをノベルティ、あるいはノベルティグッズと言いますが、これをノベリティグッズと表記しているのをよく見かけます。

　「novelty」をノベリティと読むのにはかなり無理があると思うのですが、多くのオンラインショップで堂々と使われているのを見ると、もしかしたらこれはこれでもう本来の発音やスペルを超えてもう一つの"認められた"表記になっちゃってるのかなと思えたりもします。

　一々気にする方が変かもしれませんが、同じ条件でオンラインショップで買い物をするとしたら、個人的にはやはりノベルティと表記している店の方から買いたいと思うのでした。

分類わけする

もしかして：**分類する？**

> **検索例**（実質件数 431 件）
> ・つまり**分類わけ**することで、管理しやすくなるってことだね。
> ・実際の個々の研究を**分類わけ**することなどには興味はない。
> ・記事内容に応じて各属性へ**分類分け**するために使用します。

　あるブログに「○○についてはきちんと分類わけして考えなければならない」というような文章がありました。説明の必要もないと思いますが、「分類」自体が種類ごとにまとめて分けることの意味なので、「分類わけ」だと意味がダブっています。漢字で「分類分け」と書くとそのダブり具合がよくわかります。

　単純に「分類する」とならなかったのは、もしかしたら気持ちの中で本当は「種類分け」とするべきところが何かのはずみで「分類分け」になっちゃったのではないかと思うのですがどうでしょう。

逃飛行

もしかして：**逃避行？**

検索例（実質件数 285 件）
- 今回の**逃飛行**は楽しかったのは言うまでもないのですが、さすがに疲れました・・。
- 親からの「結婚しなさい」攻撃にウンザリして海外へ**逃飛行**したくなったり・・・・・。
- 私はストレスが溜まって来て思考停止が目立つようになると海外に**逃飛行**することが多いんです。

【逃飛行】現実から逃避する為に海外旅行に行くこと（ウソ）。

あんまり数が多いので危うくダマされるところだった「逃飛行」のうろ覚え表記。
　素で間違えている人もそれなりにいる一方、ほとんどの人がわざと当て字にして遊んでいる"誤楽変換"です。ポエムな文章内に出現率高し。

【逃避行】世間をはばかることがあって、あちこち移り歩いたり隠れ住んだりすること。

ルームシャア

もしかして：**ルームシェア？**

> 検索例 （実質件数 195 件）
> ・通常のアパートメントの各部屋を**ルームシャア**形式でお貸ししています。
> ・学生さんの兄弟入居や**ルームシャア**にもお勧めのお部屋です♪

　シャアはないだろうと思うんですけど、これも英語を日本語表記したときのバラつきの範囲内なのでしょうか。

> 【ルームシェア（room share）】家族や恋人ではない人と、同じ住居の中で生活をすること。個室を専有し、台所・食堂・浴室・便所などは共用とする。

　「ルームシャアしたいなぁ…」とか書かれているのを見ると、ちょっとかわいい……。
　あと、オンラインソフトで、継続使用する際に代金を支払ういわゆる「シェアウェア（shareware）」についても「シャアウェア」という表記がよく見られます。

第 4 章　分類わけする

長者番組

もしかして：**長寿番組？**

検索例（実質件数 314 件）
- 言わずと知れた、昭和から続いている**長者番組**である。
- これだけの**長者番組**が終わってしまうのは、寂しいものがありますね。
- **長者番組**として、ずーっと人気がある理由がちょっとだけですけど、わかった気がしました。

　何年にもわたって長期間続いているテレビ番組のことを「長者番組」と書いているサイトがたくさんあるんですけど、それを言うなら「長寿番組」ですよね。
　「長寿」は長生き。「長者」は金持ちですから。

【長者】　(3) 金持ち。富豪。「億万―」
【長寿】　(2) 物事が特に長く続くこと。「―番組」

蜘蛛の巣を散らすように

もしかして：**蜘蛛の子を散らすように？**

> **検索例**（実質件数 85 件）
> ・王国の中枢部は敗戦が決定した直後、**蜘蛛の巣を散らすように**逃げ去った。
> ・双方の集落の者たちは、**クモの巣を散らすように**、山から逃げて行った。

　Web上で初めてこの間違いを見つけたとき、私は大きなクモの巣が、飛んできた鳥に突き破られ、スローモーションのようにゆっくりと崩れて落ちていく映像を思い浮かべました。
　ちょうど、高速度撮影でシャボン玉がゆっくり割れていく様子を見たときと同じような感じです。この人達が「蜘蛛の巣を散らすように」とタイピングしたとき、頭の中にはいったいどんなイメージが浮かんでいたのでしょうか。

> 【蜘蛛の子を散らす】《蜘蛛の子の入っている袋を破ると、蜘蛛の子が四方八方に散るところから》大勢のものが散りぢりになって逃げていくことのたとえ。
> 「悪童どもは―・すように逃げ去った」

惜しまない拍手

もしかして：**惜しみない拍手？**

> **検索例**（実質件数 112 件）
> ・観覧席から**惜しまない拍手**が沸き起こった。
> ・ご本人とお母様の努力に**惜しまない拍手**を送りつづけ、応援しています。
> ・現役を終えたスターに、**惜しまない拍手**を送った。

　惜しい！と言うか、言いたいことは分かるにしても、やっぱりおかしな言葉遣いです。

> 【惜しみ無い】惜しいという気持ちがない。出し惜しみしない。「―・い拍手」

　「惜しまない拍手」があるのなら、「惜しむ拍手」ってどんなの？とちょっと聞きたくなってしまいます。

手回し

もしかして：**根回し？**

検索例（実質件数 327 件）
- 私達に力を貸さぬように**手回し**したみたい
- 恐らくは上司が**手回し**したのだろう
- あること無いこと言うと思いますので、周囲にも**手回し**しておいた方が良さそうですね

　テレビのバラエティー番組で、ある出演者が「根回し」のことを「手回し」と勘違いして覚えていたらしく、他の出演者たちから突っ込まれていました。
　「手回し」にも「前もって準備すること」という意味がありますが、「根回し」には「事を行う前に、関係者に事情を説明し、ある程度までの了解を得ておく」という意味があるので、やはり「根回し」の方がより適切な表現であると言えます。
　尚、検索件数には「タービンを手回しした」「コンプレッサーを手回しした」等、文字通り何かを手で回している状態を言っているものも多数含まれています。

いさぎがいい

もしかして：**いさぎよい？**

検索例（実質件数 691 件）
- あえて白状するということは、**いさぎがいいぞ**
- なんだか逃げているようで、**いさぎが悪い。**
- あの社長は結構オヤブン肌の**いさぎいい**、責任感も強い人だったのかも知れない
- この言い訳は、非常に**いさぎ悪い。**
- **いさぎが良い**のか悪いのかわからずの泣き寝入り状態です・・・

　何気なく見ていたあるテレビ番組で言葉のクイズゲームのようなものをやっていたのですが、その中で出演者の一人が「潔い（いさぎよい）」を「いさぎがいい！」と言っていたんです。
　「いさぎがいい（いさぎいい）」は言葉の覚え間違いとしては定番の部類であり、Web上ではもちろん、日本語の間違いを指摘している書籍等でもよく見かけるものの一つです。
　とりあえず「いさぎ悪い」を使っている人には「いさぎ」って何？と聞いてみたいです。

生活物質

もしかして：**生活物資？**

検索例 (実質件数104件)「生活物質を」で検索
- トイレットペーパーなどの**生活物質**を買い占める騒動が起きた
- 日本は、農作物を中心に大量の食量や**生活物質**を輸入している
- 様々な**生活物質**を積み込むロシア人達

「生活にかかわる物」という意味で間違いではありませんが、検索例のような場合、「生活物資」の方がより適切ではないかと思うのですがどうでしょう。

国語辞典ではどちらも「もの」という意味ですが、「物質」の方には単に「物（品物）」という意味とは別に、物理学或いは哲学の用語を構成する言葉として使われることが多く、一般的な生活感のある言葉とはちょっと距離を置いた使われ方をすることの方が多いんじゃないでしょうか。［例］　物質文明　物質交代　原因物質　など

物資の意味はとてもシンプル。「生活物質を扱う商店」で扱っている商品が気になります。

蒼々たるメンバー

もしかして：**錚々たるメンバー？**

検索例 (実質件数298件)
- 財界や学会の**蒼々たるメンバー**を集めて設置された
- 幕末～明治を支えた**蒼々たるメンバー**が居住していたのだ
- **蒼々たるメンバー**が、レーベルの壁を越えて集まった

「蒼々」は（空・海などが）青いさま、草木が茂っているさまを意味するのでこの使い方は無しです。正しくは「錚々たるメンバー」。

「蒼々たる天空」なんていう使い方は有りです。

【錚々】：多くのもののなかで傑出しているさま。「—たるメンバー」

他に「早々たるメンバー」「草々たるメンバー」「葬送たるメンバー」などがありました。漢字が曖昧なときは平仮名で書くのが一番いいようです。

第4章　分類わけする

努力のたわもの

もしかして：**努力のたまもの？**

検索例（実質件数 103 件）
- まさに企業**努力のたわもの**です！！！
- 天才とは才能ではなく**努力のたわもの**なんだとしみじみ感じる
- 普段のご**努力のたわもの**ですね

　テレビである女優さんが「努力の賜物（たまもの）」を「努力のたわもの」と言い間違えて、突っ込まれていたので検索チェックしてみました。
　聞き間違えてそのまま覚えてしまったパターンですね。他にも「教育のたわもの」「偶然のたわもの」「練習のたわもの」「研究のたわもの」など色々ありました。

【賜物（たまもの）】　(3) よいことや試練などの結果与えられた成果。「努力の―」

効果適面

もしかして：**効果てきめん？**

検索例（実質件数 253 件）
- 花粉症に**効果適面**
- サプリメントを飲むよりも**効果適面**
- 要所要所で使うと**効果適面**です！

　すぐに効果が表れることを「効果てきめん」と言いますが、「てきめん」がこういう難しい字だとは正直知りませんでした。

「効果**覿**面」

　「適面」と書きたくなる気持ちもよく分かります。仮に私が漢字で書けても多分「ワープロだからこそ書けた（打てた）んだろう」と思われるのがオチなので、黙ってこれからも「効果てきめん」と書きたいと思います。
　「てきめん」をワープロを使わず漢字で紙に書けますか？

ネットで見かけた信じられない日本語

心身代謝

もしかして：**新陳代謝**？

> **検索例**（実質件数 293 件）
> ・肌の**心身代謝**を活発にします
> ・**心身代謝**を活発にしたい方におすすめ！

　ある日の AM ラジオの生番組で、女性パーソナリティーが「新陳代謝が良くなる」と言うべきところを「シンシン代謝が良くなる」と言っていました。おそらく彼女の頭の中では「心身代謝」という漢字になっていたのではないかと思い、検索してみました。
　「新陳代謝」が「新しいもの（新）と古いもの（陳）が次々と入れ替わる」という意味なので、「心身代謝」だと心と身体が入れ替わるという意味になってしまいます。
　検索結果には健康関連のグッズ・食品のオンラインショップがたくさん出てきたんですけど、こんな些細な間違いであっても購入先を選ぶ際のマイナスポイントになるんじゃないかと感じてしまう私は、気にしすぎでしょうか。

寝ぐら

もしかして：**塒**？

> **検索例**（実質件数 360 件）「寝ぐらに」で検索
> ・ただ**寝ぐら**としての学生寮
> ・お気に入りの**寝ぐら**
> ・山猫が**寝ぐら**に帰る

　寝る場所を意味する「ねぐら」は漢字一文字で「**塒**」と書くそうです。私自身今回調べて初めて知りました。元々が「寝座（ねくら）」からきた言葉なので「寝ぐら」でも間違いじゃないだろうという考え方も成り立つのかもしれませんが、少なくともこの字を目にしてしまった以上、私自身はちゃんと正しい漢字で書くか、もしくはひらがなで「ねぐら」と書くことになるでしょう。あと、他の表記としてとても多いのが「寝倉」と「寝蔵」です。いかにもやりそうな間違いですが、これも正しいかどうかとは別に、通りのよい表記として使って構わないと考える人が、もしかしたら少なくないかもしれません。

交通の要所

もしかして：**交通の要衝？**

検索例（実質件数 304 件）
・東海道53次の宿場町の内でも特に**交通の要所**として栄えてきたところです。

あるテレビ番組の冒頭、「戦前から交通のようしょうだった秋葉原」というナレーションが聞こえてきたんです。ようしょう？ようしょ？「ようしょう」という言葉があることは知っていましたが、意味も漢字もよく分からなかったので調べてみました。

【要衝】商業・交通・軍事などの点で、重要な場所。要地。「交通の―を占める」

要所でも「重要な場所」という意味なのだから「交通の要（かなめ）」と考えれば言葉としては間違っていないと思いますが、「交通の要衝」は一種の慣用句のようにして使われており、やはり"適切さ"においてこちらを使いたいと思うのですがどうでしょう。

油に火を注ぐ

もしかして：**火に油を注ぐ？**

検索例（実質件数 267 件）
・ブログにおいて過去の記事を削除することは**油に火を注ぐ**結果となる
・ナショナリズムの高揚が**油に火を注ぐ**
・ここでしつこくしてしまうと**油に火をそそぐ**感じになってしまうので様子をみてみます
・大学の対応が微妙で、更に**油に火をそそぐ**形に。

いかにもネタっぽいですが、けっこう気付かずにやっちゃってる人が多いようなのでとりあげてみました。真面目な文章の中に唐突にこれが出てくるとコケそうになります。
　例によって無理矢理意味を考えると、油に「火を注ぐ」＝「点火する」と解釈して、「それまで機嫌が良かった人を突然怒らせてしまうこと」ということでどうでしょう。
　それにしてもどうやって「火を注ぐ」のか見てみたいです。

自伝車

もしかして：**自転車**？

検索例 （実質件数 284 件）
・バイク通勤若しくは**自伝車**通勤できる方
・**自伝車**操業状態でやってきました
・放置**自伝車**

　「ていいん（店員）」「たいくかん（体育館）」などと同様、自転車を「じでんしゃ」と読み、そのまま発音する人が多いというのは知っていましたが、これをそのまま「自伝車」と変換してしまう人がこんなに多いとは思っていませんでした。「自分の踏力を車輪に伝えて走る乗り物」だから自伝車。こんな風に解釈して使っている人、もしかしたらいるんじゃないでしょうか。いないかなー。
　尚、この発音に関して検索結果では主に東日本で使われる方言ではないかという指摘が見られましたが、やはり"訛り"をそのまま文字にした人が多いようです。

皆様のお力沿い

もしかして：**皆様のお力添え**？

検索例 （実質件数 282 件）
・ひとえに**皆様のお力沿い**と、ご支援のお陰です。
・ドライバー不足の解消に微力ながら**お力沿い**出来ればと思います。
・よろしくご鞭撻を賜り、**お力沿い**をお願い申し上げます。

　「添える」は「補助として付け加える」「付き添わせる」の意味で、これが「沿い」になってしまうと、意味が分からなくなります。
　かしこまった文章でお礼やらお願いやらをしている中にこれが唐突に出てくると、真実味や説得力は確実に半減するので気を付けたいところです。

【力添え】他人の仕事を手助けすること。力を貸すこと。助力。援助。「よろこんでお―します」

下の肥えた

もしかして：**舌の肥えた？**

検索例（実質件数 119 件）
- 下の肥えた大人には物足りない
- 「下の肥えた女友達」って大変失礼な誤変換ですがな（爆）。

　使う場所（間違う場所）が悪ければ深刻な状況にもなりうる、ちょっとアブナイ誤変換。「舌の肥えた大人」と褒めたつもりが、これだとただの「下膨れのオッサン」になってしまいます。個人のブログでならともかく、仕事関連の印刷物（社内報など）でこれをやっちゃうと飛ばされるきっかけにもなるかもしれませんので、絶対やらないよう注意しましょう。

【肥える】（1）人や動物のからだによく肉がついて、太る。からだつきがふっくらとする。（3）経験を重ねて、物事のよい悪いなどを感じ分ける力が豊かになる。「口が―・えている」「目が―・える」

テレビ朝日　タモリ倶楽部　2007/3/3

ゴミ捨い

もしかして：ゴミ拾い？

> 検索例 （実質件数 456 件）「〜捨い」「〜を捨う」「〜を捨った」の合計
> ・**ゴミ捨い**をしながら下山した
> ・マイクを近づけて**音を捨う**
> ・犬を**捨った**

　実は自分自身「拾う」を「捨う」と書きそうになったことは何度かあって、これを見たときは他人事に思えませんでした。しかし更に驚いたのはこの間違いが Web 上にもたくさんあったことです。紙の上に自分の記憶や知識だけを頼りに書いて間違えるというなら分かりますが、パソコンで例えば「ごみひろい」と打って変換すれば普通はそのまま「ゴミ拾い（ごみ拾い）」と出るはずなのに、何故そう確定できなかったのかとても不思議です。
　結局「捨てる」と書いて「てる」を消して「う」を付け足すという面倒臭い作業になると思うのですが、これ以外どうやってこれを出すのか。やっぱり実際書いた人に聞いてみないと分からないですね。

第 4 章　分類わけする

拡大／拡小

もしかして：**拡大／縮小？**

> **検索例**（実質件数 266 件）
> ・更に1部模様が拡大、**拡小**ができます
> ・加工はご遠慮ください（拡大・**拡小**のみ可）
> ・拡大解釈、**拡小解釈**しない

　テレビのバラエティー番組で、あるお笑い芸人さんが「拡大、縮小」と言うべきところで「拡大、拡小」と言ってしまい、他の出演者から一斉に突っ込まれていました。
　検索結果の中に「その昔『拡大』という文字を見て、サイズを変更する言葉には『拡』という字が付くんだなと勝手に思い『拡小』という言葉を使った」という記述を見つけてなるほどと思いました。
　「拡」という漢字はこれ一文字で「ひろめる」「おしひろげる」という意味を持っていますから、「拡小」では矛盾した表現になってしまいます。

成りを潜める

もしかして：**鳴りを潜める？**

> **検索例**（実質件数 205 件）「成りを潜め」で検索
> ・雨音も**成りを潜める**
> ・昼間の清楚な感じは**成りを潜め**、大人の女性へと一気に変貌した。
> ・この間の猛暑は**成りを潜めて**わずかに秋の気配が感じられる。

　「鳴りを潜める（ひそめる）」の誤り。元々物音をたてずに静かにするという意味なので漢字は「鳴り」。私自身これは辞書で調べてみるまで曖昧だったのでスッキリしました。
　実際は音を出すことに限らず、表立った活動を休止しているという意味で普通に使われますね。

> 【潜める（ひそめる）】（1）身を隠す。「暗やみに身を—・める」（2）音・声などが出ないようにする。「声を—・めて話す」（3）静かになって目立たなくなる。「鳴りを—・める」

ネットで見かけた信じられない日本語

身成り

もしかして：**身形**？

> **検索例**（実質件数 231 件）
> ・ちゃんとした**身成り**に着替えた
> ・元来あまり**身成り**を気にしない

　衣服をつけた姿。また、その服装のことを意味する「身なり」は全部漢字で書くと「身形」。「身成り」とはなりません。なんだか漢字の書き取り問題みたいですけど、この間違い方で不思議に思うのは、普通「みなり」と打つと、変換候補に「身なり」と「身形」は出ても「身成り」というのはなかなか出てこないと思うのに、なぜこうしてしまったのかということです。言葉の意味は分かった上で、「きちんとした『身』に『成る』」というイメージでこの組み合わせにしたという人ももしかしたらいるのでしょうか。

> 【身形（みなり）】　(1)　衣服をつけた姿。また、その服装。「きちんとした―」「―を構わない」　(2)　からだのかっこう。からだつき。

源泉たれ流し

もしかして：**源泉かけ流し**？

> **検索例**（実質件数 393 件）
> ・混浴の露天風呂で、大自然の中にある大きな**源泉たれ流し**の湯
> ・**源泉垂れ流し**で、薄めてすらいないみたいです

　ある正月番組でゲストが温泉の話をしている途中に「源泉たれ流し」という言葉が出てきて、すぐに司会者から「源泉かけ流し」と直されていました。温泉に「たれ流し」という言葉はいかにもふさわしくないなと思いつつ、自分でも今ひとつピンとこなかったので調べてみたのですが、Web 上でもこの表記は非常に多く、全国の温泉を紹介しているサイトなどで、見出しとしてそのまま使われている例もありました。

> 【掛（け）流し】　(4)　温泉で、源泉の湯をそのまま、または温度調整だけをして浴槽に満たし、あふれた湯は循環させずに捨ててしまうこと。「源泉―」

深入りコーヒー

もしかして：**深炒りコーヒー？**

検索例（実質件数 359 件）
・備長炭を使用したコクのある**深入りコーヒー**をお楽しみください。
・捜し求めていた**深入りコーヒー**にやっと出会えました。

　件数も多くとてもメジャーな変換ミスだと思うのですが、その誤りの指摘や、またわざと間違っているというような文章もあまりないようで、その点はちょっと意外でした。もしかしたらそれだけ「深入り」で正しいと思って確定している人が多いということなのでしょうか。実際にいくつかのサイトをまわってみて、おもわずその誤りを指摘したい衝動に駆られたのですが、そこまで深入りしてもしょうがないので、少しでも早く気が付いてほしいと願うのでした。

【煎る/炒る/熬る】火にかけて、水気がなくなるまで煮つめる。また、鍋などに入れて火であぶる。「豆を―・る」

一戦を越える

もしかして：**一線を越える？**

検索例（実質件数 35 件）
・計画を立てて取り組む性格なので、衝動的に**一戦を越える**ということはありません。
・いくら何でも最後の**一戦を越える**つもりはねえよ！

　「一戦」は"交える"もの。「一線」は"越える"もの。越えなくていいですけど……。
　変換ミス以外に「一戦を越える」を「一つの戦いを勝ち抜く（乗り越える）」という意味で書いている人もいるのでしょうか。逆の「一線を交える」もありましたが、こちらは線が交差するイメージが「戦う」に繋がり違和感なく変換してしまったのかも。

【一戦】一度たたかうこと。また、そのたたかい。「―を交える」「地元校と―する」
【一線】（3）はっきりしたくぎり。けじめ。「公私の間に―を引く」「最後の―を越えない」

フジテレビ　めざましテレビ　2008/3/12

友達間隔

もしかして：**友達感覚？**

> **検索例**（実質件数 245 件）
> ・ネイティブな外国人講師と**お友達間隔**で学べます。
> ・男女の関係より、気軽に食事とか行けるような**友達間隔**を求めます。

　ある日の情報番組の字幕スーパーに「親と子が友達のような間隔で接する」と書かれているのを見つけました。「大丈夫!? 新社会人の敬語」というタイトルで、その年の新社会人がどれだけちゃんと敬語を使えているかを検証する企画。単純な変換ミスだと思いますが、正しい言葉遣いを解説している最中でタイミング良すぎ（悪すぎ）でした。

　「親と子が友達同士のような精神的距離で接している」という意味で「間隔」を使ったと考えられなくもないですが、やっぱりちょっと無理があるし、実際番組中のトークもそういう感覚ではなかったです。試しに「友達間隔」で検索してみたらやはりたくさん出てきたのですが、この中に「間隔」を「距離」のニュアンスで意図的に使っている人も、もしかしたらいるのでしょうか。

ウォッシュリスト

もしかして：**ウィッシュリスト**

　2008年3月。amazonの「ほしい物リスト（旧ウィッシュリスト）」の検索機能で他人の購入履歴などが見れてしまうトラブルがあり、当時ネット上ではけっこうな騒ぎになりました。幸いこのトラブルはすぐに解消されましたが、この「ウィッシュリスト（wishlist）」のことを「ウォッシュリスト」と書いている人が多くて驚きました。なんでそうなるの？

> **検索例** （実質件数 142 件）「ウォッシュリスト amazon」
> ・Amazonの**ウォッシュリスト**とか言うやつで個人情報（本名）漏れてる
> ・「ほしい物リスト」（**ウォッシュリスト**）から複数の個人情報を閲覧できることが話題になっているようです。
> ・**ウォッシュリスト**を何一つ使ってなかった俺には実害ない

　他人の洗濯物リストが見えても別に面白くはないと思うんですけど……。

インフレンザ

もしかして：**インフルエンザ？**

> **検索例** （実質件数 326 件）
> ・最近は**インフレンザ**の脅威も経営を危うくするということで、企業もエスカレーションの中に**インフレンザ**対策を組み込む場合が多くなってきている。
> ・**インフレンザ**が流行っていますね〜って、実は私もつい先日までインフレンザにやられていたんです
> ・**インフルエンザ**を**インフレンザ**って言ってたの…数年前、携帯で入力しようとして気付いたのです。知らなかったぁ…辞書までひいちゃいましたよ〜

　インフルエンザをインフレンザと発音してしまう、或いはそう聞こえるというのは分かる気がしますが、タイピングしても気付かない人が多いのにはちょっと驚きました。同じ人の文章中に複数回出てくることも多く、実際にこう覚えてしまっている人も少なくないようです。

容姿淡麗

もしかして：**容姿端麗**？

> **検索例**（実質件数 192 件）
> ・文武両道**容姿淡麗**で生徒会副会長
> ・当時から**容姿淡麗**でかつ才能に溢れていました

　タイトルを見てどこが変なのか分からなかった人は、きっとお酒（特に発泡酒）の飲みすぎです。ちなみに「淡麗」という言葉はもともと日本酒の味覚を表現する専門用語で、某ビール会社の製品のネーミングによって広く知られるようになった言葉です。「容姿淡麗」の人がいたとして、そういう人は印象が薄すぎてかえって記憶に残らないような気がするんですけどどうでしょう。

> 【端麗】姿・形が整っていて、美しいこと。また、そのさま。「―な顔だち」
> 【淡麗】日本酒の口当たりが、さっぱりとしていて癖がないこと。糖度と酸味の低いものにいう。「―辛口」

第 4 章　分類わけする

故意にしていただいて

もしかして：**懇意にしていただいて？**

検索例（実質件数 52 件）
- いろいろと**故意にしていただいている**社長からのお話し
- おかげで今でも公私共に**故意にして頂いてます**

タイトルだけでピンと来た人も多いと思いますが、これは「懇意にしていただいて」の誤りです。単純なタイプミスがほとんどだと思いますが、「故意」というどちらかと言うとネガティブなイメージを持つ言葉に対して、「していただく」という敬語が続いているのが面白かったのでピックアップ。故意にしている人はいないと思いますが、見た目のインパクトが強いので十分注意したいところです。

【懇意】親しく交際していること。仲よくつきあうこと。「一〇年来―にしている」
【故意】わざとすること。また、その気持ち。「―に取り違える」

実行支配

もしかして：**実効支配？**

検索例（実質件数 236 件）
- 抗議しつづけないと自動的に**実行支配**している側の領土となる
- 国土の半分以上を**実行支配**しているともいわれる
- **実行支配**しても世界から非難を受けるだけ

いわゆる領土問題について書かれた文章中によく出てくる言葉の一つに「実効支配」がありますが、この「実効」が「実行」になっているのをときどき見かけます。
ケアレスミスがほとんどだとは思いますが、「実行支配」で「実力を行使することによってその領土を支配する」というイメージを持ち、あまり深く考えずにこのまま確定してしまったというケースもあるような気がしますがどうでしょう。

【実効支配】ある国や勢力が、対立する国や勢力あるいは第三国の承認を得ないまま、軍隊を駐留させるなどして、一定の領域を実質的に統治していること。

ネットで見かけた信じられない日本語

フジテレビ　HEY!HEY!HEY! MUSIC CHAMP　2008/9/1

徹底的瞬間

もしかして：**決定的瞬間**？

検索例（実質件数 175 件）
- 遊んでいる最中の**徹底的瞬間**写真だと思いました。
- これは、フォトコンテスト入賞狙えそうな**徹底的瞬間**だ！
- **徹底的瞬間**を抑えたストリートビュー特集

　テレビの音楽番組に出演していた女性アーティスト misono さんが、ある写真を指して「決定的瞬間」と言うべきところを「徹底的瞬間」と言っていました。彼女はすぐに司会者から「決定的な」と直され、それでも納得できなさそうに「初めて知った！徹底した瞬間じゃないの？」と言葉を重ねていました。同じように勘違いして覚えている人は実際すごく多いようです。

【徹底的】徹底するさま。どこまでも一貫して行うさま。「―な責任追及」「―に調査する」
【決定的】物事がほとんど決まってしまって、動かしがたいさま。「勝利は―だ」
【決定的瞬間】重大な物事が起こる、その瞬間。「―をカメラに収める」

第 4 章　分類わけする

「敗因の原因」と「原因の理由」

もしかして：「敗因」と「原因」？

> **検索例**（実質件数 490 件）
> ・代打で交代させなかったのが、**敗因の原因**だ。
> ・ダイエットの**敗因の原因**って色々あると思います。
> ・離婚の**原因の理由**としてトップになる
> ・視力低下の**原因の理由**

　あるブログで「敗因の原因」というのを偶然見つけ、それでこのときに思いついた「原因の理由」とあわせて検索してみました。言うまでもありませんが、「敗因」は「負けた原因」なので「敗因の原因」だと意味がダブってしまいます。
　「原因の理由」の方は、もうどっちか一つにして下さいとしか言いようがありません。
　中にはカギ括弧で括って、何か特別なニュアンスを伝えようとしているような文章もいくつか見られたのですが、私にはその意図を読み取ることはできませんでした。

良販店

もしかして：**量販店**

　「量販店」から派生し、「サービスの質が高く、良い物を安く売っている店」という意味で多く使われている新語表現。

> **検索例**（実質件数 116 件）
> ・メンテナンスまで手がける数少ない**良販店**
> ・雑誌を見ると味噌糞一緒で掲載されており、どの店が**良販店**かわかりません
> ・アキバの**良販店** サポートも安心丁寧です

　ブログでこの言葉を取り上げたのが 2005 年で、当時は単なる変換ミスか、或いはダジャレ表現としての意図で使われることが多かったのですが、現在はもう一つの「リョウハンテン」として、あまり派生語（造語）として意識されることもなく、ネットショップや実在の店舗の広告等でも普通に使われることが多くなりました。

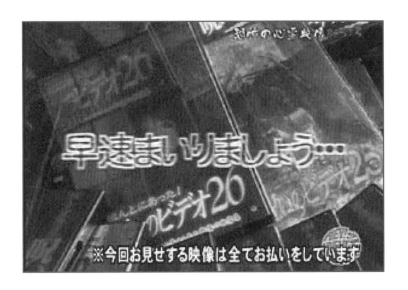

お払い

もしかして：**お祓い？**

> **検索例**（実質件数 172 件）「ちゃんとお払いして」「お払いを済ませ」の合計
> ・ちゃんと**お払い**して厄落としてくださいね。
> ・神様にお願いして今後何事もないよう**お払い**を済ませました

　あるテレビ番組でいわゆる「心霊ビデオ」を紹介したとき、画面の下の方に小さく「※今回お見せする映像は全てお払いをしています」と出ていたのですが、これは「お払い」ではなく「お祓（い）」ですね。「払い」には「取り除く」の意味もありますが、儀式／神事として「災いを除く」までの意味は通常含まれません。とても件数が多いのですが、もしかして本来の意味とは別に、一種の簡略表現として「払う」をあてるということもあるのでしょうか。

> 【御祓】災厄を除くために神社などで行う儀式。「交通安全の―を受ける」
> 【払い】（3）取り除くこと。「露―」「厄介―」「暑気―」

第 4 章　分類わけする

かびすましい ⇒ かまびすしい？
検索例「年金制度の改革案を巡って**かびすましい**状況になっています」
「かまびすしい」は漢字で書くと「喧しい」。「うるさい。やかましい。」という意味です。やっぱり普段あまり口にしない言葉は、なるべく書き言葉としても使わない方が無難だということでしょうか。

肩に着て ⇒ 笠に着て？
検索例「いつまでも親の権力**肩に着て**、はずかしいと思わないのか」
文字通り何かを肩に着ている（掛けている）という文章の中に混じって存在しています。権力を肩に乗せて見せつけているニュアンスがあって、それなり意味が通っている感じがして面白いです。

うっと惜しい ⇒ 鬱陶しい？
検索例「梅雨みたいに**うっと惜しい**ですね〜」
某大型掲示板内では言葉遊びとして使われたりもしているようですが、普通の日記サイトの中でも時々見かけます。本当にこう書くのだと思っている人は、意外に多いのかもしれません。ちなみにこれを紙に漢字で書いてみろと言われても、私には難しくて書けません。

勢力がつく ⇒ 精力がつく？
検索例「**勢力がつく**お鍋をいただきました〜。そう、すっぽんです！」
「うなぎを食べると勢力がつきますよ！」の「勢力」は、やっぱり「精力」の方だと思うわけです。どちらも「力がつく」ことにかわりはないのですが、力の意味は少々異なります。

心の機敏 ⇒ 心の機微？
検索例「人の**心の機敏**がわかるようになった」
「心の機微」のうろ覚え表記。「機微（きび）」にわざわざ「ん」を付け足しているぐらいだから、それだけ単純な入力ミスではなく「きびん」だと思って使っている人が多いということなんじゃないでしょうか。

おまかいなし ⇒ おかまいなし？
検索例「交通ルール**おまかいなし**の人が多すぎるような気がする・・・。」
こんな間違いを、もし上司や同僚が書いた文書の中に見つけたら、あなたはおかまいなしに指摘してあげられますか？

ブログの更新　⇒　ブログの行進？
検索例「**ブログの行進**が滞っておりました。」
　なんかちょっとカッコいい……。

テレビ誤植10

加熱→過熱？

2014/10/19　フジテレビ「ワイドナB面」

第4章　分類わけする

コラム5 検索結果の「実質件数」について

各項目の検索例にある「実質件数」について説明します。

例えばGoogleで「"責任転換"」と検索すると、このコラム執筆時で「約146,000件」と上の方に表示されます。そこで検索結果のページを一番下までスクロールして、Page2、Page3……と進むと、最後に「最も的確な検索結果を表示するために、上の360件と似たページは除外されています。」という文言が出て、これ以上の検索結果は表示されなくなります。私はここに出る数字を「実質件数」として使っています。

検索結果に表示される各ページを実際に読むと分かりますが、例えばあるブログ内で一つのエントリーが複数のカテゴリーに登録されていれば、それら全てが別のページとして検索エンジンに拾われ重複カウントされてしまいます。更に新聞や雑誌などの記事が多くの人に引用されれば、それだけで全く同じ文章が一気に数百～数千の単位で増え、それらも全てカウントされることになります。

検索エンジンのアルゴリズム（必要な情報を探すプログラム）がどうなっているのか私には知る由もありませんが、できるだけ重複を避け、且つ実際に見ることができるページだけを対象としたいと考え、この実質件数を採用しています。

テレビ誤植11

半世→半生？

日本テレビ　スッキリ！　2014/11/17（番組内で「お詫びと訂正」がありました）

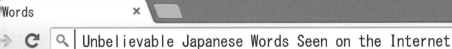

勘一発！ 前代未踏の油断大的うる覚え！

体重が右肩上がり？

某ダイエット商品のテレビCMに「これまでずっと体重が右肩上がりだったのに、この商品を使うようになってダイエットに成功しました」みたいなフレーズがあって、あれっと思ったんです。
確か「右肩上がり」は物事が良い方に向かっているときに使う言葉だったような……。そんな気がして調べてみました。

> 【右肩上がり】《グラフの線で右に向かって上がっていく形から》後になるほど数値が大きくなること。後になるほど状態がよくなること。右上がり。「業績が―に伸びる」「―の成長率」

単に数値が大きくなっているという意味で使っているということであれば、必ずしも間違いではありませんが、これ以上増えてほしくない体重を右肩上がりと言うのはやはりちょっと不自然な感じがするし、もしかしたら「うなぎ上り」などと混同した表現なのかもしれません。

検索例1　（実質件数 213 件）
・急に体重が**右肩上がり**にあがってきてちょっと不安です。
・いつもダイエットと言っているのに体重が**右肩上がり**なのは何故？
・引退したとたんに体重が**右肩上がり**、疲れやすい体調になってしまいました。

逆の「体重が右肩下がり」という表記がどう使われているのかも検索してみました。

検索例2　（実質件数 52 件）
・順調に体重が**右肩下がり**でいいかんじですね＾＾
・グラフに書き込んで自分の体重が**右肩下がり**になっていくところを見るのが快感！

右肩下がりは一般に状態が悪くなることに使われる言葉ですが、やはり良い意味の文脈に使っている人がたくさんいました。これも、言葉の使われ方が時代と共に変わっていくということの一つの表れなのでしょうか。

> 【右肩下がり】《グラフの線が右に向かって下がっていく形から》後になるほど数値が低くなること。後になるほど状態が悪くなること。右下がり。「不景気で売上は―だ」

希望的観察

もしかして：**希望的観測？**

> **検索例1**　（実質件数88件）
> ・韓国の太陽政策による成果は単なる**希望的観察**に過ぎなかった
> ・「本はなくならない」の論拠には、単なる**希望的観察**以上の説得力はあるのか。
> ・単にこうなってほしいという感情論だし、**希望的観察**に過ぎないように思える。

　「希望的」は「そうあってほしいと願うさま」の意なので、「希望的観察」もそれなり意味は通りそうなのですが、ネット上で見られるそれらの多くは「希望的観測」のうろ覚え表記であるように見えます。
　複数の辞書を確認してみましたが、「希望的観測」はあっても「希望的観察」は見つけられませんでした。

> 【観測】　(2) 物事を注意深く見て、変化や成り行きを予測すること。「世界の情勢を―する」「希望的―」
> 【希望的観測】事のなりゆきを、希望を交えて都合のよいようにおしはかること。

　検索結果の中には、初めから「希望をもって（期待を込めて）観察する」という意味で使っていると見られる例もあり、面白い表現だなと思いました。

> **検索例2**
> ・田んぼ内から（ホタルが）発生しないかと**希望的観察**中です
> ・検寸の上メイン池に放した。供に36㎝ たぶん**希望的観察**によると、どっちも♀かも
> ・時折上空の雲が切れたりするのでそのうちに天気は回復してくるに違いないと**希望的観察**をする

　また、単に「こうであることを望む」というような意味で「希望的感覚」というのもありました。
　ちなみに英語では「wishful thinking」だそうです。

第5章　ざろうを得ない

詳しい詳細

検索例1 （実質件数 273 件）
・**詳しい詳細**は写真をクリックするか詳細ボタンをクリックして下さい。
・**詳しい詳細**は本サイトのTICKET GUIDEをご覧下さい！
・**詳しい詳細**が見れる地図はありませんか？

　以前、件名が「詳しい詳細です」という迷惑メールが届いたことがあったのですが、この件名を見て変な日本語だなとか思いながら、つい開いてしまった人も多いんじゃないでしょうか。Web 上にもこの表記がたくさんありました。
　更に、詳しくない詳細（簡単な詳細）というのも、やはりありました。

検索例2 （実質件数 248 件）
・申し込みのさいは、住所・氏名などの**簡単な詳細**を教えて下さい。
・受験される方のみに会場にて**簡単な詳細**をお知らせ致します。
・**簡単な詳細**図です。

　この場合、「詳細」を「情報」とか「内容」ぐらいの意味にしか考えていないのかもしれませんね。
　「詳しい詳細」の方も、例えば「これよりも更に詳しい詳細はこちら」みたいにして使えないこともないかもしれませんが、この場合は逆に「情報」「内容」に置き換えるとスムーズに読んでもらえそうです。
　逆に、「詳しい概略」というのもたくさんあり、こちらも「もう少し詳しい概略を」などのようにして使うことはできると思いますが、やはり不自然さを感じるのですがどうでしょう。

検索例3 （実質件数 86 件）
・公開前になりますので、**詳しい概略**をお伝えできません。
・衛星放送で観た洋画のタイトルや**詳しい概略**がどうしても思い出せない。
・飽きちゃったから、**詳しい概略**は覚えていない。

【詳細】細部に至るまでくわしいこと。また、そのさま。「―なメモ」「―に調べる」
【概略】おおよその内容。あらまし。大略。概要。「調査の―」「―次の通り」

筆が滑る

もしかして：**筆が走る？**

> **検索例1**
> ・書くほうも気兼ねがない。快調に**筆が滑る**。
> ・いろんなしがらみがなくなって、案外すらすら**筆が滑る**
> ・今日は**筆が滑る**わ調子がいいわ、この調子で行きまっしょ
> ・それこそ水を得た魚のようにスラスラと**筆が滑る滑る**。

　ある日、「今日はいつもよりいい感じで筆が滑るよなー」と思いながら文章を打っていて、直後にハッとしました。それを言うなら筆が「走る」とか「回る」じゃないのかって。
　書き味の良いペンを手にしてスラスラと紙に文字を書いていることを指して、「筆が滑る」という表現であればそれほど変じゃないのかもしれませんが、普通「滑る」という言葉はあまり良い方の意味では使われません。

> 【筆が滑る】書いてはいけないことや書かなくてもよいことを、うっかり書いてしまう。
> 【走る】（4）すらすらと事が運ぶ。滑るように動く。「ペンが―・る」「刀が鞘（さや）から―・る」

　「滑る」は、例えばお笑い芸人さんが「今日はネタが滑って全然受けなかった」のように「笑いを取れなかった」の意味でも普通に使われてますよね。
　「筆が滑る」という表現自体は別に間違いでも何でもないので誤って使われているケースの検出が難しく、件数をはっきり把握できないのですが、「快調」「すらすら」「調子が」などの語句と組み合わせて検索すると、誤用の指摘を含め見つかりやすいです。

> **検索例2**
> ・**筆が、滑る滑る**。おっとまちがい、滑らか滑らか（字面はほぼ同じですが）
> ・いやはや、すべすべですらすらで快感すぎ。**筆が滑る滑る**←日本語の間違った使い方

大段幕

もしかして：**横断幕**？

検索例1　（実質件数 352 件）
- 到着すると、球場の入口には大きな**大段幕**が掲げられていました。
- フランスのパリでは、市庁舎に抗議の**大段幕**
- いよいよ列車が出発となると「また来てね」の**大段幕**を掲げて駅職員の皆さんが見送ってくれました。

　抗議や歓迎のメッセージを伝える一つの手段としてイベント等で掲げられる「横断幕」のことを、「大段幕」と書いているのを見ることがあります。
　「"横断"幕」だからと言って、必ずしも道路を横断してなくちゃいけない訳ではもちろんなく、標語・メッセージ等が書かれた横長の幕のことを総称して横断幕と呼びます。
　「段幕」は、紅白や五色の布を横に何段も縫い合わせた幕で、舞台用語を説明しているサイトなどで「振落としや張り幕に用いられる」「（日本舞踊の）道成寺などに使用されている」「歌舞伎舞台で用いられる幕の一種」等の記述がありました。

#

「○○を埋めてできる四字熟語は？」

　テレビのクイズ番組みたいですが、ネット上には様々なバリエーションがあるようです。

検索例　（実質件数 595 件）
- 悪事を働けば必ず自分に跳ね返ってくる、これが**因果応酬**というものだろう。
- まぁ**因果報酬**と言うか、悪い奴にはろくな結果が待っていない。
- **因果応用**。相手にしたことはいつか自分に帰ってきます。
- あっ・・・・**因果合法**・・・・・？？　自分のしたことが必ず自分に返ってくる・・・・
- **因果方法**とよく言ったもので、人を裁けば、自分も裁かれます。

　探せばもっとありそうですが、答えは「因果応報」。上記検索例の言葉もほとんどがこの意味で書かれているようです。

【因果応報】仏語。前世あるいは過去の善悪の行為が因となり、その報いとして現在に善悪の結果がもたらされること。

二の足が踏めない

もしかして：**二の足を踏む？**

検索例（実質件数 98 件）
- 「生き物を飼う」という責任を考えると**二の足が踏めない**。
- 憧れを抱きながらも、なかなか**二の足を踏めない**人が多い

「二の足を踏む」で「次の一歩を前に踏み出せずに躊躇している（足踏みしている）状態」を表しますが、それが何故か「二の足が踏めない」或いは「二の足を踏めない」になっているのを見かけます。「二の足」自体を「足を前に出す」と解釈している為だと思うのですが、或いは「二の句が継げない」あたりのイメージと混同していたりするのかもしれませんね。

【二の足を踏む】一歩目は進みながら、二歩目はためらって足踏みする。思い切れずに迷う。ためらう。しりごみする。「正札を見て―・む」

二度足を踏む

もしかして：**二度手間になる？**

検索例（実質件数 63 件）
- ちなみに役所は午前中休んでいて、**二度足を踏む**ハメに
- 不在時に訪問して**二度足を踏む**のを避けることができます
- あやうく初代女王ニースの**二度足を踏む**所であった

2回足を踏むという意味ではなく、「二度手間になる」或いは「二の舞を演ずる」「轍を踏む」などの意味合いで使われるうろ覚え表現。似たような言葉である「二の足を踏む」の意味で使われている例が、ほとんど見当たらないのはむしろ不思議です。

検索結果では「（本当は一度で済むはずだったのに）同じ所に二度行くはめになった」というニュアンスで多く使われているようです。今のところ国語辞典には「二度足」という表現は載っていないようですが、「二度足になる」というような表現は最近よく耳にするし、もしかしたらこれから徐々に使われるようになっていくのかもしれません。

二足のわらじを踏む

もしかして：**二足のわらじを履く？**

検索例（実質件数90件）
- ウェブデザインにプログラミングにと**二足のわらじを踏む**ことも可能かと思われます
- トレジャーハンターと傭兵の**二足のわらじを踏んでいる**。
- 看護婦と落語家の**2足のわらじを踏む**のが夢だ
- 車掌と歌手の**2足のわらじを踏んでた**
- **2足の草鞋を踏む**自分ですが、どちらか一方でも成功させれば大成功だと思っています。

「踏む」というのが、「かかと（踵）を踏む」＝「靴を履くこと」かとも思ったのですが、草鞋にはかかとはないから踏めないですよね。なんとも不思議な間違いです。

【二足の草鞋（わらじ）を履く】：両立しえないような二つの職業を同一人が兼ねること。

○○好きを"じにん"

【問題】次の3つの"じにん"のうち正しい漢字が使われているのはどれ？

1. 漫画好きを**辞任**するならば、ぜひ読んでおきたい一冊です。
2. バーガー好きを**自認**するなら、絶対に食べておきたいマスト・バーガー
3. 映画好きを**自任**しているなら一度は観てみて欲しい。

さすがに1は違うだろうというのはほとんどの人が分かると思います。好きなのに辞めちゃうの？って感じで。
　検索結果は圧倒的に「自認」が多いのですが、正解は「自任」の方です。
　明鏡国語辞典（初版）に以下のように書かれています。

【自任】自分の能力や資質がその任務・地位などにふさわしいと思い込むこと。「天才を自任する」「食通をもって自任する」
【自認】自分自身で認めること。「失敗［失策・過失］を自認する」　しばしば「自任」と混同されるが、「自認」は自身の犯した失策などについていう。

ネットで見かけた信じられない日本語

踏切が上がる

もしかして：**遮断機が上がる？**

検索例（実質件数 295 件）
- 回り道も面倒だったのでそのまま**踏切が上がる**のを待ちました。
- 列車が通過すると、**踏切が上がって**車が線路を横切ります。
- カンカンカンカン、警報が鳴って**踏切が下りる**。
- 沈黙を破るきっかけを得ないまま、**踏切が上がり**歩き出す。

「踏切が上がる」で検索するとたくさん検索結果が出るのですが、上がるのは踏切じゃなくて遮断機ですね。踏切が上がっちゃったら誰も渡れないと思うのですが……。

【踏切】鉄道線路と道路が同じ平面上で交差する所。
【遮断機】踏切で、列車の通過時に人や車などの交通を遮断する設備。

50円切っ手

もしかして：50円切手？

検索例（実質件数281件）
- **50円切っ手**を貼ってポストまで行って・・・という煩わしさが一気に解消。
- 手紙書いたけど**80円切っ手**がまたないから送るの遅くなるー；
- 賞味期限切れで**100円切っ手**と交換しますって考えられないね。
- **切っ手**や商品券でのお支払いはできません
- 私の自慢は貨幣と**切っ手**のコレクションです。

小さい「つ」はどこから来たの？
「きって」とタイピングすれば「切手」か「切って」は変換候補に出ますが、「切っ手」になっちゃうのが不思議です。
もしかしたら「切手」と表示されたときになんだか物足りない気がして、あとから小さい「つ」をわざわざ付け加えたのでしょうか。

ざろうを得ない

もしかして：ざるを得ない？

検索例（実質件数301件）
- 全力で応援せ**ざろうを得ない**
- 「禁煙」にせ**ざろう得ない**趨勢になっています。

「〜せざるを得ない」という言い回しが何故か「〜ざろうを得ない」「〜ざろう得ない」になっているのを見ることがあります。どちらも聞き間違いからそのまま覚えてしまったのでしょうか。

【ざるを得ない】［連語］（動詞・助動詞の未然形に付いて）…しないわけにはいかない。やむをえず…する。「悪天候が続けば登頂は断念せー。ない」

他に少数ですが「ざろう追えない」「ざろう負えない」「ざろう終えない」などのバリエーションが見られます。

ネットで見かけた信じられない日本語

本能です

もしかして：**本望です**

> 検索例
> ・舞台で死ねたら**本能です**
> ・自分の好きなものを描いてそれを好きだと言ってもらるような作品が描けたら**本能です**
> ・笑って死ねたら**本能です**
> ・この曲を聴いて泣いたり、誰かを恋しく思って貰えれば**本能です**。

これ多分全部"本望"です。

【本望（ほんもう）】 （1）本来の望み。もとから抱いている志。本懐。「―を遂げる」 （2）望みを達成して満足であること。「留学できるなら―だ」
【本能（ほんのう）】 動物個体が、学習・条件反射や経験によらず、生得的にもつ行動様式。

某 Q&A サイトで本能と本望はどう違うのかという質問があり、それに対して「無意識か意識するかの違い」「寺かそうでないか」という回答があって、なるほどと感心しました。

関節キス

もしかして:**間接キス?**

> **検索例**（実質件数 414 件）
> ・**関節キス**でも浮気になる？
> ・男は**関節キス**したがっているので「一口頂戴」って言う
> ・俺が飲んでたお茶を**関節キッス**して飲まれた時は少し驚いたね
> ・**関節キス**って・・・肘とか膝とか、そういうのかぁ
> ・わ、ほんとだ、**関節キス**って書いちゃった恥ずかしい（笑）関節キスって…
> ・電車内で膝が触れ合うのは**関節キッス**だね
> ・ちなみに、関節同士を引っ付かせても**関節キッス**とは言いません。

　大勢の人が関節にキスをしたがっているみたいです。
　そしてもちろん関節キスは多くの人に小ネタとしても使われています。
　もし本気で間違えている人がいたら、間接的にでもいいので教えてあげましょう。

パッと目にはわからない

もしかして：**パッと見にはわからない？**

検索例（実質件数 402 件）
- 色は、濃い紺で**パッと目には**黒にしか見えません。
- **パッと目には**廃屋に見えて素通りしちゃうかも。
- **ぱっと目には**きれいに見えますが、よく見ればほこり、ゴミがあります

「ぱっと見」と「ぱっと目」はどちらが正しいのでしょうか。
　よくわからなかったので辞書で調べてみたら、載っていたのは「ぱっと見」の方。ほんの一瞬ちらっと見るから「ぱっと見」。言われてみればその通りなのですが、Web 上には「ぱっと目（パッと目）」がたくさんありました。

【ぱっと見】ちらっと見ること。ほんの一瞬見ること。「—にはいい出来だが、よく見るとあらが目立つ」

TOP に応じて

もしかして：**TPO に応じて**

仕事の進め方を上司の考え方に合わせて変えていく。みたいな話ではないようです。

検索例（実質件数 44 件）
- **TOPに応じて**使い分けられるスカーフのような帽子です。
- **TOPに応じた**メイクを致します
- 旅のプランを確認し、**TOPに応じた**服装を用意する必要があります。

「TPO」はご存じのように、時（time）と場所（place）と場合（occasion）の3つを意味し国語辞典にも載っている一つの言葉なので、順番が変わるともう意味を成さなくなります。
　ケアレスミスがほとんどだとは思いますが、TPO によっては怒られたり笑われたりして恥をかくことにもなりかねないので、十分気をつけたいところです。

テレビ東京「ゴッドタン」2011/8/17（東京の放送日）

影で支える

もしかして：陰で支える？

検索例（実質件数 444 件）
- オリンピック日本代表選手を**影で支える**職人さんたち
- ピアニストを**影から支える**調律師

　変換ミスや勘違いなどで誰でも一度はやったことがあるはずの定番の誤字。「表面にあらわれない部分。目の届かない所。」というような意味を表す文章において「陰」ではなく「影」が使われている例が多く見られ、その誤りの指摘をしているサイトもたくさんあります。

【影】物が光を遮って、光源と反対側にできる、そのものの黒い像。影法師。投影。「夕日に二人の―が長く伸びた」
【陰】その人のいない所。目の届かない所。「―で悪口を言う」「―で支える」物事の表面にあらわれない部分。裏面。背後。「事件の―に女あり」「―の取引をする」

○○もひったくりもない

もしかして：○○もへったくれもない？

検索例（実質件数 35 件）
- ロマン**もひったくりもない**ですが、誰でも全国を旅できます。
- 企業レベルで見ると企業倫理**もひったくりもない**、もはや詐欺である。
- エビデンスも理屈**もひったくりもない**驚くほど遅れた世界

　リアルな間違いなのかネタなのかよく分からない「へったくれ」のうろ覚え表記。
　「熱海は強盗もひったくりもないのどかな町」というような"正しい"使い方ももちろんありました。

【へったくれ】そのものをとるに足りないものとして軽んじる気持ちを表す語。「もう友情も―もない」
【ひったくり】路上などで不意を襲って人の持ち物を奪い取り逃げること。また、その者。

断るごとに

もしかして：事あるごとに？

検索例
- サッカー日本代表では**断るごとに**監督が責められますがむしろ責められるべきは選手
- 中国最先端の武器に驚きを隠せない西側メディアは**断るごとに**あれこれ騒いでいる。
- このことがあってから私は**断るごとに**この絵の前を通過しました。
- ここ最近久しぶりに会った人に**ことわるごとに**太ったねと言われるし
- 彼らはこの曲以降、**ことわるごとに**レゲエ・ナンバーに取り組むが

　「何かを断るたびに」という意味としてではなく、「事ある毎に（ことあるごとに）」のつもりで使っているらしき例が見られます。
　実際の検索結果を見ると分かりますが、多くは「レジ袋を断るごとにポイントがもらえる」「断るごとに値段が安くなる」などのような正しい（と言うか当たり前の）使い方をしているものであり、中に紛れ込むようにして検索例のような表記が出てきます。

逸話ざる

もしかして：**偽らざる**？

検索例（実質件数 89 件）
- 真っ平ご免被りたいというのが**逸話ざる**心境だ。
- 今一のめり込めなかったというのが当時の**逸話ざる**感想でした。
- 一瞬で週末になってしまったというのが**逸話ざる**実感。
- 正直理解できなかった、というのが**逸話ざる**実情であります。

　「偽らざる」を耳で「いつわざる」と聞きおぼえ、あとからそのまま書こうとしてこうなったと思われます。単に「ら」を抜かしてタイピングし、それに気づかず変換したケースも多くあると思いますが、「逸話ざる」と表示されてそのことに全く気付かず確定してしまうというのも不思議です。もしかしたら「逸話ざる」を「逸話にもならない」→「全くお話にならない」というような意味付けで、使っている人もいたりするのでしょうか。いずれにしてもこんな間違いがどうしてこんなに多いのだろうというのが、私の偽らざる心境です。

○○のあとを次いで

もしかして：○○のあとを**継いで**？

検索例（実質件数 386 件）
- 今は親**のあとを次いで**十八代を襲名している
- 総督は彼**のあとを次いで**建設を続けた
- 初代長官の後**を次いで**、今年7月に就任した現長官

　よくある日本語クイズみたいですが、時々目にするのでピックアップ。「誰それの後任で」という意味で使われる漢字は「継」ですね。「次いで」は「何々の次（and then）」の意味ですが、「後任となる、継承する（succeeded）」までの意味は持っていません。

【継ぐ】前の者のあとを受けて、その仕事・精神・地位などを引き続いて行う。続けてする。相続する。継承する。「家業を―・ぐ」「王位を―・ぐ」「父の志を―・ぐ」
【次いで】引き続いて。あるものの次に。「開会式が行われ、―競技に入った」

寄りを戻す

もしかして：**縒りを戻す？**

検索例（実質件数 493 件）
- なんとかあの人と**寄りを戻し**たくて神頼み
- 大好きな元カレと**寄りを戻す**方法
- 彼女と**寄りを戻す**にはどうすれば効果的ですか？

　上記検索例のようにして使われる「より」は「寄り」ではなく「**縒**り」と書きます。
　片側に寄った状態を元に戻すというようなイメージで、タイピング時に違和感なく「寄りを戻す」で確定してしまうことはありそうです。実際に書くときは「縒」という字があまり一般的ではないので、検索結果を見ても平仮名で書く人の方が多いようです。

【縒りを戻す】（1）縒り合わせたものをほどいてもとに戻す。（2）物事をもとの状態にする。特に、男女の仲を元通りにする。「前夫と―・す」

お値段もお手軽です！

もしかして：**お値段もお手頃です！？**

検索例（実質件数 247 件）
- **値段もお手軽**なので購入しました。

　「お手軽」と「お手頃」は実際意味も似ていますが、"買いやすさ"を表す時に使うのは「お手頃」の方になります。この「値段も手軽」という表現は、検索すると非常に数が多いのですが、そのことから考えると、単に間違いというより「手軽」という言葉そのものに「簡単に買える」という意味まで含んで使われるようになってきているのかもしれません。

【手軽】手数がかからず、簡単なさま。「―な食事」「―に扱えるカメラ」
【手頃】（1）大きさ・重さなどが、手に持つのにちょうどよいさま。取り扱いに便利なさま。「―な厚さの辞書」（2）能力・経済力や望む条件などにふさわしいさま。「―な仕事」「―な値段」

滅亡をかけた戦い

もしかして：**存亡をかけた戦い？**

検索例（実質件数 71 件）
- 今後の戦争は民族の**滅亡をかけた**戦争になる
- やがて世界の**滅亡をかけた**天使と悪魔の戦いに巻き込まれていく
- 人類の**滅亡をかけた**戦いに勝利せよ！

「人類の滅亡をかけた戦い」って、勝っても負けても死んじゃうじゃん。それを言うなら「人類の存亡をかけた戦い」ですね。という訳で、このパターンの間違い多いです。

【存亡（そんぼう）】存在と滅亡。存続するか消滅するかということ。そんもう。「会社の―をかけた企画」「危急―の秋（とき）」

某テレビ局のニュースで「これから自民党の滅亡をかけた総裁選が始まります」と言ってしまい、後から訂正したこともあったそうです。

誘発されて

もしかして：**触発されて？**

検索例
- 私は、○○さんの絵に**誘発されて**絵手紙を描くようになった。
- サッカークラブで頑張る子どもたちに**誘発されて**2つのレディースチームに入っている
- 年甲斐にもなく、彼に**誘発されて**頑張ってみたくなりました
- 同世代のいろいろなシンガーに**誘発されて**ソロ活動を開始。

例えば、誰かの頑張る姿を見て刺激を受け、自分も頑張らなくちゃという気持ちになることを「○○に触発される」というような言い方をしますが、この「触発」を「誘発」と書いている例を見ることがあります。

「誘発」は、ある事柄が原因になって他の事柄を引き起こすことですが、人の気持ちを刺激し、行動の意欲を起こさせるという場合には「触発」を用います。

明暗がかかって

もしかして：**命運がかかって？**

検索例（実質件数 48 件）
- このプロジェクトは、会社の**明暗がかかっている**。
- 来期も彼の活躍にチームの**明暗がかかっている**。
- 政権選択の総選挙は太陽の満ち欠け以上に日本の将来の**明暗がかかっている**。

かかるのは「明暗」じゃなくて「命運」ですね。幸運と不運とを分けるという意味で「明暗を分ける」となります。

【明暗】明るいことと暗いこと。転じて、物事の明るい面と暗い面。成功と失敗、幸と不幸など。「人生の―」「―を分ける」
【命運】身の定め。めぐりあわせ。運命。「―を賭（と）す」「―が尽きる」

残念しました

もしかして：**断念しました？**

検索例（実質件数 189 件）
- 美術館をスケッチしようと思っていましたが、出発時間となり**残念しました**。
- 漁業権が無いと釣りをしてはダメだと言われてあえ無く**残念しました**。
- 子犬は可愛く本当に悩んだけど今回は購入を**残念しました**。
- ○○氏も△△県知事選への立候補を**残念しました**。

上記すべて、「断念しました」のつもりと思われます。ほとんどはケアレスミスだと思いますが、検索例をたくさん見ているうちに、段々「残念しました」が「残念ながら断念しました」の省略形のように見えてきて、ちょっと不思議な気持ちになります。もし無意識のうちにそういう意味合いを込めてこの表現が使われているのだとしたら、これは単なる間違いとはちょっと異なる"新表現"と言えるのかもしれません。そんな訳ないだろ！と思いつつ、件数の多さに驚かされます。

カレー持ってる。

キーマンカレー

もしかして：**キーマカレー？**

検索例（実質件数216件）
- **キーマンカレー**ってやつがものすごくおいしかったのだ
- いま、**キーマンカレー**作りがマイブームですw
- 15分で**キーマンカレー**ができちゃうなんてすごくうれしいな〜

　私自身、この言葉を覚えたのは比較的最近のような気がします。「キーマ」が「挽き肉」を意味する言葉だなんて、キーマカレーの作り方を紹介していたテレビ番組を偶然見るまで全く知りませんでした。そんな訳で、と言っていいかどうかは分かりませんが、「キーマカレー」という名称自体日本語としてはまだ完全に定着してはいなくて、それゆえこの程度の覚え違いはまだよくあることなのではないかとも思うのですが、どうでしょう。

【**キーマカレー**keema curry】《キーマはヒンディー語などでひき肉の意》みじん切りにした野菜とひき肉をいためて作る、汁気の少ないカレー。

ネットで見かけた信じられない日本語

一貫性のブーム

もしかして：**一過性のブーム？**

> 検索例 （実質件数 101 件）「一貫性のブーム」+「一貫性のもの」
> ・続きが出たら買うんですが、**一貫性のブーム**で終わっちゃいそうな感じもするなぁ。
> ・薬をやめてからは正常になっているので多分**一貫性の**ものだと思います。

タイトルですぐに分かるかと思いますが「一過性のブーム」のうろ覚え表記です。

「一貫性のもの」の検索結果の中には「一貫性のあるもの」の「ある」を省略したと思われる表現も多く含まれており、これはこれでちょっと違和感があるのですがどうなんでしょう。

> 【一過性】ある現象が一時的であること。「―の流行」
> 【一貫性】最初から最後まで矛盾がない状態であること。同じ態度を持続すること。「―に欠ける」

ずるがしい

もしかして：**ずるがしこい？**

> 検索例 （実質件数 67 件）
> ・**ずるがしい**ことにかけては天下一品
> ・素直な子と**ずるがしい**子...もう性格出てるよね。
> ・目先のことしか考えない小**ずるがしい**人
> ・結構**ずるがしい**ところがあるので要注意です。

ある掲示板にて、明らかに「ずるがしこい」の意味で「ずるがしい」と書いてあるのを見つけ、面白い表現だと思ったので検索してみました。

「ずるがしこい」は漢字で書くと「狡賢い」。ずるい+賢いであり、「ずるがしい」という表記にはなり得ません。それにしても「小ずるがしい」って新しい。

実際これらの多くは単純なタイプミスと思われますが、「図々しい」「汚らわしい」「ふてぶてしい」などのように「○○しい」という表現の一つとして、こういう言葉だと思って使っている人ももしかしたらいるのかもしれません。

ご冥福をお祈りし……合唱。

もしかして：……合掌？

検索例
- お友達とお母様の訃報に心からご冥福をお祈りし、**合唱**させていただきます。
- 既にご存知かと思いますが、歌手の○○さんが昨日逝去されました。**合唱**。
- 素敵な義父様だったのですね。心よりご冥福をお祈りいたします、**合唱**。
- お悔やみの文章で「合掌」を「**合唱**」なんて恥ずかしい過ぎます。

　亡き人を思い、歌うのですか？意外に多いこの変換ミス。自分のブログや掲示板等でやる分にはまだいいですが、場所によっては問題になるかもしれません。私も気を付けないと。「掌」は手のひら。手のひらを合わせて拝むから合掌です。

【合掌】仏教徒が、顔や胸の前で両の手のひらと指を合わせて、仏・菩薩（ぼさつ）などを拝むこと。

ネットで見かけた信じられない日本語

円満する

もしかして：**蔓延する？**

> **検索例**（実質件数131件）「○○が円満し」の検索件数
> ・サクラが**円満する**出会い系サイトはいずれ崩壊するであろう。
> ・間違った日本食文化が**円満する**ことに対して大いに不快感を覚える
> ・おかしいと思われる言葉遣いが**円満しちょる**。
> ・最近、はしかが**円満してる**ね

　今日はみんなで家族円満する？みたいな感じで、いかにも今どきの言葉のような使い方もされてそうですが、Web上ではこれとはまた異なる明らかに間違った使い方が見られました。言うまでもなく「円満」じゃなくて「蔓延（まんえん）」の誤りですね。単純にひっくり返して覚えちゃったみたいですが、ケアレスミスであったとしても、変換された漢字を見てなんとも思わないことが不思議です。

> [注]「円満」には仏教用語で「悟り・智慧・往生・願いなどが完全に実現すること。成就すること。」の意味があり、この場合「円満する」という使い方もされます。

一過性がない

もしかして：**一貫性がない？**

> **検索例**（実質件数143件）
> ・ハードなのもソフトなのも好きで**一過性**がない。趣味がコロコロ変わる。
> ・冒頭から中盤や結末まで**一過性**のないストーリーに頭クラクラ
> ・いい意味でいえば**一過性**があるんだけど、悪く言うと単調でワンパターン。

　終始一つの方針・考えによっていることを「一貫性」と言いますが、これが「一過性」になっているのを見ることがあります。
　「一過性」は現象が一時的で、すぐ消えることの意味なので、上記検索例ではなんだか分からない文章になってしまいます。それに、「一過性のブーム」「一過性の痛み」などのように「一過性の○○」という言い方はしても、一過性があるとかないとかいう言い方はあまり聞いたことがありません。もしかしたらなんらかの業界内用語的な使われ方としてはあるのかもしれませんが、それでもやはり一般的ではないと思います。

毎日すかさず

もしかして:**毎日かかさず？**

検索例（実質件数 130 件）
- 学生〜社会人の頃**毎日すかさず**飲んでいました
- 何気に**毎日すかさず**日記を書いてる自分

　解釈によっては「すかさず」でも意味は通りますが、「すかさず」はまず相手があってその動き、出方に応じて機敏に対応するという動的なイメージ。そして「かかさず（欠かさず）」はあくまで自分の意志でどうするかを考えて決めるという、どちらかと言うと静的なニュアンスなんじゃないでしょうか。

【すかさず（透かさず）】機会を逃さず。間をおかず。すぐに。「相手がひるめば、—突っこむ」
【かかす（欠かす）】（多く打ち消しの語を伴う）続けてすべきことをある時だけ怠る。休む。「朝の散歩を—・したことがない」「毎日—・さず練習する」

耳覚え

もしかして:**聞き覚え？**

検索例（実質件数 437 件）
- 原曲を知らずとも**耳覚え**がある人が多いことと思う。
- 誰もが**耳覚え**があるイントロ
- 耳に入ってきたフレーズが、どっかで**耳覚え**のあるものだった

　「聞いたことがある」という意味で「耳覚えがある」という表現を使っているのを目にすることがあります。明らかに「聞き覚え」の間違いだと思うのですが、検索してみてその数の多さにちょっと驚きました。単純なタイプミスでもないし、もしかして「耳で聞いた覚えがある」の短縮形として自然に使っている人も多いのでしょうか。
　「身に覚え」のある人は、やっぱりこれは使わない方が良いと思うのですがどうでしょう。

【聞き覚え】以前に聞いた記憶があること。「—のある声」

ネットで見かけた信じられない日本語

オードソックス

もしかして：**オーソドックス？**

検索例（実質件数 309 件）
・ちなみに、私はオーソドックスを**オードソックス**と間違っていたことがある。たぶん「黄土色の靴下」というイメージに支配されていたんだな。
・それってオーソドックスじゃない？ とみんなで掛け合ったところ、その友人は20年以上、**オードソックス**だと思い込んでいたそうな。。。
・オーソドックスを**オードソックス**だと思っていた私も、大人になって通訳やってます
・オットが言い間違えるのです。何回いっても「**オードソックス**」

　とてもオーソドックスな覚え違いのようで、誤りを指摘しているサイトもたくさんあったので、誤りを指摘している、もしくはかつてはこうだと思っていたという方の検索例をピックアップしてみました。ジョークとしてではなく、けっこう大きくなるまでこの間違いに気付かず使い続けている人、多いみたいです。

まちまち

もしかして：**ちまちま？**

検索例（実質件数 56 件）「をまちまちと」で検索
・イラストとかSSとかを**まちまち**と更新中。
・差し上げるための落書き帳を**まちまち**と描いてるのです
・とりあえず勉強を**まちまち**と始めて行きましょうかね

　「まちまち」を「ちまちま」の意味で使っているっぽい文章を見かけます。
　「ちまちま」と「まちまち」は全く意味が違います。
　こういうことをちまちまと指摘するのもどうかとも思うのですが、まちまちの意見もあるということで、どうかご了承下さい。

【ちまちま】小さいさま。小さくまとまっているさま。「―（と）した顔だち」
【まちまち（区区）】それぞれに違いがあること。一様でないこと。また、そのさま。「―の意見」「―の服装」「同級生といっても年齢は―だ」

第5章　ざろうを得ない

見て見る振りをする

もしかして：**見て見ぬふりをする？**

検索例（実質件数 87 件）
・知ってしまったからには**見て見るふり**はできない。
・屁理屈言って大切なことを**見て見るふり**している。
・圧力を恐れて、いじめがあっても**見て見る振り**するやつが多すぎる

　「見て見ぬ振りをする」の勘違い表記。もしくはただのタイプミス。おもわず「そのまんまやないかーい」と突っ込みを入れたくなりますが、意外にこれが多いんです。
　「見る振り」をしているのだから、実際は見ていないということになり、どう考えてもおかしいです。ケアレスミスを一々指摘するのもどうかと思ったのですが、どうしても見て見ぬ振りをすることができずピックアップしてしまいました。

【見て見ぬ振りをする】実際には見ていたのだが、見ていなかったように振る舞うこと。また、とがめないで見逃してやること。「困っている人がいるのに、―ことはできない」

かくぜつが悪い

もしかして：**かつぜつが悪い？**

検索例1 （実質件数 56 件）「かくぜつが」で検索
・今回は本人の**かくぜつが悪く**周囲へ誤解を招いたもようです

「滑舌／活舌」は元々舞台用語で、テレビのバラエティー番組などで出演者が使い始めて少しずつ浸透してきましたが一般的にはまだ新しい言葉なので、こう聞き覚えてしまうというのはありがちなことではないかと思います。
　更にこれを漢字で書こうとして「隔絶が悪い」になったりするようです。

検索例2 （実質件数 24 件）
・ボソボソというより、なんか**隔絶が悪い**だけかもしれん

【滑舌（かつぜつ）】演劇やアナウンスなどで，せりふや台本をなめらかに発声すること。

テレビ誤植12

回収予定→改修予定？

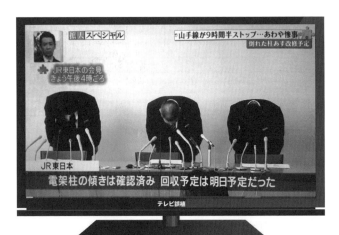

2015/4/12　フジテレビ「Mr.サンデー（番組内で「お詫びと訂正」がありました）

第 5 章　ざろうを得ない

手持ちぶたさ

もしかして：**手持ちぶさた？**

> **検索例**（実質件数 354 件）
> ・お散歩途中で何も持っていなかったけど、全然**手持ちぶたさ**ではなかった。
> ・新聞休刊日は**手持ちぶたさ**で朝のリズムが違ってしまいます。
> ・腕組みには**手持ちぶたさ**を解消したいという心理が現れています

　ぶたさって……。言うまでもなくこれは「手持ちぶさた（無沙汰）」のうろ覚え表記ですが、非常に数が多く、また何の疑問や違和感も持たず使っている人がとても多いので、もしかしたら何十年後かの国語辞典に「手持ちぶたさ：手持無沙汰（てもちぶさた）からの変化」などのようにして載ることも、あり得ない話ではないような気がします。

> 【**手持ち無沙汰（てもちぶさた）**】何もすることがなくて、間がもたないこと。所在ないこと。また、そのさま。「応接室で待たされて、一で困った」

ネットで見かけた信じられない日本語

出所進退 ⇒ 出処進退？

検索例「政治家としての大失態に自らの**出所進退**を潔く自分で決めることもできない○○議員」

初めてこの言葉を耳にした時、私自身迷うことなく「出所進退」と書くのだと思いました。

実現にこじつける ⇒ 実現にこぎつける？

検索例「関係者の大変なご協力で、やっと**実現にこじつける**ことができました。」

「こじつける」ではなく「こぎつける（漕ぎ着ける）」。たった一文字違っただけであまり嬉しくなさそうに……。

実感が沸かない ⇒ 実感が湧かない？

検索例「カード無しだとなんとなく口座がある**実感が沸かない**」

正しくは「沸かない」じゃなくて「湧かない」。ただしこの字は常用外なのでひらがな表記が一般的です。「沸く」はお湯が沸くなどと使い、「湧く」は水が湧いてくる、「湧き水」などとして使います。

スタッフが終結 ⇒ スタッフが集結？

検索例「日中最高の**スタッフが終結**し作り上げられた感動大作！」

言うまでもなく正しくは「終結」じゃなくて「集結」です。集まる前に終わってどうするんでしょうか……。

乗るか反るか ⇒ 伸るか反るか？

検索例「**乗るか反るか**の一世一代の仕事であった」

正しくは「伸るか反るか」。国語辞典によっては「俗に『乗るか反るか』とも書く」との表記があるものもあるようですが、マスコミ・出版関係においては「のるかそるか」「のるか反るか」或いは「伸るか反るか」のいずれかの表記とされているようです。あと、検索結果の中に「時代に乗るか反るか」という表現があり、これは新しい使い方だなと思いました。

第5章　ざろうを得ない

コラム6 好きなうろ覚えベスト10

正直どれもみんな好きなので10個だけ選ぶのは難しいのですが、単なる変換ミスとは明らかに異なる思い込みや勘違いによる面白表記。どうしてこうなっちゃったの？というようなインパクトの強いものをピックアップしてみました。

1位　ヘキヘキする
言葉遊びではなく、本当にこういう言葉だと思って使っている人の多さに驚きました。

2位　レンシレンジ
大人になるまで"レンシ"の正体に気付かずにいられた不思議。

3位　差ちゅう心
何のことか分かったときに唖然とした複雑怪奇なうろ覚え。

4位　吸聴
吹くのか吸うのか迷った挙句の適当すぎるうろ覚え。

5位　鬼畜に入る
失礼にもほどがあります。弔辞で読んだら絶縁もの。

6位　160度違う
何故あと20度足せなかったのか。

7位　観光鳥
もしかしたら実に深い表現なのかも。観光地の苦労が伝わってくるよう。

8位　当然すみません
突然こんなこと言われたら驚きます。

9位　感情輸入
どこの国からどんな感情を輸入するのか気になります。

10位　座巻する
これだけ見たらなんのことか分からないクイズみたいなうろ覚え。

勘一発！　前代未踏の油断大的うる覚え！

特質に値する

もしかして：**特筆に値する？**

検索例1 （実質件数 82 件）
・氏の功績は**特質に値する**
・情報量の豊富さは**特質に値する**。
・バランスの素晴らしさも**特質に値します**。

特筆に値するほどの誤字ではありませんが、たまたま見かけたのでピックアップ。

【特質】そのものだけがもつ特殊な性質。独特の性質。「日本文化の―を研究する」
【特筆】特にとりたてて書くこと。多く、強調してほめる場合にいう。
「―すべき美点」「―に値する」

「特質」は文字通り特殊な性質のことなので、人に対して「特質に値する」という表現を使ってしまうとちょっとまずいかもしれません。

実際、検索結果の中には「特質に値する、じゃなくて『特筆に値する』だろそれじゃ変態じゃん」というような某掲示板の書き込みもありましたので、単なる変換ミスも含めて十分注意が必要です。

あと、同様に「特筆すべき」とするべきところを「突出すべき」或いは「特出すべき」などと書かれているのも多くあるようです。

検索例2 （実質件数 200 件）
・内政面ではさして**突出すべき点**はない
・**突出すべき点**はないが、欠点もない。
・スープ、麺とも**突出すべき点**はないが、普通にレベルが高いです。

検索例3 （実質件数 312 件）
・**特出すべき点**は検索結果が素早く表示されることだ。
・この映画で**特出すべき**は画面の美しさ
・就職実績において全国的にも**特出すべき**実績を残してきています。

近辺警護

もしかして：**身辺警護？**

> **検索例1** （実質件数220件）
> ・大統領の**近辺警護**を行い、ときに大統領の盾にならなくてはいけない
> ・氏が来日した時の**近辺警護**や送迎などを行った実績がある。
> ・マネージャーとして彼女の**近辺警護**にあたる

　外国からその国の主席、大統領などの要人が来日した際には必ず身辺警護のSPが付きますが、この「身辺警護」のことを「近辺警護」と書いてあるのを見ることがあります。

> 【身辺】身のまわり。身近なあたり。「―が騒がしい」「―を警護する」「―整理」
> 【近辺】ある場所の周辺の地域。付近。

　「近辺警護」だと、なんだか対象者の住居のご近所を見回りする人みたいなイメージになっちゃいますね。
　身辺警護は、警備業法で「人の身体に対する危害の発生を、その身辺において警戒し、防止する業務」と規定されており、いわゆるボディーガード等の業務をいうと解説されています。
　「SP」は「Security Police（セキュリティ・ポリス）」のことなので、もちろん民間の業者ではなく警察です。
　あと他に、単純な変換ミスと思われる「身辺敬語」なども少数ですが見られました。

> **検索例2**
> ・必要に応じてお客様の**身辺敬語**
> ・**身辺圭吾**もチャンとやらないと
> ・大統領辞任後、**新編警護**のボディーガードの人数が激減する

　民間の警備会社のホームページに「身辺敬語」の文字を見つけた時は、もしもの際にこの会社に頼んで大丈夫かなとちょっと心配になりました。気にし過ぎでしょうか。

うんさくさい

もしかして：**うさんくさい？**

検索例（実質件数 63 件）
- あの**うんさくさい**男の言葉を全てを信じているわけではない
- すっげー**うんさくさい**けど安いぜ。
- この業界は、何か**うんさくさい**空気が流れています。

　もちろん「うさんくさい（胡散臭い）」の打ち間違い（覚え違い）なのですが、一瞬「うん○くさい」に見えちゃうのでやめてほしいなぁ、この間違いは。

【胡散臭い（うさんくさい）】見た様子がなんとなく怪しくて油断できない。疑わしい。
「得体の知れぬ―・い人物」
【胡散】怪しいさま。不審なさま。胡乱（うろん）。

あるだろうので

もしかして：？

検索例1　（実質件数252件）
- 皆興味が**あるだろうので**張り切って書くぞ！
- 確実に個人差が**あるだろうので**参考までに。
- ネタばれも大いに**あるだろうので**要注意。

　あるブログでこの表記を見つけて、一瞬理解できなかったので検索してみました。大体上記検索例のような使われ方をしているのですが、文脈から「あるだろう。なので〜」の短縮バージョンのつもりなのかなと思いました。本来前後二つに分かれるところをちょっと不自然な形で繋げた文章。

　近年、「なので」を「ので」と書く短縮表現が特にインターネット上を中心にかなり一般化してきているので、その分このような表現も発生しやすかったのかもしれません。

　更に、「あるだろうので」を「あると思うので」「あるだろうから」などの代わりに使っているという見方もできそうです。このことは、「だろうので」で検索してみるとよく分かります。

検索例2
- 日本ではおそらく来年の封切りに**なるだろうので**、とりあえず原作を読んでみる事にした。
- 画面やマウス・キーボードはそれぞれ**だろうので**、ちゃんと各自確認して欲しい。
- 初級者ではちょっと難しい**だろうので**、中級向けでしょうか。
- 僕は気が咎めて引き下がってしまう**だろうので**

　上記検索例は、それぞれ「来年の封切りになると思うので」「マウス・キーボードはそれぞれだろうから」「ちょっと難しいでしょうから」「引き下がってしまうかもしれないので」などのように言い換えできると思います。

　言葉は時代ともに変わると言いますが、このような色々なニュアンスを含んだ不思議な表現はこれから先、新しい日本語として今より一般的に使われるようになっていくのでしょうか。

手に終えない

もしかして：**手に負えない？**

検索例1　(実質件数 176 件)
- 地方の治安は悪く無法地帯と化し、警察でさえ**手に終えない**状態になっていた。
- 自分たちが馬鹿だということに気付いていないから**手に終えない**．
- もう国軍には**手に終えない**一大反政府軍になってしまった。

「手に負えない」のうろ覚え表記。この場合の「負う」は、『(自分のものとして) 引き受ける』という意味で、「手に負えない」で『自分の力ではどうにもならない』という意味になります。

単純な変換ミスを除き「手に終えない」と書いた人の中には、『自分がやってもいつまでたっても終わりそうにない』という意味で使っている人もいるような気がするのですが、どうでしょう。実際書いている人に聞いてみたいです。

そして「手に終えない」と同様に「始末に終えない」という誤表記もとても多いです。

検索例2　(実質件数 233 件)
- 無視して放置が一番なのだろうが、あっちからいつまでも絡んでくるから**始末に終えない**。
- 全く関係ない他人にまで迷惑をかけだすと、**始末に終えない**よね…
- 追求と称してあちこちに中途半端にくちばしを挟んでくるから**始末に終えない**。

こちらの方ももしかしたら「やるべきことを終えられない」「ミッションをクリアできません！」というようなニュアンスを含んでいたりするのでしょうか。

【手に負えない】自分の力では扱いきれない。手に余る。「―。ないいたずらっ子」
【始末に負えない】どうしようもない。処理できない。手に負えない。「―。ないいたずらっ子」

除外視

もしかして：**度外視**？

検索例1（実質件数340件）
- 通信コストも**除外視**はできない
- 採算**除外視**の投売りを始めた

　この言葉をネット上で目にしたとき、試しに検索してみたら予想以上にたくさん出てきてちょっと驚きました。「重大視する」「問題視する」「危険視する」などは普通に見ますが、これは見たことがありませんでした。
　単に「除外＋視」で「除外して考える」の意味だと考えれば特に間違いであるとも言えないのですが、「度外視」のつもりで使われていたり、或いは「視」そのものが不要で「除外」だけで事足りるのではないかというのも見られました。

検索例2
- 儲けは**除外視**しています
- 商売**除外視**で頑張っている

　あと微妙なんですけど、おもに人の存在や気持ちを無視するというようなニュアンスで「除外視」を使っている例が数件見られ、これはちょっと面白い使い方だと感じました。

検索例3
- 彼の考え方は、決して私を**除外視**しない
- 周りの人を**除外視**することはできない

　もしかしたらこの表現に対して違和感を覚えない人も多いのかもしれませんが、私自身この言葉を使うことはどうしても躊躇してしまいます。「度外視」の間違いと思われそうだし、「除外して考える」などの表現を使えばそれで十分だからです。

【度外視】問題にしないこと。無視すること。「採算を―した商法」
【除外】その範囲には入らないものとして取りのけること。除くこと。「幼児は料金の対象から―する」「―例」

ネットで見かけた信じられない日本語

進化が問われる

> もしかして：**真価が問われる？**

検索例1　（実質件数284件）
- そんな状況だからこそ2年目の**進化が問われる**
- 女子サッカーの発展の**進化が問われる**試合です
- 役者としてのより一層の**進化が問われる**
- 活動の質と**進化が問われる**時代になった
- チームとしての**進化が問われる**

【進化が問われる】どれぐらい進歩、或いは成長したかを試されること？

　本当は「真価が問われる」で「人や物のもつ真の能力や価値が試される」という意味の言葉なのですが、まるでどこかで枝分かれをしたかのように、読みが同じで意味の異なる漢字によって"もう一つの慣用句"として一人歩きし始めているようです。

　使い方として、もう最初から「進化」しかないと思っている場合と、"オリジナル"が「真価」であると分かった上で両者を使い分けている場合とが見られます。

検索例2
- これからその真価と**進化が問われる**のだ
- 真価が、いや**進化が問われる**このレース？！
- 今年こそ真価＋**進化が問われる**1年

　一種洒落っ気のある文章表現として、日記やエッセー等で使う分には一向に構わないと思いますが、"オリジナル"を忘れて公的な書類などで使ってしまうと単に「言葉を知らない」人としか思われないので、十分注意する必要があります。

【真価】本当の値うち。物や人のもつ真の価値や能力。「―が問われる」「―を発揮する」
【進化】（3）事物が進歩して、よりすぐれたものや複雑なものになること。「日々―するコンピューターソフト」⇔退化。

口はぼったい

もしかして：**口はばったい？**

検索例1（実質件数 59 件）
- 釈迦に説法のようで、**口はぼったい**のですが
- **口はぼったい**言い方はいい加減やめて欲しい
- なによりこんな若造がえらいですねなんて言うのは、**口はぼったい**ですよ。

「口はばったい（口幅ったい）」のうろ覚え表記。私自身言い間違えたことはありませんが（そもそも日常会話で使った記憶がありません）、実はつい最近までその語感から「やぼったい」というようなニュアンスの言葉だと思い込んでおりました。

「口はばったい」と「口はぼったい」両方の検索結果をよく読んでみると、私と同様に「やぼったい」、「まどろっこしい」、そして「気が引ける」などの意味合いで使っていると思われる例が少なからず見られ、その分ちょっとほっとしました。

【口幅ったい】言うことが身の程を知らず、生意気である。「―・いことを言うようですが」

「口」関連の言い間違い、覚え違いをあと二つ。
一つ目は「口がさない」で、正しくは「口さがない」。そもそも「口さがない」なんていう、私にとっては非日常的な言葉を実際に文章の中で使っている人がとても多い事に、正直驚きました。
二つ目は「口もごる」で、正しくは「口ごもる」。さすがに数は少ないですが、タイプミスなのかこういう言い方だと思っているのかは判別不能。こっち（口もごる）の方が言いやすいっちゃ言いやすいかもしれません。

検索例2
- 巷の**口がさない**連中はそうやって面白おかしくデッチあげる。
- 誰が一番と聞かれて**口もごる**のは好きの順番がないだけ。

【口さがない】他人のうわさや批評を無責任・無遠慮にするさま。「―・い世間の人々」
【口ごもる（口籠もる）】言葉や声が口の中にこもってはっきりしない。「―・った声」

興味範囲

もしかして：**興味本位？**

> **検索例1**（実質件数 327 件）
> ・サッカー、ゲーム、ラジオ、映画etc.**興味範囲**は広いが底は浅い。
> ・結構早い時点で「私の**興味範囲**じゃない」と.気付きました。
> ・そこで、我々はユーザの**興味範囲**というものに着目しました。

　初めてこの言葉をWeb上で見かけた時にはすぐ「興味本位」の間違いだろうと思ったのですが、検索結果の文章を見ると多くの人が「興味の範囲」の意味で使っていてちょっと驚きました。

　考えてみればそれこそ"文字通り"の使い方であり、驚く方がむしろ変なのかもしれませんが、私自身これまで「興味範囲」という言い方（言い回し）を殆ど聞いた事がなかったので、かなり違和感がありました。

　単純に「興味の範囲」の省略形として使っているのかもしれませんが、なんだか「興味範囲」という四字熟語があるかのような使われ方をしていて、それが私の違和感の原因となったのかもしれません。

　そして、「興味本位」のつもりで使っていると思われる例もやはりたくさん見られました。

> **検索例2**
> ・**興味範囲**で見に来たであろう人たちを自分たちのペースに引っ張っていく技術。
> ・**興味範囲**で登録してしまったアダルトサイト。メールで、99万円の請求が来てしまいました。
> ・私みたいに銃を撃ってみたいといった**興味範囲**でとる授業ではありません。

　正しい使い方かどうかという事とは別に、現時点で「興味の範囲」を「興味範囲」と略す言い方に違和感を覚える人とそうでない人との比率がどのぐらいなのか、ちょっと気になっています。あくまで興味本位でですけど……。

　将来、新しい四字熟語として定着し辞書に載る可能性は何パーセント？

【興味本位】 おもしろいかどうかだけを判断基準にする傾向。「―に書き立てた記事」

第6章　気にってます

先見の目がある

もしかして：**先見の明がある？**

> **検索例 1**（実質件数 229 件）
> ・**先見の目**があるお店だと感じます。
> ・**先見の目**がある人だったと高い評価を頂けるはずです。
> ・今から目を付けて頂いているあなたは**先見の目**がある？

　慣用句である「先見の明」から生じた誤表現ですが、もしかしたら将来的に（正しい言葉であるかどうかは別にして）その見た目の自然さから、今よりも違和感なく使われていく言葉なのかもしれないと実は思っています。

【先見の明】事が起こる前にそれを見抜く見識。先見の識。

　「先見の目がある」と書いて「先を見る目がある」。つまり「見通しがきく」という意味で使っている人は実際いると思うんです。
　ただ、実際の使用において、言われた側が「先見の明」という言葉を知っていた場合（普通は知っている）、間違って覚えていると思われることは必至であり、ちゃんとそのリスクは考慮するべきでしょう。
　間違いではないかと指摘され、いや自分はこういう意味で使っているのだと弁明したとしても、相手にはとてもカッコ悪いその場しのぎの言い訳にしか聞こえないかもしれません。
　検索結果中のそれぞれの「先見の目」には単なる間違いの他、意図的に「先見の明」と使い分けていると見られる例もありますが、いずれにしても自分としてはまず使うことのない表現であることに違いはないのでした。

> **検索例 2**
> ・**先見の目**は無くとも、先見の明があればよいのです。
> ・この仕事を始めて、良く言われる事があります。「"**先見の目**" があるね。」"先見の明"の誤用でしょうが、"目"がしっくりきます。
> ・慣用句としては、先見の明なんだが、**先見の目**としても日本語的な意味自体は変わらん気もするな。 まあテスト的には間違いなく×にされるけどw
> ・余談ですが・・・先見の明（せんけんのめい）が正解で、「せんけんのめ」は誤用です。 私は、先を見る目があるから**先見の目**かと思っていましたがね。（笑）

ここだけしか買えない

もしかして：**ここでしか買えない**

　「えーっ、ここだけしか買えないんですかぁ？　他のところも売ってほしいんですけどぉ」
とどんなに可愛くお願いしてもそこだけしか売ってくれない「ここでしか買えない」の書き間違い。

　ネットショップなどで、限定品やその店オリジナルの商品を販売する際、購買意欲を高める煽り文句としてよく「ここでしか買えない超レア物！」なんていう表示をしますが、それを「ここだけしか買えない」と書いているのを見かけることがあります。

> **検索例**（実質件数 155 件）
> ・**ここだけしか買えない**オリジナル商品も販売中です。
> ・**ここだけしか買えない**チョコレートをお楽しみください。
> ・日本で**ここだけしか買えない**と言われるとついつい買いたくなる
> ・直売所なのでお得用商品や**ここだけしか買えない**限定商品も多数！

　別にこのままでも言わんとすることは十分伝わりそうですが、それぞれを「ここでしか買えない」に読み替えると、それだけで見た目も言葉の通りもスッキリするんじゃないでしょうか。

　一つの見方として「ここだけしか買えない」は「ここだけしか買える場所はない」の短縮形と考えることもでき、実際これらの多くはそういう意識でこの表記をしているのかもしれません。でも、より正しくその意図が伝わる「ここでしか」という表現があるのに、わざわざそう表記する理由が分かりません。

　また、「ここだけでしか買えない」から「で」が抜け落ちた表記ともとれますが、そうだとしても「だけ」と「しか」で意味が重なるので、やはり「ここでしか買えない」もしくは「ここだけで買える」というように表記するのが適切でしょう。

　少なくとも商品を買ってもらう為のそのサイト上では、より分かりやすく誤解のない簡潔な表現を心がけることは、何より大切なことなんじゃないかと思います。

担当直輸入

もしかして：**単刀直入**

　検索結果のほとんどにおいてネタとして使われていますが、そうではなさそうなのもちらほらと。

検索例1（実質件数 43 件）
- **担当直輸入**な感想としては非常に面白いかなーと
- **担当直輸入**な方ですね貴方は
- **担当直輸入**に言うと、厳しいなぁ。

検索例2（実質件数 31 件）
- 勝った瞬間にやめるという**単刀直輸入**なものだった
- **単刀直輸入**に言えばサボリです　てへ
- **単刀直輸入**すぎる分析ですみません。

検索例3（実質件数 46 件）
- 個人的な感想として**短刀直輸入**に言うと非常に残念な印象です
- **短刀直輸入**に聞きます。皆さんどうですか？
- **短刀直輸入**に現時点での開発進捗状況を申し上げますと

　子供の頃に「単刀直輸入」だと思っていた人は、「『世界をひとまわりして相手に物事を言う』という意味だと思って」いたそうです。
　同様に「短刀直輸入」だと思っていた人は、「刃物の製造はいくら頑張っても本場のドイツにはかなわないので、つべこべ言ってないでさっさと輸入しちまえという意味だ」と思っていたそうです。
　どちらも上記検索結果内に書いてありました。
　そこで残りの「担当直輸入」の意味もついでに考えてみました。

【**担当直輸入**】商社などで輸入担当者が上司の判断を待たずに自分の意思で輸入してしまうこと。

　だから何なんだよという突っ込みはなしでお願いします。

惜しくも惨敗

もしかして：❓

　もう何の番組だったかも忘れてしまいましたが、出演者の一人が、日本人選手のオリンピックでの試合結果に触れ、「惜しくも惨敗しました」と言っていたんです。
　惜しい惨敗っていったいどんな負け方なのかなあと思いました。
　惜しくも負けたのであれば最少得点差かそれに近い差で負けたのだろうし、惨敗ならばそれはさんざんに負けることを意味し、けっこうな大差がついていたはずです。
　どうにも気になったので検索してみました。

> **検索例1**（実質件数244件）
> ・実力の違いを見せつけられ**惜しくも惨敗**
> ・うちの母校が高校野球に出てたけど、２－０で**惜しくも惨敗**
> ・日本代表**惜しくも惨敗**してしまいましたね

　なんだかよく分からないです……。
　例えば実際には大量得点差で負けたゲームであっても、気持ちの上では決して負けていなかった、なんていう精神面を含めて「惜しくも」という言葉を冠した。また、実力は拮抗していたのだが、一瞬の判断ミスやエラーによって結果的に大差で負けてしまったような場合（実際の得点差はともかく）、惜しい負け方をしたのだというニュアンスで使うなんていうことはもしかしたらあるのでしょうか。
　いずれ本当に惜しい負け方をしたのなら「惜敗」という言葉があるのだから、それを使えばよいと思うのでした。

　[オマケ] "残敗" と書いている人もたくさんいました。
　この場合の残敗は、残念な負け方をしたという意味が込められているようにも見え、だとしたら誤字ではありますが一種の造語であると言えなくもありません。

> **検索例2**（実質件数224件）
> ・無党派で立候補しましたが、**残敗**しました。
> ・目標の4時間を切る事が出来ず**残敗**でしたが天気も良く紅葉も楽しめたし、良しとします。

第6章　気になってます

～方面でお願いします

もしかして：❓

「方面」という言葉は「どこそこ方向」の意味で使われ、直前には普通具体的な地名が入りますが、これとは異なる使い方を目にする機会が増えてきました。

元々、「方面」には「あの方面は彼がすごく詳しい」などのように「(ある特定の)分野」という意味もありますが、そういう使い方ともまた異なるものです。

以下に検索結果からそのような、これまでとは少し違ったタイプの使い方をピックアップしてみました。

言葉は時代とともに変わるといいますが、このような使い方はこれから当たり前になっていくのでしょうか。それともすでにもうフツーなのでしょうか。

検索例

- 議論は避ける**方面でお願いします**。
- (旅行の日程は) 3泊4日でソフトな**方面でお願いします**
- とりあえずは気にしない**方面でお願いします**
- (旅行への参加を問われて) 参加**方面でお願いします**
- 荒らしは無視の**方面でお願いします**
- 後ろの怪しい人間は目の錯覚**方面でお願いします**
- 今回この件は 解決したという**方面でお願いします**
- その案は、NG**方面でお願いします**
- それを理解してる**方面でお願いします**
- ～は読みにくいので今後止める**方面でお願いします**

検索例を見てピンときた人も多いと思いますが、どうやら「方面」に「方向」の意味を持たせて使われているようです。

【方向】 (2) 気持ちや行動の向かうところ。めざすところ。方針。「将来の―を決める」「妥協の―で話し合いがまとまる」

できればこういう言葉は使わない方向でお願いしたいです。

ネットで見かけた信じられない日本語

気にってます

もしかして：**気に入ってます**

もしかしてこの表現、わざとなんでしょうか。

検索例1（実質件数 429 件）
- めっちゃ**気にってます**！
- 大人っぽい上品なデザインで**気にってます**。
- 色もあまり自分が買わない青色だけど綺麗な青で**気にってます**♪
- 熱くならないし滑りが良いから私は**気にってる**！
- 狭いアパートなんだけど結構**気にってる**。
- 本人はうつ伏せの方が**気にってる**らしく、うつ伏せのまま寝てる時もあります。

当初単純に全て「気に入ってます」のタイプミスかと思いましたが、それにしても数が多いです。考えうる使用パターンの内訳はおそらく以下の3つ。

1 単純なタイプミス。
2 「気持ち悪い」を「キモい」と表現するのと同様の、若者言葉としての意図的な短縮表現。
3 小さい頃「一応」を「いちよう」と覚えてそのまま使っているのと同様の、耳から入ってそのまま覚えてしまったパターン。本当にこういう言い方だと思っている。

一つの文章中に「気にってます」と「気に入ってます」の両方が入っているケースが多いことから、実際にはこれらの多くは単純なタイプミスである可能性が高いのですが、web上にこのような間違いが増えるにつれて、今後2か3のパターンで使用する人がどんどん増えていくような気がしてなりません。

今現在2か3の使い方をしたことがある人がどれぐらいいるのか、私は今大変気にっています（気になっています）。

お無沙汰です

もしかして：**ご無沙汰です**

　敬語の「お」と「ご」の使い分けについては、ネット上にたくさん解説がありますが、まずは私が、これはおかしいだろうと思ったものを列挙してみます。

検索例

- 「**お無沙汰です**」（おブタさんですと言われるよりはましかも）
- 「**お愁傷様**」（ホントの葬式で言わないように）
- 「**お自由にどうぞ**」（この方が発音しやすい気はするけれど）
- 「**お自身で**」（最初タイプしたら「叔父死んで」になりました）
- 「**お都合**はいかが」（用事があります）
- 「**お来店**ください」（あまり行きたくありません）
- 「**お存知**ですか」（わざとですか？）
- 「**お利益**」（「ご利益【ごりやく】」を無理矢理読みかえてしまう事の方が不思議）
- 「**お面倒を**」（なんだかこれでも良さそうな気がしてきました）
- 「**お検討**ください」（あまりしたくない）
- 「**お挨拶**」（単に前からの言葉のつながりで検索にかかるのが殆どですが「新年のお挨拶」等、タイプミスとも考えにくいものも意外に多そうです）
- 「**お機嫌**いかが」（「おきげんいかが」と合わせて、この表現は少しずつ増えています）
- 「**おめんなさい**」（ごめんなさい　インパクト強すぎてコメントできません）
- 「**お主人さま**」（どうしてこうなるのか教えて下さい　ご主人様）

※他にもあるぞという方、是非お面倒でもお知らせ下さい。

　「お」と「ご」の使い分けについて、わかりやすい法則やルールがあるのかどうか調べてみたら、「お」はおもに平仮名が入った言葉（訓読みの和語）の前に使われ（例……お勤め、お望み等）、「ご」はおもに漢字の熟語になっている言葉（音読みの漢語）の前に使われる（例……ご存知、ご謙遜等）という事でした。

　でも、例外もたくさんあるし(お食事、お洋服、ごゆっくり等)、どちらも使える言葉もあったりします（勉強、返事等）。

目に毒

もしかして：**目の毒？**

検索例1　（実質件数 199 件）
・おいしそうですね〜おなか減ってるんで**目に毒**ですw
・こんな**目に毒**にしかならない物を見せられる今の子供がかわいそうだわ

　見ると欲しくなるものや、見ない方がよいものを「目の毒」と言いますが、近年は「目に毒」が同様の意味で使われることも多くなり、一概に誤りであるとも言えなくなってきているようです。それでも検索結果を見ると、「目に毒」の方は、目に有害な物が入るとか、視力に影響するというような場合に使われることがやはり多いです。

検索例2
・化粧品に入っている成分が、**目に毒**なんでしょうね。
・ゲームのやりすぎは**目に毒**だからゲーム禁止にした

過分にして知らない

もしかして：**寡聞にして知らない？**

検索例　（実質件数 123 件）「○○は過分にして」の件数
・私は**過分にして**そのような礼儀は聞いたことがない。
・そういう法律は**過分にしてしりません**。
・こちら方面の作家さんの名鑑と言うのは**過分にして存じ上げておりませんし**。

　どちらも"主に謙遜の意で用いる"言葉ですが、その意味と使い方は随分違います。「寡聞」の「寡」という字は「少ない」ことを意味しており、「過分」の「過」は逆に「度が過ぎる、過剰」の意味ですから漢字だけ見ると、まるで反対の意味になってしまいます。

【寡聞】見聞の狭いこと。主に謙遜の意で用いる。「—にして存じません」
【過分】分に過ぎた扱いを受けること。身に余るさま。主に謙遜の意で用いる。「—なおほめにあずかる」

粒さに

もしかして：**具に**？

検索例（実質件数 221 件）
・社員の仕事を**粒さに**観察する
・日々流れてくるニュースを**粒さに**チェックすればいろんなことがわかってくる

　Web 上で「粒さに吟味」と書かれているのを見つけ、言いたいことは分かるけど「粒さ」じゃないだろと思いつつ、私自身正しい漢字を知らなかったので調べました。

【具に/備に】 細かで詳しいさま。詳細に。「事件の経過を―語る」

　これはおそらく単なる変換ミスに加えて「一粒一粒ていねいに」「細かい所までよく見る」というイメージで確定してしまった部分もあるような気がするのですがどうでしょう。この漢字自体あまり一般的ではないので、ひらがなで書くのが一番無難なのかもしれません。

とっさ的に

もしかして：**とっさに / 発作的に**？

検索例（実質件数 143 件）
・聞かれたので**とっさ的に**「はい」と答えた。
・その瞬間、**とっさ的に**左足が上がってしまった
・夫婦げんかの末、**とっさ的に**離婚届にハンを押してしまう人もいる
・一家心中を考え孫を**とっさ的に**殺害しようとする。

　ネット上で「とっさ的に〇〇する」と書かれているのを見ることがあります。
　検索例の上の二つは単に「的」が余計で、下の二つは「発作的に」の誤りなんじゃないでしょうか。

【とっさに（咄嗟に）】 その瞬間に。たちどころに。「―ブレーキをふむ」
【発作的】 激しい症状が突然に起こるさま。転じて、突然ある行動に出るさま。「―に笑いだす」

せかっくたぷっりまたっりまたっく

もしかして：**せっかくたっぷりまったりまったく？**

検索例
・**せかっく**ここを訪れてくれる人が多いのに、なんじゃこれは
・寝る時間だけは**たぷっり**あります
・お休みは**またっり**、おうちで寝てました
・「**またっく**記憶に無い」と述べた

　このタイトルを一度でスラスラ読めた人は凄いです。「せっかく」「たっぷり」「まったり」「まったく」の「っ」の位置が違っちゃってるのをそのまま全部くっつけてタイトルにしてみました。Web 上にこれ、けっこうあるんです。
　決してわざとじゃないだろうし、こんなふうに覚えている訳もなく、ほとんどは単純なタイプミスなんでしょうけど、それにしても自分のエントリーにこれらがあっても気が付かないとは、せかっくの文章が台無しです。

口込み情報

もしかして：**口コミ情報？**

検索例 （実質件数 126 件）
・温泉に関する**口込み情報**交換の場に活用下さい。
・現地での**口込み情報**に頼るしかないでしょう。
・様々な**口込み情報**が聞けるサイトを集めてみました

　これ、自分としては正直あまり違和感がないんです。あまりにもあちこちで見慣れちゃってるせいでしょうか。もちろん自分でこう書くことはありませんが、初めからこういう日本語があるような気さえしてしまうのが不思議です。
　「口伝えによるコミュニケーション」の略だから「口コミ」。ここに漢字の「込み」が使われてたらやっぱりおかしいですよね。書き言葉としては「口コミ」或いは「クチコミ」になるでしょうか。

【口コミ】うわさ・評判などを口伝えに広めること。「―で売れる」

第 6 章　気にってます

ちんちんかんぷん

もしかして：**ちんぷんかんぷん？**

検索例（実質件数 135 件）

- 普通に**ちんちんかんぷん**です
- 授業も聞いてないから、**ちんちんかんぷん**。
- 基本的に英語の**ちんちんかんぷん**な僕は道でも電車でも迷いまくり。

　いいのかこんなので……とか思いつつ、見つけちゃったものはしょうがないのでピックアップ。冗談なのか、はたまた"素"なのかと考えながら検索結果を一つずつ見ていくと面白いです。

【**ちんぷんかんぷん（珍紛漢紛）**】「珍紛漢（ちんぷんかん）」に同じ。「―で何が言いたいのかわからない」
【**ちんぷんかん（珍紛漢）**】言葉や話がまったく通じず、何が何だか、さっぱりわけのわからないこと。また、そのさま。「難しくてまるで―な講義」

ネットで見かけた信じられない日本語

「うまらやしい」「うらまやしい」「うまやらしい」

もしかして：「うらやましい（羨ましい）」？

検索例（実質件数 538 件）
- 仲良く活動されてて**うまらやしい**サイトですね！
- 北海道は美味しい食べ物が多いから**うらまやしい**です。
- 近所に動物園があるなんて**うまやらしい**。

　ネタですよね、これ。小さな子供が言葉の一部をひっくり返して覚えてしまう例としてよく引き合いに出されるこれらの言い回しですが、どう見ても小さい子供が書いたものではない文章に出てくるとちょっと当惑します。
　検索結果をざっと見渡したところ、どうやら多くは言葉遊びのようでありその点はちょっと安心したのですが、ネタかマジかの判別の付きにくいものについては、ツッコミを入れた方が良いのかどうか読んだ人が迷うことになるので、できればそれと分かる書き方をしていただけると大変助かります。

第6章　気にってます

一級線

もしかして：**一線級？**

検索例（実質件数235件）
・彼が**一級線**で働くエリート広告マンだと知り驚く
・各分野の**一級線**講師と知り合いにもなれた。
※検索結果には鉄道用語他の専門用語としての「**一級線**」を含む文章も含まれています。

【一線級】第一線で活躍できる力をもっていること。「―の投手」
【第一線】その分野・団体などで、重要で最も活発な位置。「営業の―」「―を退く」
(by excite.辞書)

　ケアレスミスが多いとは思いますが、「第一級のライン」つまり「一流と呼べるランク内」で活躍しているという意味を当てはめて、「一級線」としている人も少なくないような気がします。

経験な信者

もしかして：**敬虔な信者？**

検索例（実質件数59件）
・私はずっと**経験な信者**だった。
・ヨーロッパの**経験な**クリスチャンの家庭
・**経験な**イスラム教徒の方たちが心を痛めていた

　「敬虔（けいけん）」という言葉とその意味を知るより前に、「けいけんなクリスチャン」などという表現を、例えばラジオから聞いてそれが耳に残ったとすれば、この漢字（経験）をイメージしてそのまま覚えてしまう可能性は十分にあると思います。検索件数のうちどれぐらいが単純な変換ミスなのかは分かりませんが、「経験を積んだ熱心な信者」というような意味合いでこの文字を当てはめた人は、もしかしたら意外に多くいるのかもしれません。

【敬虔】：うやまいつつしむ気持ちの深いさま。特に、神仏を深くうやまい仕えるさま。「―な祈り」「―の念が深い」

覚醒の感

もしかして：**隔世の感？**

検索例（実質件数 127 件）
・この業界に入ったばかりの頃と**覚醒の感**があります。
・当時と今とでは**覚醒の感**がある。
・八十年代の日本を思い返すと、今とは**覚醒の感**がある。

【隔世の感】時代がすっかり変わってしまったなという実感。世情が移り変わったという感慨。（隔世：時代がへだたること。時代が異なること。）

　検索結果の中には意識的に「覚醒の感」と書いて「目覚める時の感じ」「目覚める様子」というようなニュアンスで使っている人もいて、ユニークな使い方だなと思いました。

例
（1）目覚めていく自我を実感する**覚醒の感**がありました。
（2）眠りっぱなしで**覚醒の感**のない王子を目覚めさせて

聞こえよがり

もしかして：**聞こえよがし？**

検索例（実質件数 34 件）
・クラスでは**聞こえよがり**にわたしの話をコソコソと
・悪口を私に**聞こえよがり**にひろめていった。
・一人で外出たりしてると、**聞こえよがり**に悪口言うグループと擦れ違う時があります。

　「聞こえよがし」のうろ覚え表記。独善的であることを意味する「ひとりよがり（独り善がり）」などの言葉をまずイメージしてそこから「聞こえよがり」になってしまったのかもしれませんが、意味が通らない微妙な表現になってしまうので注意が必要です。

【聞こえよがし】悪口や皮肉をわざと当人に聞こえるように言うこと。「―の悪口」
【よがる（善がる/良がる）】（1）よいと思う。満足に思う。うれしがる。得意になる。悦に入る。（2）快感を声や表情に表す。

第 6 章　気にってます

なんのこれきし

もしかして：**なんのこれしき？**

検索例（実質件数 47 件）
- **なんのこれきし**、平気平気
- **なんのこれきし**よくあることさ
- 「なんのこれしき」と「**なんのこれきし**」とどっちだかわかんなくなる
- なんのこれしきっ。って、**なんのこれしき**、でしたっけ？ なんのこれきし、でしたっけ？

「これきし」じゃなくて「これしき」です。

【これしき（此れ式／是式）】物事の内容・程度などが問題とするに足りないほどであることをいう語。たかがこれくらい。「―のことではあきらめない」

辛いとき、苦しいとき、無意識に「なんのこれきし!!」って言ってませんか？

真の当たりにする

もしかして：**目の当たりにする？**

検索例（実質件数 86 件）
- 無惨にも死んでいく様を**真の当たりにする**と、改めて戦争は奪うばかりで、何も産み出さないんだと実感させられました。
- あまりの現実を**真の当たりにして**、今後働くことに臆病になってしまいそうです。
- 彼らの凄さを**真の当たりにし**一瞬で虜になりました。

「目の当たりにする」と書いて「まのあたりにする」と読みます。「目の当たり」は「目の前」という意味。不思議に思うのは、どうやってこれを確定したのかということです。
　私のパソコンで「まのあたりに」と打つと一発目で「目の当たりに」と変換されました。「真の当たり」で確定するには「真」だけ別に確定しないとそうならないのです。もしかして「何故か変換されない」とつぶやきながら、無理矢理単語登録をしてパソコンに覚えさせて使っていたりするのでしょうか。

できることができたので

もしかして：**することができたので？**

> **検索例**（実質件数 107 件）
> ・アルバム全曲を視聴**できることができたので**早速視聴しました。
> ・正確に打つように練習**できることができたので**、かえってよかったです。
> ・破格で入手**できることができたので**決めました。

　スポーツニュースを見ていたら、ある競技で優勝した選手がインタビューを受けていて、その中で「今日はうまく演技できることができたのでよかったです」というような受け答えをしていました。優勝直後の、気持ちも落ち着いていない中でのインタビューであり、その上まだ中学生の選手だったので、まあこういうこともあるかなぐらいの気持ちで見ていました。ちなみにこのとき下に出ていた字幕の方は「演技することができたので」と修正された表示になっていました。話し言葉でならともかく、書き言葉としてこれはほとんどないだろうと思っていたので、実際やってみたら意外にたくさん出てきて驚きました。

現地点での

もしかして：**現時点での？**

> **検索例**（実質件数 255 件）
> ・**現地点での**「集大成」となるアルバム
> ・退職金を払わないのが、**現地点での**最高の罰だと思う。
> ・**現地点で**トップとは2打差
> ・**現地点における**最新式高性能ナビを使っています

　時間の流れの上のある一瞬を表す「時点」のかわりに「地点」を使っている例をよく見かけます。多くは「現時点」を「現地点」に取り違えるというもので、これはうろ覚えというよりは勘違いの部類かもしれません。「地点」はあくまで地上の一定の場所を指す言葉なので、時間を示す言葉としては使われません。

【**現時点**】現在の時点。今（いま）現在。「―でははっきりしたことは言えない」

第6章　気にってます

そうは問屋が許さない

もしかして：**そうは問屋が卸さない？**

検索例（実質件数142件）
- このまま春になるかと思ったが、**そうは問屋が許さない。**
- これで終わりというつもりだったのだろうが、**そうは問屋が許さない。**
- 平穏に終わらせたかったのに、**そうは問屋が許さない**らしい。

　あるブログのコメント欄で見つけて、そのまま調べてみたら意外に数が多くてびっくり。
　「許さない」ではなく「卸さない」です。こう覚えている人はとても多いようで、誤りの指摘もネット上で多数されています。許可制ではないので、あくまで問屋が商売になると判断すれば卸してくれると思うんです。

【そうは問屋が卸さない】そんな安値では問屋が卸売りしない。そんなにぐあいよくいくものではないというたとえ。

世界優秀の

もしかして：**世界有数の？**

検索例（実質件数103件）
- 現役選手の中でも**世界優秀の**ファンタジスタの一人
- 百名山に載っている**日本優秀の**名山です

　「世界的に優秀な」という意味を込めて恐らく使われている「世界有数の」のうろ覚え表現。「世界」の部分には「国内」「日本」など、地域や国の名称が入ります。「世界有数の」で「世界でも数が少なく、きわだっているさま」という意味になりますから「優秀」であることには違いなく、一旦耳で聞いて覚えてしまうとなかなか修正のきかない覚え違いなのかもしれません。同じ「優秀」を使った覚え違いとしては「優秀の美」というのが超メジャー級ですね。

【有数】取り上げて数えるほどにおもだって有名であること。また、そのさま。屈指。
「日本で―な（の）植物園」「世界―の画家」

ネットで見かけた信じられない日本語

常道手段

もしかして：**常套手段？**

検索例（実質件数 276 件）
・こういう展開で笑わせることが**常道手段**
・自分語りをするのはネタに困ったときの**常道手段**
・相手に手の内を見せないことが一つの交渉の**常道手段**である

　「常道」と「常套」は言葉の響きも意味もよく似ていますが、四字熟語としてあるのは「常套手段」の方です。他に「上等手段」も多く見られますが、こちらは変換ミス以外に「もっと上手なやり方」というようなニュアンスで使っていると思われる例もあり、面白いです。

例
（1）混乱を避けるなら小さな会場で警備体制をきっちりする、と言うのが**上等手段**だと思いませんか？
（2）幼いころ僕は下等手段の反対が**常套（上等）手段**だと思っていたんだ。

【常套手段】 同じような場合にいつもきまって使う手段。常用手段。

書く言う私

もしかして：**斯く言う私？**

検索例（実質件数 200 件）
・**書く言う私**もそんな時代があったんである
・あまり気をつけていないという人が多いのですよね。**書く言う私**もその一人です。
・**書く言う私**も大好物

　書くのか言うのかよく分からない「かく（斯く）いう私」のうろ覚え表記。「かくいう私も実は左利きなんですよ」なんていうふうに使われるこの言い回し。私のパソコンでは「かくいう」と打ち込むと一発で「斯くいう」に変換されたのですが、やはり「かく」と「いう」を別々に変換して、このようなよく分からない言葉になってしまったのでしょうか。

【斯く（かく）】 話し手が身近なこととして事態をとらえていう。このように。こう。「この家のあるじは——いう私だ」

第6章　気にってます

マイメード

もしかして：**マーメイド？**

検索例（実質件数 52 件）
・女の子ならリトル・**マイメード**を見て人魚になりたいって思ったことあるよね！
・髪の毛を片方に寄せて**マイメード**風にするのがハヤリっ！！人魚になりたいこの頃っ

あるテレビ番組で、その局の男性アナウンサーが「マーメイドジャパン（シンクロ日本代表の愛称）」のことを「マイメードジャパン」と言い間違えているのを聞いたので、マーメイド（人魚）がマイメードと書かれている例がどれぐらいあるのか検索してみました。

【mermaid】（1）（女の）人魚 (2) 泳ぎのうまい女子；女子水泳選手
【maid】メイド，お手伝い

マイメードだと「私のメード（メイド）さん」になっちゃいますね。

フィオレフィッシュ

もしかして：**フィレオフィッシュ？**

> **検索例**（実質件数 140 件）
> ・牛肉の脂肪が気になるならば、**フィオレフィッシュ**のような白身の魚を食べる。
> ・**フィオレフィッシュ**って随分久しぶりに食べるなぁ〜
> ・うちのお母さんはマクドの「フィレオフィッシュ」を「**フィオレフィッシュ**」と言っていた。

　こう間違える人、多いみたいですね。いわゆるファストフード店と呼ばれる場所にもう何年も足を踏み入れたことのないこの私でも、テレビ CM などのおかげでかろうじて「フィオレ」じゃなくて「フィレオ」だろうというぐらいの知識はあります。未だにそれがどういうものかよく分かりませんけど……。
　タイプミスらしいものと、素で間違えて覚えてそうな人と、それを指摘している人とが入り混じっている検索結果が面白いです。ちなみに英称は Filet-O-Fish だそうです。

面度くさい

もしかして：**面倒くさい？**

> **検索例**（実質件数 340 件）
> ・自動でやってもらわないと**面度くさい**じゃないですか
> ・髪は切るのが**面度くさい**
> ・**面度臭い**から休んじゃった

　「めんどくさい」は「めんどうくさい（面倒臭い）」の簡略表記なので、漢字で書くときもそのまま「面倒臭い」です。

【めんどくさい（面倒臭い）】「めんどうくさい」に同じ。「―・い作業」

　他に「温和で面度見が良い人」「孫の面度を見る」「そんな面度い仕事はパスだな」「いちいち報告しに行くのが面度かった」などの表記がありました。

いじめを増長

もしかして：**いじめを助長？**

検索例（実質件数 186 件）
- 教師に相談すると**いじめを増長**する可能性があります
- 子供の**いじめを増長する**ような行動

　いじめ問題を扱ったブログのエントリーなどで、本来「いじめを助長する」と書くべきところが「いじめを増長する」となっているのを見かけることがあります。英語だとそれぞれ encourage と grow になるのでそのニュアンスの違いが分かると思います。

【助長】力を添えて、ある物事の成長や発展を助けること。また、ある傾向をより著しくさせること。「国際交流を―する」「不安を―する」
【増長】しだいに程度がはなはだしくなること。「依頼心が―する」

携帯を乗り移る

もしかして：**携帯を乗り換える？**

検索例（「乗り移ろう」の検索結果からピックアップ）
- 私もド○モに**乗り移ろう**かな・・・
- おもわず○TTから**乗り移ろう**かと考えました

　けっこう耳にする（目にする）表現ですが、これはやっぱり「（携帯を）乗り換える」だと思うんですけどどうでしょう。この場合は「乗り換える」の（2）があてはまると思います。「キャリアの乗り換え」とは言っても「キャリアの乗り移り」とは言いませんよね。「乗り移る」という言葉の響きがビミョーに怖いです。

【乗り換える】（1）乗っていた乗り物を降りて、別の乗り物に乗る。乗り物をかえる。「各駅停車から急行に―・える」（2）今までの立場・考え方・かかわりなどを捨てて、他のものにかえる。「条件のいい仕事に―・える」「新車に―・える」
【乗り移る】（1）別の乗り物に移る。乗り換える。「本船からはしけに―・る」（2）神霊・もののけなどが人の身にとりつく。「悪霊が―・る」

処々の理由

もしかして：**諸々の理由？**

> **検索例**（実質件数 161 件）
> ・調べてみると、**処々の理由**で事業化できないケースは珍しくありません。
> ・大学に問い合わせしたところ**処々の理由**により難しいことが判明。

「諸々の理由」のうろ覚え表記。「諸々（もろもろ）」を「しょしょ」と読み間違えてそのまま覚えてしまい、あとから漢字変換しようとしてこうなったのではないかと思われます。

> 【諸々（もろもろ）】多くのもの。さまざまのもの。また、多くの人。「―の出来事」「―の事情」
> 【処々（しょしょ）】あちらこちら。ここかしこ。「―に人が立っている」

もしかして「諸般（しょはん）の理由」等の言葉が耳に残っていて、それに引きずられて間違えた可能性もあるような気もしますがどうでしょう。

あけすけのない

もしかして：**あけすけな？**

> **検索例**（実質件数 37 件）
> ・**あけすけのない**感想を述べさせてもらいました
> ・彼の**あけすけのない**性格が現れているように思う
> ・お前のそういう**あけすけのない**態度はいいな。

実質件数はまだ少な目ですが、見つけたときの語感の自然さでスルーしそうになったのでピックアップ。上記検索例は全て「あけすけな―」でいいでしょうし、このような表現は例えば「忌憚（きたん）のないご意見」「遠慮のない視線」などの言い方とごちゃ混ぜになっているせいだと思うのですが、どうでしょう。

> 【あけすけ（明け透け）】あけっぴろげで、露骨なこと。包み隠しのないこと。また、そのさま。「―にものを言う」「―な性格」

さりがなく

もしかして：**さりげなく？**

検索例 (実質件数 223 件)
- テーブルの上に**さりがなく**置かれていました
- 日常風景を**さりがなく**切り取った写真
- **さりがない**気配りが嬉しい♪
- **さりがない**サービスを心がけています

　自分自身で「さりげなく」とタイピングしようとしてこのように間違ってしまい、もしやと思い検索をかけたらけっこう出てきたのでピックアップ。要するにただのタイプミスなのですが、検索結果中、実際にこのように覚えちゃってる人が何パーセントぐらいいるのか気になります。「さりがない」と書く人も多く、更に「さりげない」をわざわざ「さりげのない」と書く人もいるようです。

例
(1) まるで、マイノリティの**さりげのない**抵抗の声のよう
(2) **さりげのない**もてなしの心。

心ともない

もしかして：**心もとない？**

検索例1 (実質件数 356 件)
- 現在の容量では少し**心ともない**きがしております。
- ただ資金が**心ともない**w
- あんただけじゃ**心ともない**から

　「心もとない（心許無い）」のうろ覚え表記。これをそのまま漢字に変換すると「心伴い」になり、「心もとない」が正解であると分かっていても、漢字変換で失敗すると「心元ない」になっちゃいます。

検索例2 (実質件数 25+245 件)
- 素手でたたかうには**心伴い**ので、俺は武器を使う事にした。
- 環状線や国道が多いので原付バイクでは**心伴い**、、。
- お食事としては栄養価的に少々**心元ない**ので、もう一品注文する必要がある
- 鍵が一つだけでは**心元ない**ですね。

ネットで見かけた信じられない日本語

私は指示します！

もしかして：**私は支持します！？**

検索例（実質件数 46 件）
- それは、それで正しい意見だと**私は指示します**。
- 批判的な人がいるかもしれませんが、**私は指示します**。

「私は彼の意見を指示します！」彼の味方であることを表明するつもりで言ったのに、これでは彼の意見に"指図（さしず）"をすることになってしまいます。なんか中学あたりの国語の問題みたいですけど、「指示」と「支持」を取り違えるこの間違いはよく見かけるのでピックアップしてみました。

【支持】 (2) ある意見・主張などに賛成して、その後押しをすること。「民衆の―を失う」「政府の見解を―する」
【指示】 (2) さしずすること。命令。「―に従う」「―を与える」「部下に―する」

多目に見て

もしかして：**大目に見て？**

検索例（実質件数 142 件）
- 少々の設備等の不備は**多めに見て**もらうことにして気楽にやりましょう
- ＨＰ作り初心者なので**多めに見て**ください
- 文章が少しおかしいかもしれないけれど**多めに見て**ください

「さっきのお前の失敗は多めに見てやるよ」って、多く見られても困るんですけど……。
「多目に見て」で検索すると、量的に多く見るという本来の意味と共に「大目に見て」の誤用として使われているケースが目立ちます。実際は「意外に」を「以外に」と間違えてしまうのと同タイプの、よくある単純な変換ミスにすぎないとは思うのですが、自分では気付きにくい上に、見つかるとカッコ悪いのでしっかり気を付けたいところです。

【大目に見る】人の過失や悪いところなどを厳しくとがめず寛大に扱う。「多少の失敗は―。見る」

前代未踏

もしかして：**前人未踏？**

検索例1（実質件数180件）
- **前代未踏**の大記録を打ち立てたイチロー
- 世界的にも文献もない**前代未踏**の研究なのだ
- **前代未踏**の軽量化に挑戦

「前代未聞」と「前人未踏」のミクスチャー。検索結果を見ると、多くは「前人未踏」の意味で使われているようでした。当然逆パターンの「前人未聞」もありますが件数は少な目。個人的にはこっちの方がありそうだと思っていたのでちょっと意外でした。

検索例2（実質件数22件）
- 優勝した直後に不祥事が発覚するなんて、まさに**前人未聞**である。
- 仏教史上**前人未聞**の百日間にわたる荒行

なんだかの理由で

もしかして：**なんらかの理由で？**

検索例（実質件数184件）
- もし**なんだかの理由で**認証できなかった場合
- 利用者はみな、**なんだかの理由で**ヘルパーさんにお世話になっている
- 毎回**なんだかの理由で**眠れなくなる

　本来、「なんらかの理由で」とすべきところを「なんだかの理由で」としている文章をよく見かけます。「なんらか（何等か）」は「なにか。いくらか。」という意味であるのに対し、「なんだか」は「何となく。なにやら。」という意味なので、文脈によっては意味がおかしくなってしまいます。
　間違いではない「なんだかの理由で」の使われ方は（1）整備不良だかなんだかの理由で成田まで戻ってきた（2）会社が近いだかなんだかの理由で、いつもシティホテルに泊まってる etc……など、「何やら」という意味合いで使われる場合であり、前後の文章のつながりに応じた使い分けが必要です。

ネットで見かけた信じられない日本語

心配停止

もしかして：**心肺停止？**

> **検索例**（実質件数 279 件）
> ・入院患者が血管造影撮影中に急変し、**心配停止**状態になった
> ・**心配停止**に陥ったダイバーに対し、消防防災ヘリが出動
> ・到着時**心配停止**(CPA)患者の剖検率
> ・症状や病気は違えども、本当に数え切れないほど**心配停止**になる要素があります。
> ・帰宅させず院内で見ていれば**心配停止**状態になっても低酸素脳症を防げた可能性がある

　ある事故を伝えるテレビのニュース番組で「地震発生から11時間後、2人が心配停止の状態で発見」という字幕が出ており、思わずテレビ局に教えてあげた方がいいんじゃないかと心配になりました。Web上でも同様の間違いがたくさん見られ、ベタな間違いだしジョークとしても正直つまらないと思うのですが、個人サイトはともかく、大学病院や医師会、消防本部、海上保安部など、絶対間違えちゃいけないようなところのホームページがたくさん並んでいて驚きました。これは本当に教えてあげた方がいいのかも……。

排水の陣

もしかして：**背水の陣**？

検索例（実質件数 203 件）

・悲願の優勝に**排水の陣**で望んだ日本チーム
・自分の性格上、後ろ盾のない**排水の陣**で臨.んだ方が留学準備へ全力が注げると確信しており、
・雨対策として、ビニール袋をソックスの上から履いてシューズを履く！これで雨の進入をシャットアウトする、まさに**排水の陣**！

ダジャレや言葉遊びも見られますが、あまり深く考えずにこの漢字で確定してしまった人も多そうです。

> 【背水の陣】《「史記」淮陰侯伝の、漢の名将韓信が趙（ちょう）の軍と戦ったときに、わざと川を背にして陣をとり、味方に退却できないという決死の覚悟をさせ、敵を破ったという故事から》一歩もひけないような絶体絶命の状況の中で、全力を尽くすことのたとえ。

　「背水の陣」は川を背にして陣をとることですが、「排水の陣」だと私は洋式トイレにどっかと腰を下ろした戦国武将をイメージしました。

テレビ誤植13

問題提議→問題提起？

2010/5/10　テレビ朝日「お試しかっ！」

第6章　気にってます

「グレートアップ」と「アップグレート」

もしかして:「グレードアップ」と「アップグレード」?

検索例(実質件数 603 件) 314 件 +289 件
- 低層階をオフィス・商業系テナントとし、**グレートアップ**を図っている複合物件。
- 空の旅をもっと快適に、ゆったりと。追加代金にて座席の**グレートアップ**ができます。
- **アップグレート**したところインターネットに接続できなくなりました。
- **アップグレート**すると、旧バージョンでの設定が壊れてしまいます。なぜですか…

　どちらもソフトウェア関連のページでよく目にします。「グレードアップ」は grade + up の和製英語で、等級・品質を上げること。格上げの意。「アップグレード（upgrade）」は上り坂という意味ですが、一般にパソコンのハードウェア、ソフトウェアの性能を向上させることを言います。どちらも「グレートにアップすることを意味する和製英語だ」と言い張れば通用しない事もないかもしれませんが、やはりちょっと無理があるんじゃないでしょうか。

ご無沙汰振りです

もしかして:？

検索例(実質件数 138 件)
- **ご無沙汰振り**です。更新頻度が激減してて、恐縮です。
- 非常に**ご無沙汰振りです**

　「ご無沙汰しております」と「お久し振りです」とが合わさってできたと思われる、新しい挨拶表現。特に取り沙汰されることもなく巷に静かに浸透中。「無沙汰」は「挨拶や連絡がないこと」を意味していますから、これに「振り」がついても実際は意味が通りません。気持ちが伝われば同じと考える人もいるかもしれませんが、仲間同士で使うのとは異なり、目上の人への挨拶の言葉ですから失礼のない正しい言葉遣いが何より大切です。

【振り（ぶり）】 (2) 時間を表す語に付いて、再び同じ状態が現れるまでに、それだけの時間が経過した意を表す。「十年―に日本の土を踏む」「しばらく―に映画を見た」

一派的

もしかして：**一般的**？

検索例（実質件数 373 件）
- ごくごく**一派的**な庶民的食生活
- **一派的**なイメージとかけ離れ

　その多くが「一般的」のつもりとみられる誤字表記。誤りとは言えない例として、文字通りの「一つの集団・派閥」の意でも使われています。

検索例
- 一党**一派的**に偏することを否定する
- 一宗**一派的**に囚われたら縛られてしまう

　「一派的」と「一般的」の両方が一つの文章中に見られる場合も多いことから、ケアレスミスの比率が高そうです。

ドッキとした

もしかして：**ドキッとした**？

検索例（実質件数 189 件）
- 大人っぽくなって**ドッキとした**
- 自分の携帯が鳴ってるのかと**ドッキとした**事ありませんか？
- 自分もテレビインタビューされた時、**ドッキとした**のを覚えています。

　感情や気持ちの表現の仕方は人それぞれ。望みが叶わなかったときには「かっがり」し、何かひらめいたときには「ピッと来る」。そして驚いたときには「ドッキとする」人が増加中？「どきっと」は辞書に載っている言葉ですが、「どっきと」もいつか載る日が来るのでしょうか。

【どきっと】驚きや恐怖などのために、強く動悸（どうき）が打つさま。「突然の指名で―した」

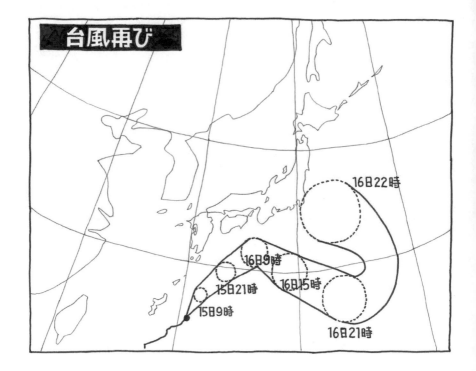

台風が再接近

もしかして：**台風が最接近？**

> **検索例**（実質件数 150 件）
> ・関東地方は明日の昼過ぎに台風が**再接近**の予定です。

　台風が近づいて来たときによく Web 上で見られるのが「台風が再接近」という表記です。これはおそらく「最接近」の変換ミスだと思うのですが、その件数が意外に多いということと、実際いくつかの文章を読んだ印象から、なんとなく「再」の字でいいと思って使っている人も少なからずいるように感じられました。すなわち、一旦どこかの地域上を通過した台風が（そんなことは滅多にないと思いますが）、迷走してまた同じ場所を通過するというイメージがあったり、日本列島のどこかに上陸した台風が海に下りて再度上陸した場合に「再上陸」という言い方をするのでそのイメージが残っていたりして、なんとなく使ってしまうのではないかと思うのです。「台風が再接近」するという状況は、このように考えれば、やはりそうそうあることではないということは分かります。

目に鱗

もしかして:**目から鱗？**

検索例(実質件数 90 件)
・新しい知識に、これは**目に鱗**でしたね
・なんだか**目に鱗**で面白かったです
・正直ちょっと**目に鱗**です

　目に鱗が入ったようです。痛そうです。「目から鱗が落ちる」を縮めて「目から鱗です！」という言い方は普通にされているので、これをうろ覚えで使うとこんな風になっちゃうのかもしれません。「目に鱗」だけで検索すると、本当に目に魚の鱗が入った話とか、ジョークとしてわざと使っていたり、誤りを指摘しているものなどたくさん出てきます。

【目から鱗が落ちる】何かがきっかけになって、急に物事の実態などがよく見え、理解できるようになるたとえ。

第6章　気にってます

還付なきまでに

もしかして：**完膚なきまでに？**

検索例（実質件数 111 件）
- 徹底した人物描写とそれを**還付なきまでに**ぶち壊す圧倒的な暴力描写
- 精神的にも肉体的にも**還付なきまでに**破れ死ぬという展開
- 逆に徹底的に叩き潰してやりますよ、**還付なきまでに**ね.

「還付なきまでに打ちのめされる」：貸したものを約束の期日までに返してもらえずに打ちひしがれている様子？

　偶然見つけて面白かったのでピックアップ。言うまでもなく「完膚なきまで（『徹底的に』の意）」の間違いです。
　想定外として「乾布なきまで」というのもあったのですが、乾いた布で叩きのめされてもあまり痛くないかも……。

スローイング

もしかして：**スローイン？**

検索例
- オフサイドが無いのは、**スローイング**とコーナーキックです。**スローイング**は前に投げても問題ありません。

　テレビでサッカーの試合を見ていてふと思いました。「スローインとスローイング、どっちが正しいんだっけ？」と。フィールド外から「投げ入れる」からスローイン。調べてすっきりすることができました。

【スローイン】〔throw-in〕サッカー・バスケットボールなどで，フィールドやコートの外からボールを投げ入れること。
【スローイング】〔throwing〕スポーツで，球などを投げること。また，投げ方。（by excite.辞書）

至上最高

もしかして：**史上最高**？

検索例（実質件数 281 件）
- 昨年は観測**至上最高**の暖冬となった
- 犯罪**至上最**も凶悪な事件

　昔のウーロン茶のCMで「私シジョウ最高彼氏」というコピーがありましたが、ここでのシジョウは自分の歴史の中で最高の彼氏という意味で、漢字は「史上」が当てはまります。でも、同様の使い方で「至上」という漢字が使われているケースが数多く見られます。「至上」は最上・最高という意味なので、何かが最高であるという事実を伝えようとする文章でなんとなく使ってしまいそうになりますが、上記のようにして使うと「歴史上」という意味そのものが文章中からなくなってしまいます。表現方法として例えば「今世紀至上最高の芸術作品」というようにして敢えて重複表現をする場合も有り得ますが、この場合は初めから歴史上という意味での使用ではないので例外になります。

「仕事収め」と「仕事初め」

もしかして：**「仕事納め」と「仕事始め」**？

検索例（実質件数 249 件）両方一度に使っているページのみ検索
- ここの管理人さんは31日が**仕事収め**で、1日が**仕事初め**なのでしょうか？
- 昨日が**仕事初め**だったのですが、今日で**仕事収め**です。はい。
- スーパーのお惣菜のおばちゃんは、．**仕事収め**が31日で、**仕事初め**は2日から。
- あと半日で**仕事収め**。そして明日が**仕事初め**か…うむ、毎年の事だねぇ。

　「〜を終わりにする」という場合には「収める」ではなく「納める」を用います。また、手元にあった数冊の辞書でそれぞれの用例を見てみたのですが、何かを自分の側に取り込む場合には《収》、そして相手に差し出す場合には《納》という使い分けがされており、そういう意味でも仕事の成果を会社や依頼主等に納めるのですから「仕事納め」になるのだと思います。「仕事始め」については"仕事を始める"のですからそのままなんですけど、例えば「かきぞめ」を「書初め」と書くのと同じ感覚で覚えてしまっていたり、その年"初めて"仕事をするのだから「仕事初め」なんだと考えている人も多いと思われます。

逆鱗を逆撫でする

もしかして：**逆鱗に触れる？**

検索例（実質件数 119 件）
- 突然の無礼な態度は私の**逆鱗を逆撫で**しました。
- 我が**逆鱗を逆な**でした事、今このの世で地獄以上の苦しみをもって購うがよい！
- この一言が飼い主の**逆鱗を逆撫で**した

　ある掲示板で罵り合いが起こり、仲裁しようとした人が発した言葉。「皆さん、他人の逆鱗を逆撫でするようなことはもうやめましょうよ。」気持ちは十二分に伝わりますが、なんだか表現がおかしいです。「逆鱗に触れる」と「神経を逆撫でる」という二つの似た意味の言葉をくっつけて縮めてしまったようですが、逆鱗（逆さに生えたうろこ）を逆撫でしたら普通に撫でていることになっちゃいます。逆鱗を逆撫でされたら高ぶっていた気持ちも少しずつ落ち着いてくる？　ちなみに「逆鱗に触れる」は目上の人を激しくおこらせる意味で、自分や目下の人について使うのは誤りだそうです。

おぞろおぞろしい

もしかして：**おどろおどろしい？**

検索例（実質件数 47 件）
- ざらざらした何とも**おぞろおぞろしい**臭いである。
- **おぞろおぞろしい**ようなホラー映画だと思っている人もいるかも知れません
- 被災地の方は震災後どんな**おぞろおぞろしい**夢にうなされたのか…

　前後の文脈から考えておそらく「おどろおどろしい」のつもりかと思われます。うろ覚えと言うより、「おどろおどろしい」と「恐ろしい」が合体してできた造語なのかもしれません。件数はまだ多くありませんが、それだけに曖昧な記憶の奥から新しい言葉が引きずり出される現場に立ち会っているような気持ちにもなります（大袈裟！）。「おぞろおぞろしい」が「おどろおどろしい」の同義語として国語辞典に載る日は来るのでしょうか。

【**おどろおどろしい**】不気味で恐ろしい。すさまじい。「怪奇映画の―・い演出」

ネットで見かけた信じられない日本語

◯◯高校在住

もしかして：◯◯高校在学？

> **検索例**（実質件数 60 件）
> ・私は**高校在住**時、陸上部に所属していまして
> ・僕は**高校在住**の高校一年です!!
> ・初めまして!!◯◯**高校在住**の者です♪

　ある掲示板上で見つけて思わず「住んでるのかよ」と、パソコンのモニターに向かって言いそうになりました。この場合「在学中」或いは「在籍中」が当てはまると思います。
　住み着きたいほど勉強が好きなのならそれでもいいですけど、いずれにしても「高校在中」よりはましかもしれません。

> **例**
> **高校在中**にオランダでの舞台公演にも英語で出演

【在学】学生・生徒・児童として学校に籍を置くこと。「本校に―する生徒」
【在住】その地に住んでいること。「現地―の邦人」「パリに―する日本人」

列記とした

もしかして：**れっきとした？**

> **検索例**（実質件数 236 件）
> ・**列記とした**「医薬品」です
> ・「荒らし」は**列記とした**犯罪です
> ・**列記とした**源氏の血をひく武将です

　ひらがな表記でよいものをわざわざ変換候補を表示させた上で確定させているのは、いわゆる変換ミスではなく意識してこの漢字を選んでいると思えなくもないのですが、どうでしょう。「これは列記とした通信販売です」とか言われても（書かれても）今いち信用できないのですが……。ちなみに元々は「歴とした」からの音変化らしいです。

【れっきと（歴と）】確かなものとして世間から認められているさま。「―した私の妻だ」「―したプロだ」

投降写真

もしかして：**投稿写真**？

検索例（実質件数 100 件）
・皆様の**投降写真**お待ちしています
・☆普通の女の子の**投降写真**☆
・コーギーの**投降写真**大募集！ みんなでコーギー三昧しましょう！
・**投降写真**誌では小学生の写真が目線無しで載ってた時代もあったな

フジテレビ「とくダネ!」2011/8/25

> 【投降写真】投降してくる敵軍兵士を写した写真のこと？

多くは単なる変換ミスだと思いますが、イメージが面白かったのでピックアップ。

> 【投降】戦うことをやめて、降参すること。「武器を捨てて―する」
> 【投稿】雑誌や新聞などに、公表・公開してもらうために原稿・文章を送ること。また、その原稿。投書。「短歌雑誌に―する」「―欄」

在庫一層処分

もしかして：**在庫一掃処分？**

検索例 (実質件数92件)
- 恒例のモデルチェンジ前の**在庫一層処分**？
- よくある**在庫一層処分**福袋とは大違い！

季節の変わり目や年末になると至る所で見られる在庫処分のコピー。新聞のチラシや雑誌等ではさすがにこの間違いは少ないですが、ネットショップのサイト等ではけっこう数多く見かけます。「在庫一層処分」とした場合でも、「これまで以上にさらに頑張って売らせていただきます‼」という商人魂というか心意気をアピールすることはできそうですが、そう受け取ってくれる人は決して多くないと思うので、やっぱり使わない方が良さそうです。

【一掃】すっかり払いのけること。一度に払い去ること。「悪習を―する」「不安を―する」
【一層】程度がいちだんと進むさま。ひときわ。ますます。

即席をたどる

もしかして：**足跡をたどる？**

検索例 (実質件数113件)「〇〇の足跡を」で検索
- 記憶を失った男の**即席を辿る**物語が、意外な結末にっ！
- この地で活躍した多くのすぐれた人たちの**即席をたどる**
- 龍馬の**即席を辿り**、全国のウォーキングコースを歩いておられます。

「足跡（そくせき）をたどる」の誤り。「故人の即席をたどる」なんて何かに書かれちゃった日には、その人の長かった人生すべてがわずか3分で語り尽くされてしまうみたいできっと故人もうかばれないに違いありません。「即席」が時間の短さをイメージさせる言葉である一方、「足跡」は業績や歴史など大きな時の流れをイメージさせるものであり、ある意味まったく正反対のベクトルを持つ言葉と言えます。そんな訳で実際は単純な変換ミスなのに、見る人によってはあまり良くない印象を持ってしまう可能性もないとは言えず、余計な誤解を受けぬ為にも十分注意が必要です。

その胸を伝える

もしかして：**その旨を伝える？**

検索例 (実質件数 104 件)「胸を伝える」で検索

- メールしたくないなら**その胸を伝える**のがマナーだと思いませんか？
- 予約変更の場合は**その胸を伝える**事でキャンセル料金は発生しません。
- 大家さんに引越しの**胸を伝える**と、了承して下さった
- 退職をする**胸を伝える**と、脅しや贔屓して足止めさせるという姑息な手段に出てきました

　うろ覚えというよりはただの変換ミスの部類だと思いますが、「胸」は「心」を意味しその心（気持ち）を伝えるのだからこれで正しいんだと思って使っている人も、もしかしたらいるかもしれません。この「旨（むね）」はあくまで「物事の意味・内容」或いは「物事の主旨」のことであり、ここで「心」を意味する「胸」を使おうというのは無理がありすぎです。そして逆に気持ちを伝えるという場合は「胸を伝える」ではなく、「胸のうちを伝える」となるでしょう。

息子（の名）を語る

もしかして：**息子（の名）を騙る？**

> **検索例**「を語る　詐欺」他で検索
> ・主に**息子を語る**男が「不倫相手に子供ができた」などとして現金をだまし取ろうとする手口。
> ・以前のオレオレ詐欺は**身内を語る**ものだったが、今は「儲け話」に関する被害が増えている。

「オレオレ詐欺」「母ちゃん助けて詐欺」「特殊詐欺」等、色々名称はあるようですが、身内などのふりをして、お年寄りに電話をかけて金銭の振り込みを要求する犯罪行為が未だに後を絶たず、ネット上でもこの話題が多くとりあげられていますが、けっこう字を間違えている人が多いです。この場合の「かたる」は「語る」ではなく「騙る」を用います。ただ、新聞等では漢字を使わず「かたる」とひらがな表記をするのが通例のようです。

> 【騙る】　(2) 地位・名前などを偽る。詐称する。「有名人の名を―・る」

背いくらべ

もしかして：**背くらべ？**

> **検索例**（実質件数233件）「背いくらべ」＋「背い比べ」
> ・5月5日は**背いくらべ**〜 ということで今月は皆さんの身長測定を行っています
> ・最初のころ、新人は、どんぐりの**背いくらべ**です。
> ・柱に子供の**背い比べ**を刻みその成長を楽しんだものです。

「背」という漢字が「せ」だけでなく、「せい」とも読むということを知っていないと間違いやすいかもしれません。

> 【背（せい）】《「せ（背）」の音変化》身のたけ。せたけ。身長。「―の高い人」「―くらべ」
> 【背比べ（せいくらべ）】背丈を比べること。丈比べ。「兄と―する」「どんぐりの―」

ネットで見かけた信じられない日本語

心臓から口が……

もしかして：**口から心臓が……？**

検索例（実質件数 131 件）
- 緊張で**心臓から口が**飛び出しそうなんです。どうしたら、この気持ちが落ち着くのでしょうか？
- マジで**心臓から口が**出そうな感じ。どうしよう どうしよう 夜逃げしたいぃ
- **心臓から**・・・**口が**？・・・違う違う！！口から心臓が飛び出そう・・・限界ですわ

　某バラエティー番組内で、ゲストの女性がファーストキスの時の事を訊かれて「心臓から口が飛び出るんじゃないかっていうぐらい〜」と答えかけて、すぐさま司会者から「心臓から口が飛び出るんですか」と大袈裟な身振り付きで突っ込まれておりました。まさかネット上で冗談のつもりじゃなく、こう書いてる人なんかいないだろうと思いながら試しに検索してみたら、実際それらしい文章が何件も見つかり、ちょっと驚きました。検索結果では、「心臓から口が」と書いたあとでちゃんとセルフ突っ込みをしている人と、そうでない人とが入り混じっています。

事故ベスト

もしかして：**自己ベスト？**

> **検索例**
> ・昨年は大阪マラソンに出場、**事故ベスト**を更新しました。
> ・優勝とはなりませんでしたが、見事**事故ベスト**スコアで2位を勝ち取りました！
> ・事故ベストじゃなかった**自己ベスト**おめでとうございます（＾O＾）

　見た瞬間「自己ベスト」の間違いだろうと笑ってしまいそうになりますが、多くの人はジョークとしてわざとこの言葉を使っているようです。

　「まるで出会い頭の事故のようにわけもわからず自分のベスト記録が出た時には『事故ベストが出ました』と表現してください」なんて書いてあるサイトもあって面白いです。

　他のサイトの文章を読んでみても、ちょっと本気で間違っているのか洒落で書いているのかの判断がつきにくいものが多く、この言葉をどこかで見かけた際、得意気に間違いを指摘して、逆に無粋なやつだと笑われたりしないよう気を付けましょう。

　ちなみに検索結果には「放送事故ベスト10」などのように、「〇〇事故」に関するランキングについて書かれた文章も多数含まれています。

生活週間病

もしかして：**生活習慣病**

　「生活習慣病」の単なる変換ミスであることはすぐに分かりますが、病院関係のサイトが多く出てきます。

> **検索例**（実質件数 227 件）
> ・お知らせ（**生活週間病**教室生徒募集、健康づくり「リーダー養成講座」参加者募集）
> ・**生活週間病**やストレスが起因する様々な病気の発症など
> ・肥満や**生活週間病**は早食い、丸呑みなどの「食べ方」が、大きく関与しています。
> ・**生活週間病**や太り過ぎが気になる中年世代の方に最適なちょっぴり薄味のメニューとなっております。

　病院のサイトは信頼性に直結するし、健康食品のオンラインショップなどでは売り上げに全く影響しないとは言い切れないのではないでしょうか。

敬意を賞する

もしかして：**敬意を表する？**

検索例（実質件数 52 件）
- 彼らの勇気に、僕は**敬意を賞する**！！
- 社員のスキルを磨くために予算を捻出する会社に**敬意を賞する**。

「敬意を表する」のうろ覚え表記。相手に対する尊敬の気持ちを表すのだから「表する」。「賞する」だと相手を敬う自分の気持ちをほめたたえるという事になって、なんだか訳が分かりません。また、「敬意を称する」というのも多く見られるのですが、こちらは"直訳"すると「敬意を名乗る」で即意味不明。しかし、「称する」には「ほめたたえる」の意味もあり、「敬意を賞する」と同タイプの誤りであるとも考えられます。

例
日々汗を流してくださっている指導者の皆様には**敬意を称する**ものであります。

【敬意】尊敬する気持ち。「―を表する」「―を払う」「―をこめる」

最新の注意を払う

もしかして：**細心の注意を払う**

検索例（実質件数 417 件）
- カードを利用するときは**最新の注意**を払うようにしてください。
- 扱っている商品は薬であり管理や販売には**最新の注意**を払う必要があります。

同じ文章内に「最新」と「細心」の両方が出てくるケースも多いので、大概は単純な変換ミスだと思われますが、中には、もしかしたらちゃんと「最新」と意識した上で使っているのではないかと思える文章もありました。
「～については最新の知見を常に導入するとともに今後も最新の注意を払う必要がある」
「新しい経験をしているときには、最新の注意を払うことだ。」
つまり、新しい事、どんどん変わっていく物に対しては、その変化・変容に応じた"最新の"注意を常にする必要があるのだという意味で使っているようなのです。
最初はただの変換ミスから生じた勘違いであっても、そこからこのように新しい使われ方をする言葉は、これからも増えていくような気がします。

吸聴

もしかして：**吹聴？**

検索例（実質件数 78 件）
・Aさんは愛人だと**吸聴**していましたよ
・いつも父親の悪口を**吸聴**し、そのせいで父親に対して悪感情を抱くようになった
・地元の間違った情報を**吸聴**するのはかっこ悪いぞ。

　吹くんじゃなくて吸っちゃいました。読み方は「きゅうちょう」、もしくは「すいちょう」でしょうか。同じ間違うにしても、決して「不意聴」とかにはならないのがちょっと不思議。やっぱり「確か『吹く』とか『吸う』とかいう字だったよな……」という風に連想するんでしょうね。

【吹聴（ふいちょう）】言いふらすこと。言い広めること。「自慢話を―して回る」

手の凝った料理

もしかして：**手の込んだ料理？**

検索例（実質件数 200 件）「手の凝った料理」の件数
・あまり**手の凝った**料理はできませんが・・・
・**手の凝った**弁当を作る人のブログが紹介されている。
・簡単なものから**手の凝った**ものまでご予算にあわせて制作できます。

　「凝る（凝った）」という言葉に「細かいところまでいろいろと工夫をする」というような意味があるので、そのまま読みすごしてしまいそうですが、「手が込む」という言葉があり、これはやはり「手の込んだ○○」の間違いなんだと思います。

【込む】（2）仕組みが複雑に入り組む。精巧である。「手の―・んだ細工」
【手が込む】手間がかかっている。物事が複雑である。「―・んだ彫り物」「―・んだ手口」

暮々も

もしかして：**呉々も？**

検索例（実質件数 358 件）
・運転には**暮々も**お気を付け下さいね〜
・**暮々も**子どもからは目を離さないように注意しましょう。
・体調管理には**暮々も**お気を付け頂きたいと存じます。

「くれぐれもアクセスは自己責任でお願いします」なんて言うときの「くれぐれ」は、漢字で書くと「呉呉（呉々）」。普通はそのまま「くれぐれも」とひらがなで書く人の方が多いんじゃないでしょうか。「暮れ暮れ」は「夕方」を意味する言葉なので、まったく文章の意味が違ってしまいます。

【呉呉も】何度も心をこめて依頼・懇願したり、忠告したりするさま。「─お大事に」
【暮れ暮れ】日が暮れようとするころ。暮れ方。夕方。

誠意製作中

もしかして：**鋭意製作中？**

検索例（実質件数 153 件）
・一般公開に向け**誠意製作中**です。あと暫くお待ちください。
・現在はCD製作のため、オリジナル楽曲を**誠意製作中**！

「ただ今、頑張って気合を入れて作っております!!」という意味のことを言いたいのであれば、それは「誠意製作中」ではなく「鋭意製作中」です。もし、「誠心誠意、心を込めて作っております」という意味のことを言いたいというのであれば、「誠意製作中」でもそのニュアンスは伝わりそうですが、「誠意」は「鋭意」のように副詞的には用いられませんから、その場合は「誠意を持って製作中」となるでしょう。

【鋭意】（多く副詞的に用いて）気持ちを集中して励むこと。専心。「─研究に努める」
【誠意】私利・私欲を離れて、正直に熱心に事にあたる心。まごころ。「─のこもった贈り物」「─を示す」「誠心─」

悪戦苦悩

もしかして：**悪戦苦闘**

　どうして「悪戦苦闘」が「悪戦苦悩」になってしまうのか。それはおそらく、書き手がそのとき表現したかった感情や状態のイメージが「苦闘」よりも「苦悩」の二文字の方に近かったからではないでしょうか。実際こんな言葉はないし、ド忘れもしくはうろ覚えなどで単純に「悪戦苦闘」という言葉が出てこなかっただけのことなのでしょうけれど、こういう"創作四字熟語"もちょっと面白いなと思いました。

検索例（実質件数 115 件）
- 今日は**悪戦苦悩**で作品つくりをしてました。
- デザイナーも**悪戦苦悩**している事も事実です。
- 私の**悪戦苦悩**の写真も載せたいなぁと。

　検索結果の中には「答えるのに悪戦苦悩・・・いや、あえて悪戦苦悩です」なんていう表現もあり、意図的な使い分けをしているような人も実際少しはいるのかもしれません。

稀有に終わる

もしかして：**杞憂に終わる？**

検索例（実質件数 156 件）「稀有に終わる」＋「稀有に終わり」
- その心配は**稀有に終わる**事となった。
- ネット購入で不安感が有りましたが、心配は**稀有に終わり**ました。
- 心配は**稀有に終わり**、たくさんのお客様にご来場いただきました。

　「無用な取り越し苦労をする」ことを「杞憂（きゆう）に終わる」なんていう言い方をしますが、これが「稀有（けう）に終わる」になっているのを見ることがあります。「稀有（けう）」は「めったにないこと。非常に珍しいこと。」の意味ですから、もし「けうにおわる」という読みでこの言葉を覚えていたのだとしたら、これはやはり覚え間違いだと思います。しかし「稀有（希有）」には「きゆう」という読みもあり、変換候補に出る為、覚え間違いではなく変換ミスで「稀有に終わる」としてしまった人の方が、実際はずっと多いのかもしれません。

不適な笑み

もしかして：**不敵な笑み？**

検索例（実質件数 216 件）
- **不適な笑み**を浮かべる口元や挑戦的な目つき
- 何かを企んでいそうな**不適な笑み**を浮かべている

【不適な笑み】その場にそぐわない不適切な笑みのこと？

例
葬式の間中、彼は**不適な笑み**を浮かべ続け、他の参列者の顰蹙を買っていた。

実際に Web 上で見られる「不適な笑み」の殆どは「不敵な笑み」の誤りと思われます。

【不敵】敵を敵とも思わないこと。大胆でおそれを知らないこと。乱暴で無法なこと。また、そのさま。「―な面構（つらがま）え」「大胆―」
【不適】適さないこと。また、そのさま。不適当。「適―を考える」

第6章 気にってます

敗北を期する

もしかして：**敗北を喫する？**

検索例（実質件数 339 件）
- 昨年の入れ替え戦で**敗北を期し**、涙を呑んだ昨シーズン。
- プロテスタント側は屈辱的な**敗北を帰し**、多くの音楽家達も亡命を余儀なくされた
- 残念ながら**敗北を記し**優勝は本日に持ち越しとなったのでした。
- 時間がかかれば、競争相手に**敗北を規して**しまうのは目に見えたのです。

「負けちゃった‼」ということを言いたいのであれば「喫する（きっする）」という字が当てはまりますが、ネット上では色々な漢字が使われていました。

「敗北を期する」だと、なんだか「絶対に負けてやるー‼」と言っているように見えなくもないので十分注意が必要ですね。

【喫する】好ましくないことを、身に受ける。こうむる。「惨敗を―・する」

落ち目を感じる

もしかして：**引け目を感じる？**

検索例（実質件数 142 件）「落ち目を感じ」で検索
- 人の容姿で人を見下す奴は自分に**落ち目を感じてる**
- 周りがブランドの財布使ってる人ばかりで、普通の財布使ってる僕は**落ち目を感じます**。
- とりあえず周囲になんの**落ち目も感じない**程度の成績は保っていた。

誰それの人気や勢いが落ちてきたなあ、と嘆く使い方をしている人も多いですが、「引け目」と間違えて使っている人も少なくないようです。「落ち目」はそれ自体の状態の推移を示し、「引け目」は他との比較があってそれより劣っているという感覚なので、やはり意味の異なる言葉です。

【引け目】自分が他人より劣っていると感じること。劣等感。気おくれ。「―を感じる」
【落ち目】勢いなどが盛りを過ぎて下り坂になること。「人気が―になる」

ネットで見かけた信じられない日本語

大意はありません

もしかして：**他意はありません？**

> **検索例**（実質件数 198 件）
> ・掲載するゲームの順などについて、特に**大意はありません**。
> ・尚、断っておきますが**大意はありません**のでクレーム等はお断りします

　おそらく「他意」のつもりで「大意」と書かれているのを見ることがあります。ケアレスミスの他、「たい」を「たいい」と聞き覚え、タイピング時に出てきた変換候補の「大意」でそのまま覚えてしまったというような人も中にはいるのではないでしょうか。悪意はないと言おうとしたのに、「特に意味はありません」と受け取られていたとしたら意味が通じなくなるので気を付けましょう。

> 【他意】心の中に隠している別の考え。特に、相手に対する悪意。「別に―はない」
> 【大意】文章で、言おうとしている要点。大体の意味。おおよその趣旨。「―をとらえる」

ankate

もしかして：**アンケート？**

> **検索例**（実質件数 238 件）
> ・**ANKATE**. あなたの好きなあーてぃすとに清い一票を^^笑
> ・THE BEST CAR **ANKATE** 皆さんアンケートにご協力下さい。
> ・ポエムの人気アンケートを行っております。ファンサイトメインページより
> 「**ANKATE**」へジャンプしてください

　「アンケート」と普通にカタカナで書けばそれでいいと思うのですが、なぜか英語風?表記でこうなっているのを見ることがあります。「アンケート」という言葉は元々フランス語で、綴りは「enquete」。辞書等では5文字目のeの上に「^」が乗った形で表記されています。ちなみに英語の「アンケート」にあたる言葉は「a questionnaire」だそうです。

> 【アンケート】　[（フランス語）enquête] a questionnaire

坪にはまる

もしかして：**壺にはまる**

　「つぼにはまる」の「つぼ」は漢字でどう書くのか。「はまる」というぐらいだから「坪」じゃなくて「壺」だろうとはなんとなく思っていましたが、確信がなかったので調べてみたらやっぱり「壺」でした。

　ところで、現在ネット上のみならず日常会話においても「つぼにはまる」という言葉が使われる場合、その意味は本来の「(1) 急所をついている。(2) 見込みどおりになる。」よりも「何かを見たり聞いたりして笑いが止まらなくなったり、或いはとても感動した状態」を言う事の方がずっと多いのではないでしょうか。

　そのような意味でこの言葉を使う場合は、漢字ではなく「ツボ」とカタカナで書く人の方が多いようです。そしてこの意味の「つぼにはまる」が短縮されると「ツボでした」「ツボった」となり、結局これが現在最もポピュラーな言い方（使い方）になっているような気がします。

　ちなみに「どつぼにはまる」という言葉がありますが、この「どつぼ」は漢字で書くと「土壺」ですが、ネット上では「土坪」「度坪」が多く見られます。

必要いらない

もしかして：**必要ない**

　普通に「必要ない」と書くだけでは物足りないのか、Web上では「必要いらない」という表記を見ることがあります。

> **検索例**
> ・携帯電話なんて**必要いらない**！
> ・どうして手入れが**必要いらない**の？
> ・簡単な入力のお仕事です。特別なスキルや経験は**必要いりません**。

　「必要要らない」と書くと、いるんだかいらないんだかもよく分からなくなってしまいます。単に「必要ない」という言い回しを思いつかなかったのか、それとも「必要ない」と短く言い切るよりも「必要いらない」と言った方が表現が柔らかくなると考えたのでしょうか。事情はよく分かりませんが、少なくとも私にはこんな表現「必要いりません」。

それ何処じゃない

もしかして：**それどころじゃない**

　「それどころじゃない」⇒「それどこじゃない」⇒「それ何処じゃない」の変化と思われます。

> **検索例**（実質件数59件）
> ・書いてる時は必死だから、**それ何処じゃない**んだけど
> ・今って、**それ何処じゃなく**お忙しいんだろな〜と
> ・今**それ何処じゃねえぇぇん**だよおおお！

　「どころ」がどこかに行っちゃいました。
　若者言葉らしい省略表現を更に当て字に代えた、ぶっ飛んだうろ覚え表記。
　冗談で使っているのか、本気でこの字で正しいと思って使っているのか判別不可能。
　ちなみに「お食事どころ」は「お食事処」と書き、「お食事何処ろ」にはなりません。
そんなの当たり前と言われそうですが、これも検索すると出てくるんです。

第6章　気にってます

取り立たされる　⇒　取り沙汰される？
検索例「医療現場でのミスがニュースで**取り立たされる**ことが少なくない」
　「沙汰（さた）」という言葉を知らなければ、「立たされる」と聞こえてこう覚えてしまうかもしれません。

面会謝接　⇒　面会謝絶？
検索例「ドアの前には『**面会謝接**』の立て札が掛けられてあった」
　「謝接」って何だろうと考えることもなく、実は私自身長い間この覚え違いをしていました。Web上には「面会社説」もありました。

第一認者　⇒　第一人者？
検索例「（1）企業の経営論で**第一認者**だと認められている方です（2）立証第一認者と認めていただきたいと思っております」
　変換ミスのほか、「（ある分野で）最も評価された（認められている）人」という意味付けで「認」の字をあてている人も多いかもしれません。また、「ある事柄を最初に確認した人」という意味でこの字にしている人もいそうです。

姿勢方針演説　⇒　施政方針演説？
検索例「総理の**姿勢方針演説**を受け、国会内で記者団の質問に答えました。」
　自分の政治姿勢を表明する演説のことだと言われればああそうかなと思ってしまいそうですが、正しくは「施政方針（政治方針を示すために行う）演説」です。

なきしにもあらず　⇒　なきにしもあらず？
検索例「間違ってる可能性も**なきしにもあらず**」
　よく見かける「なきにしもあらず（無きにしも非ず）」のうろ覚え表記。

一句同音　⇒　異口同音？
検索例「教会の権威である使徒たちは**一句同音**に、今が終わりの時だ、主の来臨は近いと言っているのです。」

一句同音「一つの俳句を口をそろえて一緒に詠むこと」ということでどうでしょう。

さるとこながら　⇒　さることながら？
検索例「機能性も**さるとこながら**その美しさも見逃すことは出来ない」
　　　　　「味付けも**去るとこながら**お肉がやわらかくてとてもおいしかったです。」
　「さることながら（然る事ながら）」が何故かこんなことになっちゃってます。
　「去るとこながら」も多いです。どこに去るとこなんでしょうか。

ネットで見かけた信じられない日本語

お済み付き ⇒ お墨付き？
検索例「住み心地の良さは、スタッフの**お済み付き**です。」
　ケアレスミスの方が多いと思いましたが、「第三者による評価・承認が済んだもの」という意味に捉え、意図的に「お済み付き」という字を使っているケースもありうると考え、ピックアップしました。

でくあす ⇒ でくわす？
検索例「その途中俺らは驚愕の事実に**でくあす**ことに！」
　偶然に、ばったりと会うことを「でくわす（出会す）」と言いますが、これが何故か「でくあす」になってます。

人くくり ⇒ 一くくり？
検索例「単純に年齢、世代で**人くくり**にできない」
　　　　「他の国の人に関してはどうしても**人くくり**にして考えてしまいがち」
　「ひとくくり（一括り）」のうろ覚え表記。複数の人間をなんらかのくくりでひとまとめにして考えるという意味を持たせて、「人くくり」と意図的に使っている人も多くいそうです。一括りにはできませんが。

しろどもどろ ⇒ しどろもどろ？
検索例「**しろどもどろ**になりながら私は言った」
　冗談ぽく使っている例があまり見られず、本当にこう覚えてしまっている人も少なくないようです。他に「しどろもろど」「しろどもろど」「しどろまどろ」もありました。

油断大的 ⇒ 油断大敵？
検索例「明日からはまたぐっと冷え込みそうですので、**油断大的**ですよ！」
　「油断大敵」を「ゆだんだいてき」と読んで、あとから書こうとしてこうなったのだと思われます。「油断対敵」もとても多い間違いなので気をつけましょう。

押して知るべし ⇒ 推して知るべし？
検索例「物凄いバラックで、居住性は**押して知るべし**・・・ですね。」
　押さないで下さい！それを言うなら、じゃなくてそれを書くなら「推して知るべし」です。

足上げ取り　⇒　揚げ足取り？
検索例「下らない**足上げ取り**とか水掛け論」
　　　　「**足上げ取り**失礼しました」
　　「揚げ足取り」のうろ覚え表記。「上げ足取り」から更に変化したもの。「揚げ足取り」が元々《技を掛けようとした相手の足を取って倒すところ》からきている言葉なので、そのうちどっちでもいいなんてことになっちゃったりするかもしれません。「上げ足取り」は相場用語だよ、なんて揚げ足取りはヤメてね。

座頭一　⇒　座頭市？
検索例「昨日、北野武監督の**座頭一**をテレビで見ました。」
　　明らかに冗談で書いてるのもたくさんあるのを別にしても、Web 上に「座頭一」多すぎです。

十中八苦　⇒　十中八九？
検索例「見たこと無いけど、たぶん**十中八苦**作り話だと思うね」
　　単純な変換ミスだとしても、「苦」という、とても印象の強い字を見て違和感を覚えず確定してしまうのがちょっと不思議。他に「十中八区」「十中八句」などもありました。

一年発起　⇒　一念発起？
検索例「所持金が底をつき「何かやらねば」と**一年発起**」
　　どんなに辛くても、1年間だけは頑張ろうと心に誓って行動を起こすこと？
　　多分そんな意味だと思って使っている人は一人もいない「一念発起」のうろ覚え表記。

団長の思いで　⇒　断腸の思いで？
検索例「新年度に予定していた新規事業の再検討、さらには継続事業についても**団長の思いで**大幅な見直しを行う」
　　怒るととっても怖いけど、本当はとても優しい団長さんの思い出を綴っている文章かと思ったら、そうではなく「断腸の思い」のおもしろ変換ギャグでした。

初心表明演説　⇒　所信表明演説？
検索例「議会での**初心表明演説**で具体的政策を述べていただくことを期待する。」
　　勘違いしてしまう気持ちも分かります。あるサイトにはこう書いてありました。「首相の『所信表明演説』をずっと『初心表明演説』だと思っていたのは私だけ？　初心に戻って～みたいな・・・。」実は私自身、そんなに遠くない昔まで同じ勘違いをしてました。お恥ずかしいです。

裏面に出る　⇒　裏目に出る？
検索例「お世話焼きが**裏面に出た**ようね」
　　　　「作戦が**裏面に出た**」
　検索結果のほとんどは「糸が布の裏面に出た」というような、間違いでもなんでもない普通の使い方なのですが、中にわずかですがどう見てもこれは「裏目に出た」のつもりなんじゃないかと思われるものが混じっています。

擦り切れトンボ　⇒　尻切れトンボ？
検索例「発想は面白いのに**擦り切れトンボ**になってしまう事が多い。」
　物事が途中でなくなり、最後まで続かないことを「尻切れとんぼ」と言いますが、「擦り切れ」か「尻切れ」か、一瞬迷いそうになるのはよく分かる気がします。

自尊事故　⇒　自損事故？
検索例「自動車・バイク・自動車等の**自尊事故**で公的証明書がとれない」
　自尊事故「事故原因が自分にあったにもかかわらず、自分の車や身体が無傷だった事故のこと」という解釈でどうでしょう。

ぐうの根も出ない　⇒　ぐうの音も出ない？
検索例「**ぐうの根も出ない**正論を言われて悔しそう」
　「ぐう」は息や喉が詰まったときに出る音のことなので、「根」ではなく「音」です。

得点映像　⇒　特典映像？
検索例「**得点映像**にはこのアクションシーンの為に身体を鍛える出演者の映像が収録されてます。」
　多くは単純な変換ミスと思われますが、中にはサッカーのゴールシーンを集めた文字通りの「得点映像」もありました。

誹謗愁傷　⇒　誹謗中傷？
検索例「家族に**誹謗愁傷**の電話やFAXを入れた」
　　　　「ネットでの**誹謗愁傷**について」
　「誹謗愁傷」に無理矢理意味を与えるとしたら「悪口を言われて嘆き悲しむこと」になるでしょうか。なりませんね。

エリック・クリプトン ⇒ エリック・クラプトン？
検索例 「**エリッククリプトン**の曲でおすすめの曲があったら教えて下さい。」
検索するとたくさん出てきます。クラプトンはスーパーマン？

天変地位 ⇒ 天変地異？
検索例 「2 億年前の**天変地位**により真っ二つにわかれた山」
意味「これまで築き上げてきた地位が突然失われること。」多分こうだと思って使っている人なんて一人もいない「天変地異」のうろ覚え表記。

人悶着 ⇒ 一悶着？
検索例 「何やらまた**人悶着**ありそうです。」
人悶着と書いて「他人との揉め事」の意味で使っている人がどれだけいるのか気になります。

一部終始 ⇒ 一部始終？
検索例 「津波の**一部終始**をとらえた恐ろしい動画です」
「終始」で「始めから終わりまで、ずっと」という意味だし、「終始一貫」なんていう言葉もあるので混同しやすいのかもしれません。

際たるもの ⇒ 最たるもの？
検索例 「被害者を無視している**際たるもの**が少年事件だと話します。」
変換候補で「際」が「最」より上に出てそのまま確定してしまうケースも多そうです。

指を加えて見ている ⇒ 指をくわえて見ている？
検索例 「ぼくたちには他人の成功を**指を加えて見ている**ことしかできないのか？」
欲しい物の前に立ちつくしている状態を「指をくわえて見ている」なんて言いますが、ここでの「くわえて」はプラスすることを意味する「加えて」ではなく、「咥えて」もしくは「銜えて」という漢字があてはまります。ただ実際は両方とも常用外なのでひらがな表記が一般的。

かっがり（kaggari） ⇒ がっかり（gakkari）？
検索例 「(1) ちょっと**かっがり** (2) ひそか〜に**かっがり** (3) 自分に**かっがり**」
単なる打ち損じなのか、それともこういう言葉だと思って使っているのか聞くのが怖い「がっかり」の誤表記。「いつまのにか」や「やらわかい」と書く人もいるのだから、あっておかしくないとは思うのですが、それでもちょっとおろどきました、じゃなくて驚きました。

条約が発行する ⇒ 条約が発効する？

検索例「砂漠化に歯止めを掛けようと1996年に砂漠化防止**条約が発行され**ました。」

法律や規則などの効力が発生することを「発効」と言いますが、それが「発行」になっているサイトがたくさんありました。新聞社や地方自治体等のサイトもやっちゃってます。

なること必須 ⇒ なること必至？

検索例「(1) この曲は何度も聞きたく**なること必須**です (2) 夜中、眠れなく**なること必須**です (3) 筋肉痛に**なること必須**ですなぁ」

これ全部「必須」じゃなくて「必至」ですから〜〜〜‼

【必至】必ずそうなること 【必須】なくてはならないこと。必要なこと。

消像画 ⇒ 肖像画？

検索例「国会内に、展示される自らの**消像画**を前に笑顔を見せる」

大切な肖像画を消しちゃうのですか？

共同不審 ⇒ 挙動不審？

検索例「**共同不審**してるとお巡りさんに職務質問されるじょ」

共同不審って、挙動不審な人の集まりのことでしょうか。

自由本望 ⇒ 自由奔放？

検索例「その**自由本望**な考え方に憧れを持っている」

「自由奔放」を「自由本邦」と間違えることは有りそうな気がしていましたが、こちらはちょっと意外でした。まずどう読むのでしょうか。書いた本人はこれで「じゆうほんぽう」と読んでいるのか、それとも熟語として「じゆうほんもう」という言葉があると思っているのか、気になります。何はともあれ自由奔放に生きられるなら私は本望です。

注意を換気 ⇒ 注意を喚起？

検索例「学内掲示や一斉メール発信にて**注意を換気**してきました。」

大半は単純なタイプミスのようですが、政府関係機関（go.jp）や教育関係機関（ac.jp）のサイトも多く見られ、十分注意が必要です、と注意を喚起させていただきたいと思います。

上まる / 上まある ⇒ 上回る？
検索例「(1) 水温は冷たく、夏でも14〜20度を**上まる**ことはありません。(2) 毎日30℃を**上まある**暑さです。」

ただのタイプミスでしょうか。それとも「うわまる」「うわまある」と読み覚えてしまっているのでしょうか。

本邦初後悔 ⇒ 本邦初公開？
検索例「うぅぅ、本邦初公開が・・・**本邦初後悔**だよ〜」

多くの人が楽しみながらわざと間違えている"誤楽変換"です。自分にとってちょっと恥ずかしい画像を躊躇しながら公開しようとしている場合とか、自分の失敗を初めて公にさらす時など、ちゃんと"後悔"のニュアンスを含めた使い方をしているのが面白いです。

捲土従来 ⇒ 捲土重来？
検索例「不出来だった方、自分で**捲土従来**を期して、学習しておくこと。」

捲土重来（けんどちょうらい）を「けんどじゅうらい」と読み覚えてそのままタイピングするとこうなることが多いようです。「捲土重来」は「けんどじゅうらい」とも読みますが、「捲土従来」では意味を成しません。

仰天動地 ⇒ 驚天動地？
検索例「連盟を巻き込んだ**仰天動地**の問題として大騒ぎとなっている。」

「驚天動地（きょうてんどうち）」のつもりで使われているらしい四文字表現。間違いかどうかは別にして、「仰天動地」だと地震が来て驚いた時ぐらいしか使えないので、やっぱり使わない方が無難です。

無償に欲しい ⇒ 無性に欲しい？
検索例「最近イヤフォンとかヘッドホンが**無償に欲しい**、いろいろと。」

無償に欲しいと言われても、タダであげる訳にはいかない「無性に欲しい」のうろ覚え表記。目の前にある物が急に欲しくなっても、決して黙って持ち帰らないよう注意しましょう。

精神誠意 ⇒ 誠心誠意？
検索例「**精神誠意**を込めてお客様目線の担当を心掛けています。」

「精神誠意対応させていただきます」とか言われても（書かれても）その誠意をどこまで信じていいのやら、今いち不安になる「誠心誠意」のうろ覚え表記。

アクセク数　⇒　アクセス数？
検索例 「幸いメインサイトはジワジワ**アクセク数**上昇中。」
　ダジャレでアクセス数と絡めて、わざと使っている人もけっこういて面白いです。

補修授業　⇒　補習授業？
検索例 「欠席のために授業に参加しなかった生徒は**補修授業**を受けることができます。」
　検索件数が多いのでこれで正しいのかなと、しばらく考え込んでしまった「補習授業」のうろ覚え表記。学校関連の公式サイトが多いのが気になります。言うまでもなく「補修」といったら修理（repair）することですから、勉強をする「補習」とは意味が異なります。ケアレスミス（誤変換）とそうでないミスとの比率はどれぐらいでしょうか。

改心の出来　⇒　会心の出来？
検索例 「予想を上回る、**改心の出来**でした！！」
　素晴らしいものができたのに改心しちゃうんですか？と思わず言いたくなります。「改心の笑み」や「改心の一撃」もたくさんありました。

コテの原理　⇒　テコの原理？
検索例 「間にマイナスドライバーを入れて**コテの原理**でグッと上げます。」
　あるテレビ番組で、寝ている人をほんの少しの力で起こせるコツというのを紹介していたのですが、その場にいたタレントさんがこの様子を見て「これってコテの原理ですよね」と言ってしまい、すぐに他の出演者から「それを言うならテコの原理！」と突っ込まれてました。

目と鼻と先　⇒　目と鼻の先？
検索例 「奥様の実家が、私の自宅の**目と鼻と先**だったことが判明。」
　ほんの些細なミスですが、これを見たときは「目」と「鼻」と「先」の３つが等価に並んでいるのが不思議な感じでした。「目の鼻の先」というのもたくさんありました。

言わずもなが　⇒　言わずもがな？
検索例 「**言わずもなが**ですが、価値観は人それぞれですよ。」
　こういう言葉は特に"上から目線"の文章の流れの中で使われることが多いので、自分で気付いた時はけっこう恥ずかしいかも。

耳ぶた　⇒　耳たぶ？
検索例 「(1) **耳ぶた**は毛細血管が非常に豊富な組織なので、手術中は比較的多量の出血を伴います。(2) 香水は、**耳ぶた**、首筋の脈打つ所、洋服の襟の所につけるといいと思います。」
　さすがに冗談や誤りの指摘以外の素の間違いは少ないですが、真面目な文脈で唐突に出てくる「耳ぶた」はちょっと笑えてしまいました。やっぱりまぶた（目蓋）があるから耳蓋もあると思っちゃうのでしょうか。

激的な出会い　⇒　劇的な出会い？
検索例 「かわいい子猫とペットショップで**激的な出会い**を果し、この猫との生活を開始。」
　"激しい出会い"も捨て難いですが、やっぱり出会いは劇的（ドラマチック）に限ります。

荒唐無形　⇒　荒唐無稽？
検索例 「お話そのものは**荒唐無形**で、漫画のようだ」
　「こうとうむけい」と聞いて思い浮かべる漠然としたイメージと「無形（形がない）」という言葉はなんだかとても結びつきやすい感じがするし、そういう意味では目にする機会が増えていく誤字表現なのかもしれません。

不眠不急　⇒　不眠不休？
検索例 「少しでも早く到着出来るよう、**不眠不急**で走ってます」
　急いでるんだかいないんだかよく分からない「不眠不休」のうろ覚え表記。「不要不急」なんていう言葉もあるのでその辺と一緒になったのかも。眠らず急がずって一番キツいような気がします。

とりあいず　⇒　とりあえず？
検索例 「**とりあいず**行くだけ行ってみよー」
　おそらく「とりあえず（取り敢えず）」のつもりのうろ覚え表記。単純な打ち込みミス（ならびに確認の怠り）である場合がほとんどなのだと思いますが、とりあえず一日も早く本人がこの誤りに気付いて修正できるよう願っています。

邪の道は蛇　⇒　蛇の道は蛇？
検索例 「**邪の道は蛇**ではないですが、空き巣の心理を知ることで効果的な防犯対策ができたり、防犯意識を高めることができます。」
　おそらく「邪の道」というところが「邪道」に通じることから、なんとなくありそうな諺に思えて使ってしまうのではないでしょうか。

学生食道　⇒　学生食堂？
検索例「まだオープン前の新しい**学生食道**で交流会を行いました。」
略せば「学食」でおんなじなんですけど……。

心意義　⇒　心意気？
検索例「経営者の姿勢や**心意義**について深く学ぶことが出来ました。」
「その心意義やよし！」などのように、誰かをたたえる時によく見られる「心意気」のつもりのうろ覚え表記。

必見の価値あり　⇒　一見の価値あり？
検索例「本格的なフランス料理も楽しめ、夜景も**必見の価値あり**。」
あるサイトに「『必見の価値あり』というのは『必見』と『一見の価値あり』のハイブリッドか？」という記述があり、なるほどと思いました。「必見」という言葉にはすでに「見る価値がある」という意味が含まれていますので、「必見の価値あり」だと意味がダブってしまいます。

その時、旋律が走った！　⇒　その時、戦慄が走った！？
検索例「皆が車に乗り込みエンジンをかけた瞬間に**旋律が走った**。」
体の中をサスペンスなメロディーが駆け抜けたようです。大丈夫でしょうか。シリアスな場面で唐突に出てきたりすると脱力すること、請け合いです。

ゆいゆいしき事態　⇒　ゆゆしき事態？
検索例「まさに議会制民主主義の根幹を揺るがすゆい**ゆいしき事態**であります。」
「由々しき（ゆゆしき）事態」のうろ覚え表記。お硬い文章中に唐突に出てくると脱力してしまいます。

後がくっきり　⇒　跡がくっきり？
検索例「(1) 日焼けの**後がくっきり** (2) 靴下のゴムの**後がくっきり**」
「○○のあと」の変換候補に「後」が上位に来て、そのまま確定したのではないかと思われますが、痕跡を意味する漢字は「後」ではなく「跡」です（建造物には「址」、傷などには「痕」とも書きます）。

それ事態　⇒　それ自体？
検索例「コミニュケーションを大切にそして**それ事態を楽しんでいます**」
大変ポピュラーな間違いなので誰でも一度は見た、或いはやっちゃった経験があるんじゃないでしょうか。「自体」はそれ自身。「事態」は成り行きのこと。

言ってる暇じゃない ⇒ 言ってる場合じゃない？
検索例 (1) あぁ〜懐かしいねぇ〜って**言ってる暇じゃないよ** (2) そんな悠長なこと**言ってる暇じゃない**だろうが俺」

　これは「(そんなこと)言ってる場合じゃない」の「場合」が「暇」になったのではないかと思われます。或いは単に「そんなこと言ってる暇はない」もしくは「そんなこと言ってるほど暇じゃない」というような言い方をすればいいんじゃないでしょうか。

この親不幸者！ ⇒ この親不孝者！？
検索例 「私はそんなに**親不幸者**でしょうか。」

　自分の親を不幸にする者。だから「親不幸者」。こういう風に思っている人の数って結構多いんでしょうか。親孝行の反対が親不孝。こう覚えてしまえばもう間違えることはなさそうです。

至れに尽くせり ⇒ 至れり尽くせり？
検索例 「(1) 装備が**至れに尽くせり**だけど航続距離が短い。(2) たった今気づいてしまったホヤホヤ間違いです。「**至れり尽くせり**」いたれにつくせりじゃないんだ」

　単純なタイプミスの方が多いのかもしれませんが、検索例にも見られるように、こう聞き覚えてそのままになってしまっている人もけっこういそうです。

YouTude ⇒ YouTube ?
検索例 「(1)**YouTude** の動画が再生される前に表示される動画広告。(2)**youtude** が見れなくなってしまいました。」

　YouTube が国内で知られ始めた頃なら分かりますが、意外に最近でもこの間違いが多く、単なるタイプミスか、それともこう覚えてしまっているのかが気になります。

Autumu Collection ⇒ Autumn Collection ?
検索例 「『**Autumu Collection**』お値打ち今旬アイテムをいますぐチェック！」

　某デパートの店内広告で見つけて検索してみたらたくさんありました。ほとんどがオンラインショップ等の商用サイトでした。

○○の非ではない　⇒　○○の比ではない？
検索例「中毒性はニコチンやアルコール**の非ではない**です。」
　読みが同じで異なる漢字があてはまる言葉は、間違っていても気づきにくいです。オトナになってから職場などでこういう間違いを他人から人前で指摘される恥ずかしさは、ネットでたまたま自分で気づいて覚える恥ずかしさの比ではありませんから、十分気をつけましょう。

一軒の価値あり　⇒　一見の価値あり？
検索例「(1) 数千文字以上費やした紹介文は**一軒の価値あり**。(2) 新築！ 地下室付きの素敵なお部屋！**一軒の価値あり！**」
　家一軒分の価値ということでしょうか。検索結果にはシンプルな間違いの他、不動産紹介等に絡めたダジャレ表現としての使用も多く見られました。

懇親の力を込めて　⇒　渾身の力を込めて？
検索例「僕は**懇親の力を込めて**蹴りました。 何度も何度も蹴りました。」
　懇親は、打ち解けて仲良くつきあうこと。「懇親の力を込めて」殴りかかってこられたら、いったいどうしたらいいのでしょうか。

一歩的に　⇒　一方的に？
検索例「相変わらず大きな声で**一歩的に**話しまくる。」
　件数が多いですが、殆どケアレスミスだと思われます。もし「一歩的に」を確信をもって使っている人がいたとしたら、その人にどういう意味付けでこの字にしているのか聞いてみたいです。

川上にもおけない　⇒　風上にもおけない？
検索例「責任逃れは、男の**川上にもおけない**わ」
　風上に臭いものがあると風下までにおって来ることから「風上にもおけない」と言うんですけど、私自身も一瞬どっちか迷うことがあるので間違わないようピックアップ。

嬉々として進まない　⇒　遅々として進まない？
検索例「(1) 作業が**嬉々として進まない**。(2) 予定していたテストは**嬉々として進まず** (3) やることはわかっていても**嬉々として進まない現状**」

【嬉々として進まない】楽しすぎてかえって作業がはかどらないこと？

　なんかもうこういう言葉もあっていいような気がしてきます。

天子と悪魔　⇒　天使と悪魔？
検索例 「**天子と悪魔**、善と悪等の対立的二元論」
「今頭の中では **天子と悪魔**が戦っている」
　意図的にこの文字をあてている場合もあるかもしれませんが、検索結果を見る限りほとんど「天使と悪魔」の間違いのようです。当然ですが天使（エンジェル）と天子（帝王／天皇）は別物です。

門限の時間　⇒　門限？
検索例 「**門限の時間**を守っていただければアルバイトは可能です。」
　「門限」は、○時までに帰ってこなければならないという時刻のことなので、重ね言葉になります。「敗因の原因」並みに意味がダブってます。

エリック・クリプトン　⇒　エリック・クラプトン？
検索例 「**エリッククリプトン**の曲でおすすめの曲があったら教えて下さい。」
　検索するとたくさん出てきます。クラプトンはスーパーマン？

いつまのにか　⇒　いつのまにか？
検索例 「絶対無理だと思ったけど、**いつまのにか**完成してた」
　「いつのまにか（何時の間にか）」の音位転換。言葉をひとかたまりの曖昧な音としてとらえているという事がよく分かる典型です。

友人飛行　⇒　有人飛行？
検索例 「世界で初めて動力付き**友人飛行**に成功したのは、ご存じ、ライト兄弟である。」
　こりゃいくらなんでもわざとだろうと思って検索してみたら、意外にも検索結果の多くが素で間違っていたのでちょっとびっくり。

セレプション　⇒　レセプション（reception）？
検索例 「昨夜の**セレプション**には、他にも多くのメディア関係の方が取材に来られていました。」
　一度こういう風に覚えちゃうとなかなか修正がきかないので、使い慣れない英語を使う時は気を付けましょう。

コラム7 【助数詞】11つ？日本語で物を数えるとき

女性アーティストの「しょこたん」こと中川翔子さんのブログで見つけた表現。

・今日は朝から夜まで**13つ**も着替えて写真集を撮るお
・生活リズムが完全に狂って大変だが明日**13つ**も衣装着替えるんだお

衣装替えで使う洋服が全部で13着あり、それらを「13つ」と数えています。
　正直ちょっとクラクラしましたが、これって今どきの物の数え方としてそれほど違和感もなく読んでしまう人が多いのでしょうか。同日のエントリーで2度出てきているので、彼女の場合単純なタイプミスではないようです。
　そこで10以上の数で色々検索してみたのですが、どの数においてもこれと同じような数え方をしている人がたくさんいて驚きました。

・1つ目～**10つ目**までノートに一回ずつ書く。
・**11つ目**の動画共有サイトの紹介です。
・**12つ目**の東新宿駅前で下車してください。
・新たに**13つ目**と**14つ目**の氷の構造が明らかになったそうです。
・今回で**20つ目**の記事になりました！
・一度に持てる最大数が**10つ**なのね。
・通算**15つ目**のメジャータイトルを勝ち取り、連勝記録を24に伸ばした。
・チェックすべきこととして、**16つ**くらいのことをチェックしました。

これらは、もしかしてそれぞれに合った適切な数え方を考えるのが面倒で、ついこのような書き方をしてしまったのでしょうか。
　「12つ目の東新宿駅前」は「12番目の東新宿駅前」だろうし、「今回で20つ目の記事」は「今回で20番目」或いは「20個目の記事」でいいですよね。
　ところでこれらはどのように読まれるのでしょう。「11つ12つ13つ」は「じゅういっつ、じゅうにつ、じゅうさんつ」それとも「じゅうひとつ、じゅうふたつ、じゅうみっつ」でしょうか。このような表記をしている人達に"正解"を聞いてみたいです。
　ちなみに、実際に存在する人名で「十さん」と書いて何と読むか分かるでしょうか。これは「つなしさん」と読むのだそうです。数を一から順に数えていって、七つ八つ九

つの次の「十」には「つ」がつかないので"つなし"さん。検索していて偶然知りました。「つ」や「日」など、数を表す語の後ろに付いて、物の数や日付などを数えるのに用いる助数詞は、学校で習うというよりは普段の生活の中で自然に身に付くものだと思うのですが、数さえちゃんと伝わればそれでいいじゃないかという感覚の人が今後増えてくると、「11つ」なんていうおかしな表現にも、何の違和感も持たないという人が増えてくるのかもしれません。

テレビ誤植14

シズテム→システム？

2014/2/25　日本テレビ「スッキリ！」

勘一発！　前代未踏の油断大的うる覚え！

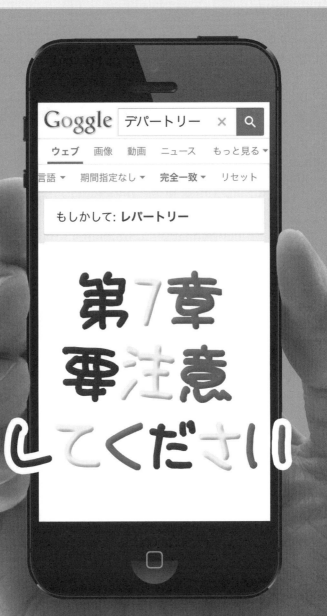

SUB: 元気ですか？

もしかして：……？

あるテレビ番組で、携帯メールでのやりとりをその携帯画面を映しながら実況していたのですが、そこに出ていたメールの一行目の文言「SUB: 元気ですか？」を番組の司会者が「サブタイトル: 元気ですか？」と読み、以後も放送中にメールを読むたびに「サブタイトル」と繰り返していて、とても気になりました。

「SUB」は確かにいくつかの言葉の省略形として使われ「サブタイトル」の略である場合もありますが、今回のようにメールの先頭に付けばそれは「件名」のことなのは明らかでどう考えても"SUBJECT"だし、その読みはサブジェクトになります。

検索をしてみると同様の勘違いをしていると思われる人はやはりいて、その勘違いに対する指摘もされていました。

検索例

- そもそも**サブタイトル**って何の為につけるんですか？サブをつけられると返信の時に消さないといけないから、付けて来るな！って思います。普通に本文だけに出来ないんですかねぇ。
- 「メールの**サブタイトル**があるのとないのはどっちが好意があると思いますか？関係ないですか？」「あまり関係ないかも…ちなみにメールのSUBはサブタイトルではなくSUBJECT(主題)です…」
- 「メールの**サブタイトル**を打ち込みすると起動できませんとなってしまう」「メールにサブタイトル欄なんてないけど？」「subject(件名)のことをサブタイトルと言っているのでは？」
- メールの**サブタイトル**とかで付く「Re:」とか「Re:2」ってなんの意味っすかね？
- メールは**サブタイトル**に名前が入っていたので送り間違いや一斉送信ではないと思います。

このような自分の間違った解釈や思い込みで覚えてしまった言葉は、誰かから指摘される機会がないとなかなか気付けないものなのかもしれません。

億尾にも出さない

もしかして：**おくびにも出さない？**

「心に秘めて、一言も触れず、素振りにも見せない」という意味の「おくびにも出さない」という表現がありますが、この「おくび」に「億尾」という漢字をあてている文章がWeb上にたくさんあって驚きました。

検索例（実質件数 188 件）
- 立場上、こんなことは**億尾にも出せません**が
- そんな態度を**億尾にも出さない**ところがプロである。
- 心の叫びは**億尾にも出さず**、相手の話に耳を傾けるフリをする俺。

「おくび」は漢字では口へんに愛と書くそうです。私は今回辞書で調べて初めて知りました。

「噯」

こんな漢字ですが、意味は「げっぷ」のことなのだそうです。
では何故「おくび」に「億尾」などという漢字をあてている文章がたくさんあったのでしょうか。
それは、パソコンでの変換候補の表示に原因があるようです。
私のパソコン（Win + IME）では、変換候補に「億尾」は出ても、口へんに愛の漢字は出てきませんでした。
恐らく同じように他の人のパソコンにも同様の表示が出ることで、多くの人が「億尾」を選択してしまったのではないでしょうか。
ちなみに口へんに愛の「おくび」は常用漢字ではない為、複数のオンライン辞書でもフォントではなく画像で表示されていました。
変換候補に出てこないせいでまんまと"ダマされて"しまいそうですが、やっぱり漢字の意味と自分の書きたい言葉の意味とを考え合わせて、不安だったらとりあえず平仮名で書くのが無難なのではないかと思います。

要注意してください

もしかして：**ご注意ください？**

このフレーズを目にするたびにそれを言うなら「要注意してください」じゃなくて「ご注意ください」か「要注意（です）」だよなーって思ってました。

> **検索例1**　（実質件数 459 件）「要注意してください」+「要注意して下さい」
> ・取り出すとき、とても熱いのでヤケドには**要注意してください**。
> ・決して添付データーは開かないよう、**要注意してください**。
> ・皆さんあったかくして、風邪には**要注意して下さい**！(>_<)！
> ・お店により時間や料金も異なる場合があるので要注意して下さい。

更に Web 上の多くのサイトで「要チェックして」というような表記もよく目にするようになりました。

> **検索例2**　（実質件数 282 件）
> ・最新の気象情報を**要チェック**して下さい
> ・本日は、是非とも、**要チェック**して頂きたい！！そんなアイテムをご紹介いたします
> ・賃貸物件の下見では水周りを**要チェック**しておきます。

漢字とカタカナをくっつけて意味を持たせた表現なので、解釈が一様でないのは分かるとしても、"要チェック"で既に「チェックすることが必要」というところまでの意味が含まれているので「要チェックして下さい」だと「チェックすることをして下さい」という、「する」が2つ重なったおかしな文章になってしまいます。

そんな訳で「要チェックして下さい」は「要チェックです」か、或いは単に「チェックして下さい」のどちらかの表現でいいんじゃないかと思います。
「毎日更新してますので要チェックして下さいね！」なんてやっぱりちょっと変。

> 【要】　(2) 必要であること。入用。

目から火が……

もしかして：……

　なんとなく聞いていたラジオ放送で、若者を対象にしてことわざなどの意味をどれぐらい正確に知っているかを調査した結果についての放送をしていました。

■番組の中で紹介されていたユニークな答え

「骨抜きにする」：食べやすくすること
「濡れ手で粟」：一度ハマってしまうとなかなか抜け出せないさま
「首をすげかえる」：心を入れ替える

　「骨抜きにする」なんかは魚を食べるとき限定の言葉になっちゃってますね。
　面白かったのは、「目から火が出る」の意味について、女性アナウンサーが「とても恥ずかしいという時に使う言葉ですよね」と言ってしまい、解説の男性が「あ、そうですか……」と言ったきり絶句してしまった時でした。
　少し間をおいて、解説の男性が申し訳なさそうに「目から火が出るというのは顔を強くぶつけたりした時に言う言葉ですね」と説明していました。
　ちなみに恥ずかしいさまをあらわす言葉は「顔から火が出る」です。
　ラジオなので見えませんが、このときの女性アナウンサーは、顔から火が出るほど恥ずかしくて、顔は真っ赤になっていたに違いありません。

検索例

・**目から火が**出そうなくらい恥ずかしかったが、あえて笑ってみた！　もうめっちゃ恥ずかしい…
・店員が若い女の大きな本屋で見つけた。**目から火が出る**思いで買った。
・**目から火が**出そうな詩だけど、なんかいいよ。

【目から火が出る】頭を強くぶつけたとき、目の前が真っ暗になって光が飛び交うような感じがすることをいう。
【顔から火が出る】恥ずかしくて顔が真っ赤になる。「人前で大失敗を演じ—。出る思いがした」

All nights reserved.

もしかして：**All rights reserved. ?**

著作権表記中の間違い。rights（権利）が nights（夜）になっちゃってます。

著作権表示は、Web サイトの場合であればそれぞれのページの下の方に小さ目のフォントで

Copyright (c) 2001-2015 ＊＊＊＊＊＊＊＊＊＊＊ All Rights Reserved.

のようにして書かれていることが多いですが、それゆえ一度表示してしまえばあとはサイト制作者も閲覧者も特に気をつけて見る場所でもないので、そのまま見落としてしまうことが多いのかもしれません。普通の個人サイト以外にオンラインショップや不動産のサイトなどがあり、そして一時期英語教材の販売サイトでも見つかったことがありました。

【reserved】（1）取ってある，残してある（2）〈座席などが〉予約［確保］してある

人肌脱ぐ

もしかして：**一肌脱ぐ**？

　色っぽい話になりそうでならない「一肌脱ぐ」のうろ覚え表記。
「ひとはだぬぐ」まで一気にタイピングせず「ひとはだ」で区切って確定してしまうと、こうなりやすいんじゃないかと思います。

検索例（実質件数 225 件）「〜に人肌脱ぐ」

・可愛い後輩の為に**人肌脱ぐ**としよう。
・同情し、彼のために**人肌脱ぐ**決意をする。
・今後の野球界のために**人肌脱ぐ**のが真の男の中の男。

　検索結果中に「人肌脱ぐ『止めて！何するのよ！きゃああ！』」っていうのがあって笑ってしまいました。

【一肌脱ぐ】本気になって他人のために力を貸す。「後輩のために一・ぐ」

第 7 章　要注意してください

戸惑る

もしかして：戸惑う

あるブログ内で偶然見つけた表現。「戸惑う」が「戸惑る」になってます。
「戸惑う」のつもりとしてだけじゃなく、「手間取る」の意味合いで使われている場合もあるようです。

検索例（実質件数 71 件）
・初めての経験なのでいろいろと**戸惑る**ことが多いです(°~°)。
・詳しく書かれており**戸惑る**ことなくパワーアップに成功しました。
・設定で若干**戸惑る**
・ちょっと設置に**戸惑る**も無事終了…

それで逆パターンの誤りである「手間取う」もあるのかと思って調べてみたら、やっぱりありました。

検索例（実質件数 66 件）
・新機材のシステムの把握に**手間取う**。
・グリップがないので、収納時にやや**手間取う**場合があります。
・支払いの際に**手間取う**のはみっともない事ですから

「戸惑る」の検索例を通して読んでいて、何か似たようなニュアンスの言葉があったような気がしてしばらく考えていたら分かりました。それは「キョドる」。

「ジェットコースターという言葉に思わず**戸惑る**」

（「戸惑る」の検索結果より）

これなんかそのまま「思わずキョドる」と読んだ方がぴったりきます。
そういう訳で、「戸惑る」という言葉をどこかで見つけたら、今後は「キョドる」と心の中でルビを振って、そのまま優しくスルーでどうでしょうと思うのでした。
そしてそのうち「戸惑る」も、徐々に間違いとしてではなく新しい言葉として使われるようになったりするかもしれません。いやマジで。

足げく通う

もしかして：**足繁く通う？**

「○○さんのアパートに足げく通う姿がたびたび目撃されており……」なんていうフレーズはよく聞きますが、それを言うなら「足繁く（あししげく）通う」です。

検索例1 （実質件数 223 件）
- 蕎麦好きの人々が**足げく通う**隠れた名店
- ライブやコンサートに**足げく通う**ファン
- 収集家が**足げく通う**趣味の店

この間違いの多さは、元々「足繁く」を「あしげく」と読み覚えてしまった人が多いところからきていると思われます。

検索例2 （実質件数 359 件）
- この手のイベントやるようになってから、かなり**あしげく通う**ようになった。
- 営業が何回も**あしげく通う**ことで最終的に購入に結びつく事が多いのです。
- "あししげく"ええっ！？　"**あしげく**"じゃないのっ！？数十年、日本人やってますが、今まで全然間違いに気づかず、使ってました。

【足繁く（あししげく）】たびたび行くさま。頻繁に。「治療に―通う」

「あしげく」を「足蹴く」と漢字変換した例も多く見られ、そこから更に「足蹴なく」「足蹴もなく」に変化した例も多くあります。ここまで来ると自分で変換した漢字の意味をどう解釈しているのか想像がつきません。

検索例3 （実質件数それぞれ 308 件、257 件、78 件）
- 馬刺し目当てに**足蹴く通う**常連さんは多数。
- 県外の色々なところから**足蹴く**お客さんが来るんです。
- 本当に素晴らしいのでこれからも**足蹴なく通わせて**いただきます
- 毎日**足蹴なく通う**お客様がいらっしゃるのだとか。
- 船酔いに悩まされながら何度も**足蹴もなく通った**事が思い出される。
- 高校生だった筆者は、**足蹴もなく**日劇に通った。

著名人を排出

もしかして：**著名人を輩出？**

タイトルの「著名人」のところには「芸能人」「有名人」その他諸々の「○○人」が当てはまります。

検索例（実質件数307件「○○人を排出」）
- 今でも数多くの知識人、文化人を**排出**しています。
- 立派な社会人を**排出**し続けることが使命であると考えています。
- たくさんの演劇人を**排出**している学校
- 政治・文化・スポーツの多くで著名人を**排出**している
- 数多くのスター、監督等の映画人を**排出**
- 起業家100人を**排出**するプロジェクト
- ハイブリッドなジャパニーズ（日本人）を**排出**し続けられるような支援がしたい。
- 多士済々の企業人を**排出**した地である。
- 海外留学を通して、一人でも多くの「真の国際人」を**排出**できるよう挑戦しております。
- 多くの非凡な料理人を**排出**し、この地の食文化を支えてきた
- なかなかいろんな人を**排出**してる

もちろんお分かりと思いますが、検索例の「排出」はすべて「輩出」の誤りです。

おそらく殆どが単純な変換ミスだと思われ、ありがちとは言え結構深刻な部類の間違いではないでしょうか。郷土や所属する団体などから「排出」させられてしまった人達が本当にお気の毒です。

【輩出】すぐれた人物が続いて世に出ること。また、人材を多く送り出すこと。「逸材が―した時代」「各界に人材を―している名門校」
【排出】（1）内部にある不要の物を外へ押し出すこと。「戸外へガスを―する」
（2）生物体が物質代謝の結果生じた不要または有害な物質を体外に排除すること。排泄。「老廃物を―する」

一度に会する

もしかして：**一堂に会する？**

　本当は2回か3回に分けて集まる方が良かったけれど、今回は一度に集まりました。という意味であれば「一度に会する」という表現は、別に間違った言い方ではないかもしれません。ただ、非常に多くの人、様々な立場の人、普段中々一緒になる機会のない人が一つの場所に集まったというような意味のことを言うのであれば、それは「一度に会する」ではなく「一堂に会する」という表現が適切だと思います。

> **検索例**（実質件数138件「一度に会する」）
> ・フットサルの強豪が**一度に会する**この大会をぜひ応援に来てください。
> ・豪華スターが**一度に会する**ので毎年見てます
> ・とてもたくさんのユニットが**一度に会して**、迫力の戦いが繰り広げられます。
> ・同地の演奏者36人が**一度に会した**レコーディング。

　「一堂に会する」と「一度に会する」。両者には、集まる場所を表すか、その回数を表すかの違いがあります。

> 【一堂（いちどう）】同じ建物。同じ場所。「―に会する」「―に集める」
> 【一度（いちど）】一回。ひとたび。「前に―見たことがある」
> 【一堂に会する】同じ場所に集まる。「加盟国代表が―・する」

　「一度に」集まるということは、そのまま一つの場所に集まることだから同じじゃないかという考え方もできると思います。でもそれなら初めから「一堂に会する」と書けばいいんじゃないでしょうか。「一堂に会する」を聞き間違えてそのまま覚えちゃったんじゃないかと思われる（誤解される）リスクを負ってまでわざわざ使う必要もないと思うのですが、どうでしょう。

　あと、「一同に会する」もよく見る誤りですが、それだと「そこにいる人全部に会う」というような意味になってしまいます。

厳選な抽選

もしかして：**厳正な抽選？**

　正しくは「厳正な抽選」。とてもメジャーな誤りで指摘も多くされていますが、単なるタイプミスと、こういう言葉なのだと思って使っている人との割合がどれぐらいなのか気になります。

【厳正】規準に厳格に従って、公正に取り扱う・こと（さま）。「―な裁判」「―中立」「―な判定」
【厳選】厳重に審査して選ぶこと。「応募者から―する」

検索例1　（実質件数 265 件「厳選な抽選」）

- **厳選な抽選**の結果、貴方がご当選されました
- **厳選なる抽選**の上、当選者様へご連絡をさせていただきます。
- **厳選な**審査の結果、下記の方々の作品がグランプリ入選となりました。
- 優れたブランドを**厳選な**他薦により選定・表彰される栄誉ある賞です．

　検索結果を見ているうちに、「厳選した」或いは「厳選された」の代わりに「厳選な」を使っている例がとても多いことに気付きました。こっちの方がよっぽど「問題な日本語」のような気がします。

検索例2

- **厳選な**原料だけで作られるちょっと贅沢なパスタ
- 内装が上品で、**厳選な**料理を提供する。
- 有名・便利・**厳選な**サイトばかりを集めたリンク集
- 毎朝魚市場で仕入れた**厳選な**ネタは新鮮で旬なものばかりです。
- 女子目線でお店を探した**厳選な**もつ鍋のお店をご紹介します。

信望者

もしかして：**信奉者**？

　あるものを強く信じて、それに積極的に従おうとする人のことを「○○信奉者」と言ったりしますが、これを「信望者」と書いているのを見ることがあります。

　「信奉者（しんぽ[PO]うしゃ）」を「しんぽ[BO]うしゃ」と読み覚えるか聞き間違えるかして、それをあとから漢字で書こうとしてこうなったのではないかと思われます。

検索例1　（実質件数 360 件）
- 彼女は、この頃に多くの**信望者**と敵を作ってしまう。
- 彼は次第にその民間療法の**信望者**になっていった。
- 本心はアナログオーディオの**信望者**で

【信奉（しんぽう）】ある主義・宗教・学説などを最上のものと信じてあがめ、それに従うこと。「新しい経済思想を―する」
【信望（しんぼう）】信用と人望。「―の厚い人」

　「信望者」という表現に自分なりの意味を持たせて使うのは自由ですが、信用と人望を失う可能性もあるのであまりおすすめは致しません。
他に「心棒者」「辛抱者」などが見られ、何が言いたいんだかよく分からなくなっています。

検索例2　（実質件数それぞれ 261 件、47 件）
- 当時かなりの人が彼の**心棒者**だったようです。
- 経営者の中にドラッカーの**心棒者**は多い。
- 祝福された美の**辛抱者**の集まり
- まあ、結論的には、私自身もその銘柄の**辛抱 者**ですから

　最初「辛抱者」という字を見た時は「辛抱人（しんぼうにん）：辛抱強い人。辛抱してよく働く人」のつもりなのかなと一瞬思いましたが、やっぱりそうじゃないみたいです。

考え深い

もしかして：**感慨深い？**

　考えが深い。思慮深い。そういう意味なら何も問題はないのですが、文脈から「感慨深い」と混同してるんじゃないかと思われる使い方がたくさんありました。

検索例1
- 氏がこのように立派に本会を主体となって実施されたことは**考え深い**ものがあります。
- こういう状況の中で生きていると、こんな人生を悟ったような考え方になるのかと**考え深い**ものがあった。
- なんてどっしりとした文化や歴史をもっているんだろうと**考え深い**ものがありました。

　実際、このような文章に対する誤用/混同ではないかという指摘もネット上に数多く見られます。

検索例2
- レビューにある「**考え深い**」とのコメントは「感慨深い」が正しい表現でしょう。おっしゃりたいことには同感しますが、日本語の乱れが気になります。
- **考え深い**ものがありましたね それを言うなら「感慨深い」やろ〜！ ってつっこみは無し？
- **考え深い**→感慨深い？の事かな？

【感慨深い】しみじみと深く感じている。「―・い面持ち」
【考え深い】考え方が慎重である。思慮深い。「―・そうな顔つき」

　「感慨深い」は、考えるというより感じている。感情が揺り動かされている（emotional）状態のことなので、似ているというより違う言葉ですね。
　いずれにしても同様に件数の多い「灌漑深い」(317件)よりはまだましな気はしますが。

感傷深い

もしかして：**感慨深い？**

　ある朝のワイドショーにて、某有名女性アーティストがインタビューを受けていたのですが、その中で本人の口から「〜についてはとても感傷深いものがありました」という言葉が出てきて一瞬えっ？と思ってテレビの画面を見ると、そこには「〜についてはとても感慨深いものがありました」と書かれた字幕が出ていました。

　このとき間違いなく本人は「感傷深い」と言っていたのですが、おそらくテレビ局側で一般的ではない表現であると判断し「感慨深い」に差し替えたのだと思われます。

　私自身「感傷深い」という表現はこのとき初めて聞いたのですが、試しに検索してみたらたくさん出てきて驚きました。

検索例1　（実質件数 308 件）
・子供心になんだか胸がキュンとなるような**感傷深い**気持ちになったものです。
・幸せを感じることのできた**感傷深い**仕事でした。
・歴史を考えると、**感傷深い**ものがあります．

　複数の辞書で確認しましたが、「感慨深い」はあっても「感傷深い」はありませんでした。「感傷にひたる」「感傷にふける」などという言い方はありますが、「感傷深い」はやはりイレギュラーな表現なのではないでしょうか。

【感傷】 物事に感じて心をいためること。また、物事に感じやすい心の傾向。「―にひたる」
【感慨】 心に深く感じること。しみじみと思うこと。「―を覚える」「―にひたる」

　他に「感傷深い」と同じ読みで「鑑賞深い」という間違いもネット上で多く見られますが、いかにも何かを鑑賞して感動したというニュアンスがあって、ちょっと面白いです。

検索例2　（実質件数 140 件）
・この辺りは何度来ても**鑑賞深い**です。
・海の向こうからわざわざ運ばれてきたのかと思うと**鑑賞深い**ものである。
・いよいよここまで来たか、という**鑑賞深い**気持ちになります

新作を引き下げ

もしかして：新作を引っ提げ？

　あるミュージシャンに関するネット上の記事に「その最新作を引き下げ、待望の再来日！」と書かれていたのですが、微妙に違和感があったので確認してみました。

　この場合、「引き下げ」ではなく「引っ提げ／引っ下げ」と書き、両者はそれぞれ別の言葉として辞書に載っています。

【引っ提げる／引っ下げる（ひっさげる）】
(1) 大きなもの、目立つものなどを手にさげて持つ。「大荷物を—・げて出発する」
(2) 引き連れる。伴う。「取り巻き連を—・げて現れる」
(3) 行動に出るに当たって、有力なよりどころとしてかかげる。「新曲を—・げて舞台に立つ」「年金問題を—・げて選挙に打って出る」

【引き下げる（ひきさげる）】
(1) 値段・比率などを低くする。「価格を—・げる」
(2) 地位・身分を低くする。「一階級—・げる」
(3) 取り下げる。「提案を—・げる」

　「引き下げる」の方にも古典的な使い方で「引きつれる」の意味はあるのですが、「有力なよりどころとしてかかげる」という（今回の例文に適合した）意味を持つのは「引っ提げる」の方です。

検索例1　（実質件数202件「アルバムを引き下げ」）

・来年も新たな新作を**引き下げ**てお節料理を作り上げます。
・約3年の沈黙をやぶり遂に単独作を**引き下げ**完全復活！
・2ndアルバムに先駆け、ミニアルバムを**引き下げ**て全国5カ所のツアーを行います。
・USツアーを経て、この度新曲を**引き下げ**て再来日
・未だかつてない超豪華メンバーを**引き下げ**来日決定！

○○を座巻

「席巻」という言葉があります。しかしそれが何故か「座巻」になっているのを見ることがあります。きっと最初の漢字を「座席の"席"」ではなく「座席の"座"」と覚えちゃったんだと思います。

【席巻（せっけん）】むしろを巻くように領土を片端から攻め取ること。はげしい勢いで、自分の勢力範囲をひろげること。「市場を―する」

検索例1　（実質件数 172 件）
- 当時パリの音楽シーンを**座巻**していたラップ/ヒップホップ
- 今や日本アニメブームが世界を**座巻**しているようです
- 日本製高性能車両が世界中を**座巻**していた時代のモデルです。
- 新進気鋭の若手ベンチャー企業が本物のサービスで勝利し、またたくまに世界を**座巻**している

また、「席巻」を「座巻」と覚えてしまい、それを更に「ざかん」と読んでそのまま覚えてしまった、或いはそうだと思っていたという人も見られました。

検索例2
- いわゆる80・90年代を**ざかん**したアッパー系ドラック
- 地元女子アナは、「昭和の芸能界を席巻！」を「**ざかん**」って読んでた
- 席巻と書こうとしたら変換しないので、何でだろうと思っていたら、読み方「**ざかん**」と思ってました。
- さっきまで"席巻"の読み方を"**ざかん**"だと思ってた。よく見たら字も違うし、何でだろう…

ちなみに工業関連の専門用語で「座巻（ざまき）」は、押しバネの両端末の平らに見える部分で、バネとして作用しない部分のことを言うのだそうです。

加熱報道

もしかして：**過熱報道？**

【過熱報道】限度を超えた行き過ぎた報道のこと。
【加熱報道】その報道の過激さゆえに、報道自体が逆に取材対象に対して影響を及ぼす状態、またはその報道をいう。
「過熱報道」はあくまでその行き過ぎた報道の状態を表しているのに対し、「加熱報道」には、その取材対象に働きかけて事態をより活性化させる（ヒートアップさせる）という動的な意味が加えられています。

「加熱報道」なんていう言葉は本当はないんですけど、結構変換ミスとしてではなく上記のようなニュアンスを感じさせる文章が見られます。

単純な変換ミスの方が圧倒的に多いであろうその一方、「過熱」が正しいということを知らずに（要するに文字通りの単純な変換ミスとしてではなく）、初めから疑うことなく「加熱」で確定しているケースもあるような気がします。

検索例 （実質件数 336 件「加熱報道」）
・こうした**加熱報道**に大きな危惧感を持っている
・連日の**加熱報道**振りは異常ですね
・マスコミの**加熱報道**にも原因があるのではないかという批判
・売上げの向上を図るためのゴシップ報道が**加熱**

その意図はともかく「加熱」はあくまで「熱を加えること」なので、ジョークなりウィットであることの注釈を付けずに使うのは避けた方が良さそうです。

【過熱】（3）度を超した状態になること。「議論が―する」
【加熱】物に熱を加えること。「―して殺菌する」

一転二転

もしかして：**二転三転**？

「二転三転する」の比較表現。「二転三転」している状況と比較して、それほど変化の度合いが大きくないときに使われる。

検索例1（実質件数 502 件「一転二転する」+「一転二転し」）
・先が読めない**一転二転**する斬新な脚本
・刑事、民事共に判決が**一転二転**するありさま
・報道内容が**一転二転**しています。報道機関が把握していなかっただけでしょうか。

本当は「一転する」と「二転三転する」がごちゃまぜになってしまったうろ覚え表現なのですが、必ずしも言葉の使い方として間違っているとも言い切れないので、このまま一定の割合で使われ続けていく気がします。

【一転】（1）ひと回りすること。また、ひっくり返ること。1回転。「氷上で滑って―した」（2）ありさまががらりと変わること。また、がらりと変えること。「楽しい旅行のはずが、―悲しみの旅路となった」「相場が―する」「心機―」

【二転三転】物事の内容・状態・成り行きなどが、何度も変わること。「話が―して申し訳ありません」（by goo 辞書）

「二転三転」の場合は、その意味を「二度も三度も」というような"回数として"とらえることができますが、対して「一転」は、あるものの"状態の変化"を示す表現なので、「一転」と「二転」とを繋げて一つの言葉とするのには無理があるんじゃないでしょうか。

結局「一転」を「一回」の意味としてとらえて使ったのだと考えられますが、それだと全然「次から次へ」というめまぐるしいニュアンスは伝わらないので、やっぱり初めから「二転三転」にすればいいのにと思うのでした。

あと「二点三点」というのも多いですが、こちらの方は漢字の意味を全く考えていないか、ただの変換ミスですね。

損得感情

もしかして：**損得勘定？**

　素で間違えているらしい人の方が実際ずっと多いのですが、敢えてこの文字をあてている文章も非常によく見かける「損得勘定」の誤変換ならぬ"誤楽変換"（ただし、あくまで従来からの慣用句として使われるものを指し、「損得の感情」を短縮しているだけである場合、誤りとは言い切れません）。

　最初に耳でこの言葉を聞いて「損得感情」と書くのだと思ってしまうと、その語感の自然さからそのままそういう言葉であると思い込んでしまう可能性がありますが、目で「損得勘定」であると覚えた場合、その後「損得感情」をもう一つの表現として認識できるようになるのだと思います。

　実際検索結果には、それぞれに意味の違いを持たせて書かれた「損得勘定（感情）論」とでもいうべき興味深い文章がたくさんありました。

　これらの検索結果からイメージされる使い分けは、「損得勘定」が主に金銭面でのビジネスライクな損得の判断で、「損得感情」は主に人間関係の精神的な結びつきの度合いによって変わる損得の判断、打算的な気持ちのことであるように思われます。

　公的度合いの強い文章に何の説明もなく「損得感情」を使っても「損得勘定」の誤りと認識されるのがおちですが、今後の使われ方の度合いによっては将来、国語辞典の「損得」の項目に例文として両者が併記されるようになる日が、もしかしたら来るのかもしれません。

検索例

- 人間関係について語る場合は損得勘定ではなく、**損得感情**と言い換えたほうがしっくりくると思う。
- 損得勘定という言葉がありますが、この言葉はそのまま**損得感情**とイコールになると思うのです。
- 損得勘定ならぬ**損得「感情」**でもめてしまいます。
- もちろん損得で物事を判断しますが、損得勘定と言うよりは**損得感情**に近いかな
- 世の中、損得勘定ではなく**損得感情**してみれば、借りは貯めた方が得

各局部との連携

もしかして：**各部局**との連携？

> **検索例1**
> ・省内**各局部**との連携を従来以上に強化
> ・その他にも、**各局部**の伝票のチェックや、税金関係の仕事などなど。
> ・関係**各局部**において各種施策の企画、調整に活用
> ・なお、本通達に関しては、警察庁**各局部**と協議済みである。

　上記それぞれの文章中に「各局部」とありますが、これらは「各部局」の誤りではないでしょうか。「部局」であれば、その意味は「官庁や企業などの内部で、事務を分担する局・部・課などの総称。」ですので適切だと思うのですが。もし本当に「誤字」であったとしたら、できるだけ早い機会に修正することをおすすめします。

【局部】　（1）　全体の内のある限られた部分。特定の場所。一部分。局所。「―照明」
　　　　　（2）　陰部。

個人情報流失

もしかして：**個人情報流出？**

　セキュリティ対策の不備等により、企業のパソコン内の顧客情報がネット上にばら撒かれてしまうという事件が頻繁に報道されているわけですが、このような「個人情報流出」事件を「個人情報流失」と書いている例が多く見られます。

検索例1 （実質件数 589 件）「個人情報流失」+「個人情報の流失」
- 昨年末から今年にかけて**個人情報流失**事件が立て続けに発生している
- 民間企業からの**個人情報流失**が相次ぎ、国民の不安を招いています
- もしデータ等が残っている場合は確実に初期化を行い、**個人情報の流失**を防いでおりますので安心して買取をご依頼ください。

　「流出」の場合はプライバシーを含む個人情報が不特定多数の人の目に触れるようになり、それが勝手にコピーされてどんどん増殖していくというイメージですが、「流失」は「流失家屋」などのようにして使われ、洪水などで流されてそれ自体が消えてなくなってしまうことですから、似たような言葉であってもむしろ意味としては反対であると言えます。

> 【流出】（1）流れて外へ出ること。「事故で廃液が―する」⇔流入。（2）内部のものが、外部に出て行ってしまうこと。「人口の―が著しい山村」「優秀な頭脳が海外へ―する」
> 【流失】水などに押し流されてなくなること。「洪水で橋が―する」「―家屋」

　あと、これは殆どが冗談で書かれているようですが、「個人情報放出」というのも結構あります。

検索例2
- 友達の友達がTELアドからメアドなどなど、**個人情報放出**
- 個人情報個人情報と騒ぎながら、余裕で**個人情報放出**。よくわからない人が多いな。
- 足跡って自分のメールアドレスが残っちゃうって事ですか？それとも名前だけ？**個人情報放出**状態なんでしょうか・・・？

高級的

もしかして：？

　ネット上で「高級的」という言い回しを目にする機会がしばしばあり、これってアリなのかどうか気になっています。

検索例1 （実質件数 279 件）
・**高級的**なイメージ・**高級的**で女性らしいスタイル・**高級的**な雰囲気・**高級的**な料理

　上記すべて「的」は必要ないと思うのですがどうでしょう。
　そこで、「的」を挿入しなければならない理由を考えてみたのですが、
「的」＝「ぽい」なのじゃないかと…。
すなわち、
高級っぽいイメージ
高級っぽくて女性らしいスタイル
高級っぽい雰囲気
高級っぽい料理

　本当にそれが高級なのかどうかの判断はせずに、取り敢えずそれっぽいよねと言ってみる。
　すなわち近頃流行りの「ぼかし言葉（ぼかし表現）」と同じような使い方なのではないでしょうか。
　「恒久的」という、音の同じ言葉が存在していることも、この言い回しを安易にさせてしまう原因の一つなのかもしれません。
　「的」自体に「〜のよう、〜風」という意味があるので「高級的」が誤った言葉遣いであるとは必ずしも言えないのですが、最近まで私自身滅多に目にすることがなかった表現であるだけにとても気になりました。
　それに、「〜風」であると言うことは、実質的に「本当は高級じゃないけれど、それ風」であると言っているのと同じことになってしまい、もしそれを高級なものであると言いたいのであれば、意味そのものが逆になってしまうことになります（例：「父親的存在」など）。

「高級的」って使いますか？

ちなみに中国語で「高級的」は「高度な」という意味になります。

大忙しい

もしかして：**大忙し？**

なんでこうなるのか分からない「大忙し」＋「い」という表記。

> **検索例1**（実質件数419件）
> ・今引越しの準備で**大忙しい**。
> ・明日も**大忙しい**ですが 頑張ります。
> ・皆さんも、師走でさぞ**大忙しい**の頃でしょう
> ・ホテルに予約やら切符を買うやらで**大忙しい**でした。
> ・連休どこも**大忙しい**かったようです。
> ・繁忙期中の繁忙期で当り前ですが物流施設では**大忙しい**の様相を呈しています。

　タイプミスが最も多いとは思いますが、短い文章中に二度出てくることもあるので、それだけでもないようです。
　考えられるのは「大忙し」が「大忙しい」に聞こえてそのまま覚えてしまったようなケースですが、小中学生や日本語を勉強中の外国人の方などではなく、ごく普通の日本人（成人）の文章中に出てくるのが不思議です。
　「小忙しい（こぜわしい）」の対比表現として「大忙しい」を使っているのかなとも思いましたが、それだと読みが「おおせわしい」になるのでこれもちょっと無理があり過ぎかもしれません。

> 【大忙し（おおいそがし）】きわめて忙しいこと。また、そのさま。「田植えで―の時期だ」
> 【小忙しい（こぜわしい）】なんとなくせわしい。「―・く走り回る」

　あと考えられるのは方言ですが、「方言　大忙しい」等で検索してみましたがそれらしき記述は見つけられませんでした。どちらにしても、もし「大忙しい」がどこかの地方の方言だとして、標準語の中に唐突に挿入されていたらとても不自然です。

虫糸

もしかして：**虫系**？

　あるブログで「虫糸」という表記を見つけて一瞬何のことか分からなかったのですが、文脈からどうやら「虫系」と書きたかったのだということが分かりました。
　「○○系」と書いて一つのまとまりのある関係を表しますが、その事を知識として知る前に「○○系」と書かれているのをどこかで目にした場合、「○○糸」に見えてそのまま覚えてしまう可能性は十分あることだと思います。
　Web 上にはたくさんの「○○糸」がありました。

検索例

- **柑橘糸**は落ち込んだ時・不安な時など自信や元気を取り戻してくれるリフレッシュ作用がありますね!!
- 某巨大**中華糸**スーパーでは無かったとの事。
- 少し化粧もしていて、**ビジュアル糸**の走りって感じでしたね
- 牛肉は**内臓糸**と違って表面を焼けば安全ですよ
- これは**ホラー糸**何で嫌な人は今のうちに逃げてください。
- 遊園地は**絶叫糸**かな？ストレス発散にもなるし、すっきりします
- カレー味の中にもわずかに**魚介糸**のダシを感じました
- **スピリチュアル糸**に抵抗があったら、サラリと流してくださいませ。
- もっちりほっぺがチャームポイントの**癒し糸**キャラ
- フェアリーさんや**ギャル糸**の人におすすめです。

　実際には短い文章中に「○○系」と「○○糸」の両方が見つかることも多く、OCR（光学式文字読取装置）等で手書き文字を読み取り損なったケースもありそうです。

【系】(2) 名詞に付いて、一つのまとまりのある関係にあることを表す語。「理科―に進む」「外資―の企業」「太陽―」「銀河―」「MKS単位―」
[補説] 俗語では「ギャル系の話し方」「ビジュアル系バンド」「いかにも体育会系の若者」「癒（いや）し系」などと用いる。

第7章　要注意してください

スパシーボ効果

もしかして：**プラシーボ効果？**

ほぼお笑いネタですが、結構勘違いしたままの人もいそうです。

検索例1 （実質件数 190 件）

・まあ自分で良いと思って飲むぶんには何の問題もありませんし、**スパシーボ効果**もありますから健康になってくれればそれは素晴らしいことです。
・しかし、**スパシーボ効果**というヤツで、濃い色のジュースは味も濃いと思いこむ人はいるかもしれません。
・信じられませんでしたが、肌は確実に潤ってます。**スパシーボ効果**かもしれませんが、肌の調子がすごくいいので、信じて使い続けようと思っています。
・たとえ"**スパシーボ効果**"だとしても効く人はネックレスを外したとたんに肩がこり始めるなんて話も聞きます。効き目ゼロの私からすると病も肩こりも気持ちの持ちようかなとつい思ってしまうのですが。

【プラシーボ効果（偽薬効果）】偽薬（プラセボ）の投与によってみられる治癒効果。薬物そのものの効能ではなく、投薬された安心感や医師への信頼などの心理作用によって症状が改善する状態をいう。プラセボ効果。
【スパシーボ（spasibo）】ありがとう。［ロシア語］

あと少数ですが、「スパセボ効果」と覚えている人もいるようです。「プラセボ効果」と「スパシーボ」が合わさったと思われます。

検索例2 (実質件数 11 件)

・どれも**スパセボ効果**。効くと言えば、カフェインと糖分が効いてるだけ。
・とか思い込んで飲むと**スパセボ効果**で旨さもひとしお。
・申し訳程度に入ってる生薬とか**スパセボ効果**でしょ。
・**スパセボ効果**を知らないのかよ

テレビ誤植17

公演→公園？

2014/7/26　フジテレビ「めざましどようび」

かつて知ったる

もしかして：**勝手知ったる？**

　物事の様子や事情をよく知っていることを「勝手知ったる〇〇」と言ったりしますが、この「勝手」が「かつて」になっているのを見ることがあります。

検索例1 （実質件数200件）
- **かつて知ったる**街でまさかの迷子
- 何回か行った事があるので、**かつて知ったる**我が家のように、くつろぎまくりでした
- この病院にもこれまで何回か訪問したことがあり、**かつて知ったる**病院です
- **かつて知ったる**なじみの界隈に戻ってきたような安心感。

　「勝手（かって）」が「かつて」に聞こえてそのまま覚えてしまったのでしょうか。
　タイプミスの可能性もありますが、「かつて」だと（ローマ字打ちの場合）「u」キーを意識的に押す必要があるのでちょっと考えにくいです。
　それに実際、「嘗て（かつて）」と漢字変換して使われている例も見られます。

検索例2 （実質件数60件）
- 京都から自宅までは**嘗て知ったる**裏道を走り、大阪の自宅には15:00頃帰宅した。
- ぼくは「**嘗て知ったる**なんとやら」で、その部屋をめがけてずんずんと進んでいきました。
- **嘗て知ったる**・・・と言った調子で、コーヒーカップを取り出し洗う。

　検索結果を一つずつ読んでいくと、「昔から知っている」「以前から知っている」という意味で「嘗て知ったる」を使っていると思われる文章も多いのですが、「嘗て」は過去のある一時期を表す語で、現在とは切り離された昔のことなので、「以前から今日までずっと」という意味合いで使うのは無理があると思います。

【**勝手（かって）**】 （2-3） 自分がかかわる物事のようす・事情。「仕事の―がわからない」「―が違う」「―知ったる他人の家」

百聞は一見です！

もしかして：**百聞は一見に如かず？**

　ある事柄について何度も聞くより、一度自分の目で見た方が確かであるという意味で「百聞は一見にしかず（如かず）」と言いますが、近頃「百聞は一見です」という表記を目にするようになりました。

検索例（実質件数 97 件）
- **百聞は一見です**ので、まだ観てない方は是非劇場で観てみて下さい。
- 実際にプロがどんな作業をどの様に行っているか。**百聞は一見です**。
- **百聞は、一見です**。資料請求なんてするよりも、ずっと 多くの事がわかるはず。
- 同じ内容を文字で伝えるのと、音声だけで伝えるのと、映像で伝えるのでは影響力が違います。**百聞は一見です**。
- ぜひ本物の体験して下さい、**百聞は一見・・です**。

　検索例は「百聞は一見にしかず」から「～にしかず」が抜け落ちたうろ覚え表記のようにも見えますが、もう一つの見方として「百聞は一見にしかず」という言葉とその意味をちゃんと知っていてわざと略した、一種の言葉遊びの要素を含んだ現代的表現のようにも思えます。

　つまり、「一見です」と言い切っていながら言外に「しかず」までの意味も（書き手、読み手双方の）共通認識として含んだ表記であるということです。

　検索例の5つ目にある「一見・・です」という表記は、いかにもその「・・」の部分に「～にしかず」の意味を含ませ、それを読み取ることを期待した表記に見えます。

　なんだか小難しい書き方になりましたが、要するに、有名なことわざや慣用句なんだから最後まで言わなくても分かるよね、という感覚です。

　いずれであっても国語のテストではバツを貰う文章だし、意図はどうあれ言語感覚の近い人同士の日常会話にとどめておいた方が良さそうです。

　更に、「百聞は一見です」と言い切ってしまえば、それは「百聞」と「一見」がイコールということになり、本来の意味とも異なることになります。

　【百聞＜一見】か【百聞＝一見】か。もし後者の意味で書いている人がいたとしたら、それは全く新しいことわざになってしまいます。と言うより新しい価値観の表明とも言えますね（大袈裟か！）。

第7章　要注意してください

ナイフとホーク

_{もしかして：}**ナイフとフォーク？**

　正直、初めて見た時は思わず「子供か！」とつぶやきそうになりましたが、検索してみると、もうしっかり大人と呼べる人達の文章中にもこの表記がありました。

> **検索例1**　（実質件数120件）
> ・**ナイフとホーク**を使い、頭、上ヒレ、下ヒレを切り落とす。
> ・先ほどの店員に「**ナイフとホーク**無いの？」と云うと、「あ！すいません」とやっと**ナイフとホーク**をだして来ました。
> ・**ナイフとホーク**を使って食べる時の事を思い浮かべてみて下さい。ナイフは右手、**ホーク**は左手に持たれる方が、多数だと思います。

短い文章中に複数回「ホーク」が出てくる例もあり、単なるタイプミスとは異なり、こういう言葉として覚えているのではないかと推測ができます。
　また、検索結果の中に、昔の日本人はＦの発音ができなかったのでフォークをホークと発音していたという記述がありなるほどと思いましたが、フォークと発音できなくても正しく覚えてさえいれば書くことは可能なので、ホークと書いてしまう理由にはならないと思います。
　実際はうっかりミスも多いのかもしれませんが、中には"カミングアウト"している人もいました。

> **検索例2**
> ・あと、『フォーク』だったんですね！『ホーク』だと思ってました。お恥ずかしい(>_<)笑！きゃーー
> ・てかさっき突っ込まれたんだけど、わたしゃ二十年間フォーク を**ホーク**だと思っていました
> ・高校生のバイトが、『フォーク』を『ホーク』だと思っていた・・・

　世の中には今現在も"フォーク（fork）"を知らない人が意外に多く存在しているのかもしれません。

テレビ誤植15

永遠続く→延々続く？

2013/2/27　日本テレビ「スッキリ！」

CUP NEEDLE

もしかして：**CUP NOODLE**

偶然見つけたあるブログエントリーのタイトルが「日清 CUP NEEDLE」だったんです。カップに入った針？　どうしたらこんな間違いになるのかと思いながら試しに検索してみたら、たくさん出てきて驚きました。

> **検索例 1**（実質件数 191 件）
> ・カップヌードルがごはんになった！**CUP NEEDLE** ごはん カップヌードル味
> ・関東では激レアな、あの！！！**CUP NEEDLE** ごはん ヽ(^o^)ノ これ食べたかったのっ！！
> ・用意したのはカップラーメンの代名詞的な、日清食品の「**CUP NEEDLE**」しょうゆ味。

出典：日清食品のウェブサイトより。
https://www.nissin.com/jp/products/brands/cupnoodle/

　検索結果をよく読んで分かったのですが、どうやらカップヌードルのパッケージの商品ロゴを見て誤読してしまう人が多いようです。
　実際に商品を手に取って見てみるとよく分かりますが、NOODLE の各アルファベットが重なるようにデザインされていて、更に「O」に羽根のような装飾が付いているので、見ようによっては「e（E）」に見えなくもありません。
　実際に検索結果の中には、これが原因で間違えたと思われる記述も見られました。

検索例2

・先日、友人がお昼に"**Cup Needle**"等を食べていると、LINEのトークで教えてくれて、〜ニードル？NEEDLE？？〜何を食べてるんですか、痛すぎでしょ！！と友人にツッコミを入れたら、友人も友人で、え、カップヌードル見ながらうったから、スペル間違えていないはずなんだけどなぁ。
・CUP NOODLEが**CUP NEEDLE**に見えてしまいました　それはそれは危険な食品名です　針入り食品なんて！

　調べてみたら、この誤読の可能性は実は以前から指摘されていて、日本版と異なり海外版のカップヌードルは、誤読されにくいデザインに替えられているのだそうです。
　CUP NEEDLE は、お湯を入れて3分待っても食べられないので気をつけましょう。

第7章　要注意してください

史上サイソウ？

もしかして：······

2011/6/12　フジテレビ「とくダネ！」

2011/6/12　フジテレビ「とくダネ！」

某モーニングワイドの梅雨明けを伝えるテロップ。
　最初、「史上"最早"」と書かれていることに気付かず"さいそく"と読んだのですが、何かが違うと気付き、思わず二度見してしまいました。
　司会者はこのテロップを指しながらゆっくりと「史上最も早く」と読みましたので、これはおそらく少ない文字数で意味を伝える"見出し用語"なのだろうと取り敢えずは納得しました。
　それにしてもこれ、実際に声に出して読むとしたらどう読むのでしょう。

さいそう？　さいはや？

どちらも微妙です。
　言うまでもなく「最早」と漢字で書けば、普通それは「もはや」と読んで違う意味の言葉になります。

> 【最早（もはや）】(1)ある事態が実現しようとしているさま。早くも。まさに。「―今年も暮れようとしている」(2)ある事態が変えられないところまで進んでいるさま。今となっては。もう。「―如何ともしがたい」「―これまで」

> 【最速（さいそく）】あるもののなかで、もっとも速いこと。「日本の短距離界で―を誇るランナー」

それでもおそらく「最速」ではなく敢えて「最早」と表記したのは、「速」が移動の速さ、「早」が時期の早さを表す時に使う漢字だからなのではないでしょうか。そう考えるとそれなり理解もできます。
　今回私自身調べて初めて知りましたが、実際に気象用語として「最も早く」と「最も遅く」をそれぞれ「最早」「最晩」と表記することがあり、また、建築用語で例えば「工期が最早で一カ月、最遅で二カ月」というような表現をしたりするそうです。
　ただどちらもいわゆる"業界用語"なので、一般の人の前で何の説明もなく使う言葉ではないのではないでしょうか。
　その後同番組は、約１時間後に再び梅雨明けの話題になり、そのとき画面右下に出たテロップは「史上"最速"」に変わっていました。想像ですが、やはり視聴者から「史上"最早"」はおかしいのではないかという問い合わせが多数寄せられ変更せざるを得なくなったのではないでしょうか。
　本当は変えたくないけど、最早これまで、とか言いながら……。

それもまた一考

もしかして：**それもまた一興？**

「(最初の予定とはビミョーに違っちゃったけど) でもそれはそれでちょっと面白いかも。」
みたいなニュアンスを表すときに「それもまた一興(いっきょう)」などという言い方をしますが、この「一興」が「一考」になっているのを見ることがあります。
「一興」を「いっこう」と読み、あとから書こうとして「一考」で確定してしまったんじゃないでしょうか。

検索例 (実質件数 47 件)
・駄目ならダメで潔くやめるというものも**それもまた一考**です。
・ちょっと回り道になったけど、**それもまた一考**、でした。

ただし、検索結果中「(それもまた) 一考の余地がある」「(それもまた) 一考に値する」などのように文章が続いている場合は、この例には当てはまりません。

脈略のない話

もしかして：**脈絡のない話？**

タイトルを見て、いったいどんなまとまりのない話をしようってんだい？と思った人がもしいたら、そう思った人には、まずそれより前に「脈略」じゃなくて「脈絡」だろ！と突っ込んでいただきたかったです。

検索例 (実質件数 280 件)「脈略のない」
・趣味が雑多ですので、**脈略のない**ブログになりそうです。
・**脈略のない**バラバラな記事になってしまいました

【脈絡(みゃくらく)】一貫した筋道。すじ。つづき。「前後の―がない話」

実は私自身、長い間「脈略」という言葉が存在するのかしないのかが曖昧だったのですが、複数のオンライン辞書と手元にある国語辞典に載っていないのを確認して、ようやくスッキリすることができました。

ネットで見かけた信じられない日本語

可能できます

もしかして：?

> **検索例**（実質件数 803 件）「可能できます」+「可能できる」
> ・運が良ければ入手**可能できます**。
> ・発行雑誌の全文検索が**可能できます**。
> ・地デジチューナーに接続**可能できる**んですか？
> ・様々な用途に利用**可能できる**手ごろなサイズ。

　検索例は全て「可能」が余計です。もしくは上から順に「入手可能です」「検索が可能です」「接続可能ですか？」「利用可能な手ごろなサイズ」でいいと思います。
　「可能」が「できる」の意味であることは当然知っているだろうし、これらが単純な重複表現でないとするならば、もしかして「可能できる」を「できる」の強調表現として意図して使っていたりするのでしょうか。もしくは「違和感を感じる」が間違った表現であるとは言えないのと同じような感覚で、違和感なく使っていたりするのでしょうか。

最来週

もしかして：**再来週**？

　「再来週」と書いて「さらいしゅう」と読む。このことを知らずにパソコンに「さいらいしゅう」と打ち込むとこうなっちゃいます。更に、読み方は正しくても変換をミスると「差来週」になります。

> **検索例**（実質件数 212 件）「最来週」
> ・**最来週**から新しい仕事に挑戦することになる
> ・政策発表も来週か**差来週**に行われる

　「再・来週」ではなく「再来・週」。"再来する週"と覚えておけば間違いにくいかもしれません。

> 【再来（さらい）】週・年月などを表す語の上に付いて、次の次の、翌々という意を表す。

話を着色

もしかして：**話を脚色？**

あるブログの中に、「実はこの話にはちょっとだけ着色があります」という表現がありました。言いたいことは分かるけれど、これはやっぱり「脚色があります」の間違いなんだと思います。検索してみると単純な変換ミスもあれば、表現方法として「着色（脚色）」などのように意識して使っているケースも見られますが、「着色」はあくまで色づけの意味しかないので、イレギュラーな使い方になります。

> **検索例**
> ・若干話を**着色**しておりますので、特に選手の知人・ご家族の方々は誤解なきようよろしくお願いします。

> 【脚色】（2）事実をおもしろく伝えるために粉飾を加えること。
> 【着色】物に色をつけること。また、その色。「―した食品」

複線を張る

もしかして：**伏線を張る？**

「2本の線を張る」ということでよろしかったでしょうか。

意味としては、表側のストーリーとは別にもう一つ目に見えないストーリーが同時進行していて、それがのちに明らかにされるにつれて表のストーリーと徐々に絡み合い、影響を及ぼしていくということですね。

こんな風に覚えて使っている人も本当にいるかもしれない、「伏線を張る」のうろ覚え表記。

> **検索例**（実質件数 101 件）
> ・核心には触れさせないように**複線を張る**
> ・思わせぶりな**複線を張る**だけ張っておいてほったらかし

> 【伏線】小説・戯曲などで、のちの展開に必要な事柄をそれとなく呈示しておくこと。また、その事柄。「―を張る」

ちになみに

もしかして：**ちなみに？**

　「ちなみに」がどうして「ちになみに」になるのか分かりませんが、同じ間違うにしても「ちなみみ」だったらなんとなく可愛くなるのに、「ちになみに」だとちょっと怖いです。

> **検索例**　（実質件数ちになみに 154 件、ちなみみ 380 件）
> - **ちになみに**俺のフェイスブックURLはこちらなので、友達になってくれると嬉しいです！
> - **ちになみに**これは帰りに食べた際の写真。
> - **ちなみみ**、水曜日・金曜日の定期練習会の詳細は下記の通りです。
> - **ちなみみ**にFX会社が倒産したらあなたの資産がどうなるか知っていますか？

　ちなみに私のPCで「ちになみに」を無理矢理変換すると「血に波に」になります。やっぱりちょっと怖いです。

羽陽曲折

もしかして：**紆余曲折？**

　あるサイトでこれを見たときすぐに「紆余曲折（うよきょくせつ）」のつもりだとは分かりましたが、何故この漢字なのか、とても不思議な気持ちになりました。

> **検索例**　（実質件数 77 件）
> - **羽陽曲折**を経て、ついに恋仲に・・・。
> - 義妹の結婚までは本当に**羽陽曲折**あったのです。
> - 製作期間中は文字どおり試行錯誤と**羽陽曲折**の連続でした。

　ほとんどは「うよきょくせつ」を「うようきょくせつ」と聞き覚えていて、タイプ時に最初に出た変換候補の「羽陽曲折」をそのまま確定してしまったのだと思われます。私のパソコン（Win + IME）でも最初にこれが出てきました。
　とりあえず「羽陽」って何ようって聞いてみたいです。

お面返上

もしかして：**汚名返上**？

世間では「汚名返上」と「汚名挽回」どっちが正しいのか、なんてずっと言われ続けていますが、ネット上ではそれどころじゃないこんな言葉が静かに広まっているようです。

> 検索例（実質件数 45 件）
> ・今年は去年の**お面返上**のため生徒会が張り切ったのだった。
> ・今回はどうしても勝って**お面返上**したいという気持ちでのぞみました。

冗談だとはっきり分かる書き方をしている文章が意外に少ないのがちょっと気掛かりなのですが、ここで使われている「お面返上」の意味／意図を取り敢えず無理矢理考えてみました。

> 【お面返上】今までの自分は偽りの自分であり、心機一転、仮面を脱ぎ捨てて頑張ること。またその意志。

……うーん、どうでしょうか……。

ネットで見かけた信じられない日本語

歓喜あまって

もしかして：**感極まって？**

「かんきわまって」が「かんきあまって」に聞こえ、漢字で書く際「歓喜+あまって」と解釈／理解したものと思われます。

検索例（実質件数　歓喜あまって 177 件　歓喜余って 206 件）
- 仲の良い妹さんも、ご自身のことのように**歓喜あまって**号泣していましたね
- あの、歌声を聴いていて**歓喜あまって**涙出そうになった
- 知り合いのバンドマンが幾つか出演していて、**歓喜余って**泣きそうでした
- 中には**歓喜余って**泣いてしまうスタッフも…

何より件数の多さに驚きますが、なんとなく意味が伝わっちゃうところが間違いに気付きにくい原因なのかもしれません。いかにも喜びが大きすぎて、こらえきれずに泣いてしまったというようなイメージ（あくまで雰囲気です）になりますから。「可愛さ余って憎さ百倍」なんて言葉もあるし、何の疑問も持たず確定してしまった人も多いのかもしれません。

消して忘れない

もしかして：**決して忘れない？**

「君のことは消して忘れない……」
　（消しちゃうのかよ）

というふうに、「決して」が「消して」になっている文章を見ることがあります。

検索例（実質件数 98 件）
- この風景は、**消して忘れない**と思います。
- 生きている今を楽しむことを**消して忘れない**でくださいね。
- 僕は**消して忘れない**。必ず、約束は守るからね。

「決して」は「けっして」「けして」どちらの読みもできますが、「けして」とタイピングすると「消して」が変換候補の上位に表示されるのでそのまま間違いやすいです。

下手くて

もしかして：**下手で？**

　初めて見た時はとても驚きました。一見して「上手くて」の対義語のつもりなのだろうと分かったのですが、どうやら日本語を勉強中の外国人の方の文章が多く検索にかかっているようでした。それなら納得。日本人も多そうですが……。

検索例1（実質件数 174 件）
・写真撮るの**下手くて**ごめんなさい。・楽しめれば**下手くて**もいいじゃん・説明が**下手くて**すみません・上手くても**下手くて**もミスしちゃいけないの？

検索例2
・私は日本語一度勉強したことないです たらーっ（汗） **下手くて**ごめんなさい
・日本語学科に入ってから2年目ですが日本語はまた**下手くて**こまっています。
・日本の武道と野球やります、日本語まだ**下手くて**日本人の友達作りたい

痛感の極み

もしかして：**痛恨の極み**

　これ以上ないほど残念であるという意味で「痛恨の極み」という言葉が使われますが、これが「痛感の極み」になっているのを見ることがあります。

検索例（実質件数 68 件）
・かつての政権で参拝できなかったのは**痛感の極み**とおっしゃってる
・こんなに早くお別れの時が来ようとは、**痛感の極み**でございます。
・安全性に対するお客様の信頼を失うこととなりましたことは 誠に**痛感の極み**であります

　「痛感」は心に強く感じるということで、この言葉自体に何かについてどう感じたかまでの意味は含まれておらず、「痛感の極み」ではやはり意味の通じない言葉になってしまいます。

はっきりって

もしかして：**はっきり言って？**

たまたま見かけて検索をかけて、その件数の多さに驚きました。

検索例（実質件数 407 件）「はっきりって」＋「ハッキリって」
- 今回は、**はっきりって**、非常に難しかった。
- **はっきりって**、このようなメールに興味は持ちません。
- これはよく頂く質問です。**ハッキリって**分かりません。
- 機内食**ハッキリって**不味いです．

単純にタイピングの途中で「i」を一つ打ち損じて「はっきりいって（言って）」が「はっきりって」になり、それを見過ごしたと考えるのが自然なのでしょうけれど、耳でこう聞き覚えてそのまま使っているという人がどれぐらいいるのか、とても気になります。
はっきり言って、非常に強い衝撃を受けた表記ミスでした。

加給請求

もしかして：**架空請求？**

あるニュース解説番組で架空請求詐欺についての特集をしていて、その中でアナウンサーが「架空請求」のことを一度だけですが「かきゅうせいきゅう」と発音してしまい、私はそれを聞いて思わず心の中で「うん、ありがちだよね」とつぶやきました。そこで、書き言葉で同じ事をやっている人がいるのか確かめたくなり検索してみたところ、「加給請求」と書いている人がたくさんいて驚きました。もしこの漢字で合っていると思って使っているとしたら、どんな解釈で使っているのか知りたいです。

検索例（実質件数 42 件）
- 電話しないで無視して下さい。**加給請求**です。
- **加給請求**のメールが届いたりアダルトらしきいかがわしげなメールが、毎日入って来るようになりました。
- そのアドレスにメールしたら**加給請求**など迷惑メールしてくるので気をつけて下さいね。

神の溝知る

もしかして：**神のみぞ知る？**

　一度でいいから見てみたい。神の溝ってどんな溝。と言う訳で（単純な変換ミス以外に）、こう書くのだと思っていたという人がけっこういるようです。

> **検索例**（実質件数 75 件）
> ・いつの日かできるかもしれないかも…（いつというのは**神の溝知る**ところ）
> ・想像による錯覚なのか、本当に降霊してきたのかは、**神の溝知る**ところである。
> ・私の友人Mさんは永年「**神の溝知る**」と思っていて「溝ってナニ？」と考えていたそうだ。
> ・**神の溝知る**だと思いこんでいたのでのみがonlyだと知った時はびっくりした。

　検索結果中、あくまでネタとしてですが、「神の溝」を「神同士の対立」であると解釈していた人がいて、なんだか凄いなと思いました。

先進誠意

もしかして：**誠心誠意？**

「誠心誠意」が「精神誠意」になっているのはよく見かけますが、更に一歩先へ進んで「先進誠意」と書いちゃう人もいるようです。

検索例（実質件数 99 件）
- 今年も治療を受けに来てよかったと思って頂けるよう，**先進誠意**頑張ります
- 主人は**先進誠意**私と向き合って、子供も大切にするって言ってます。
- 落ち着いて**先進誠意**対応することで、無事解決することが多いのです。

検索結果の中には「『先進』の技術を変わらぬ『誠意』で発揮する。そんな"先進誠意"の姿勢」などのように造語として使っている例もいくつか見られます。

【誠心誠意】うそいつわりなく、真心をもって事に当たること。副詞的にも用いる。
「─努力いたします」

私服のひととき

もしかして：**至福のひととき？**

本気の間違いと言葉遊びが入り混じる「至福のひととき」のうろ覚え表記。単純な変換ミスを含め、実際は意外なほど多くの人が素で間違えているようで、ちょっと驚きました。

検索例（実質件数 318 件）
- 極上の空間と**私服のひととき**を提供しさらなる美しさへ導きます。
- 選手たちの私服を紹介する「**私服のひととき**」
- 潮風に当たりながら、浴衣姿の彼女と**私服のひととき**を過ごせそう。
- **私服のひと時**は制服じゃない時（笑）．
- 季節を彩る懐石と、厳選された京の地酒で**私服の一時**を堪能できます。

【至福】この上もない幸せ。「─の時」
【私服】制服に対して、個人の服。

予防接収

もしかして：**予防接種**？

短い文中に「予防接種」と「予防接収」の両方が出てくることが多いので、単なるタイプミスが多そうですが、中には複数回「予防接収」が繰り返して出てくるケースもあり、「接種」を「せっしゅう」と聞き覚え、そのままタイピングしたという人もいそうです。

検索例
- 我が家では家族全員、インフルエンザ**予防接収**は欠かさない。
- **予防接収**をしたのに、何で風邪をひいたの、と思いましたが予防接収をしたから軽く済んだと言うことです。

【接種（せっしゅ）】ウイルス・細菌・ワクチンなどを人体や動物の体内に移植すること。「予防─」
【接収（せっしゅう）】国などの権力機関が、個人の所有物を強制的に取り上げること。「占領軍が土地を─する」

出れられなくなる

もしかして：**出られなくなる**

ある番組の街頭インタビューで、若い男性が「明日雪だったら多分もう一日出れられないと思って」と言っているのを聞き、思わずテレビの画面を二度見してしまいました。字幕では「出られなくなる」に修正されていました。

検索例（実質件数 87 件）
- 寒くって外に**出れられない**。買い物に行けない。
- なかなか湯船から**出れられない**季節がやってきてしまいました。
- フェンスをつけて**出れられなく**するべきか
- 一度、出るチャンスがあったのに、仕事で**出れられなくて**悔しい思いをしました

このように、余分な「れ」が追加される表現は「れ入れ言葉」「れ足す言葉」などと言われていて、方言とは別に、可能を強調するためによく使われている今どきの言葉遣いのようです。良し悪しは別にして、発音しづらくないのかなと、ちょっと気になりました。

触手が沸かない

もしかして：**食指が動かない？**

「食指が動く」→「触手が動く」→「触手が沸く」の変化と思われます。

> **検索例**（実質件数 54 件）
> ・ビーチリゾートとしても旅行先としても**触手が沸かない**エリアだったのです。
> ・好きとか嫌いじゃなく、**触手が沸かなかった**
> ・あまり**触手が沸かず**、何も買わずに帰宅。

> 【触手を伸ばす】欲しいものを得ようとして働きかける。「輸出業に―・す」
> 【食指が動く】食欲が起こる。転じて、ある物事に対し欲望や興味が生じる。「条件を聞いて思わず―・いた」

ちなみに「食指」が「人さし指」のことであるというのを、今回調べて初めて知りました。

一念発揮

もしかして：**一念発起？**

「一念発起」を「いちねんはっき」と読み覚えて、そのまま変換してしまったうろ覚え表記。

> **検索例**（実質件数 275 件）
> ・これまでに、お勉強の「お」の字もしてこなかった人が、**一念発揮**して数時間ものお勉強を開始した
> ・近年は**一念発揮**、町内挙げての練習の結果、最下位脱出に成功。
> ・「これはやせねばっっ」と**一念発揮**！無理な食事制限と運動で２０ｋｇの減量に成功！

単純な覚え違い以外に、自分自身の強い思い（一念）を最大限に発揮して願いをかなえたという解釈で、この漢字で確定したという人もいるかもしれないですね。

> 【一念発起（いちねんほっき）】　あることを成し遂げようと決心する。「―して芸道に励む」

『禁煙可』

もしかして:『喫煙可』 ?

「禁煙可」ってどういう意味?「あなたがタバコを吸わないのは自由ですが、周りの人にはタバコを吸う自由があります」ってことでしょうか。

> **検索例**(実質件数 200 件)
> ・喫煙 室内**禁煙可**　禁煙ルームあり
> ・禁煙・喫煙 禁煙席なし : 個室は完全個室の為、**禁煙可**です
> ・混んでいたのもあり、禁煙の部屋を指定できなかったので**禁煙可**の部屋に泊まりましたが、吸わないので臭いが気になりました。
> ・**禁煙可**ってどっちなんだよ

ホテルやレストランのホームページなどに多く見られますが、どうやら殆どが「喫煙可」の単純な間違いのようです。ほんとにどっちなんだよって言いたくなりますね。

異色を放つ

もしかして：**異彩を放つ？**

　放つのは異色ではなく異彩。異色と異彩は意味のよく似た言葉ですが、慣用句としてあるのは「異彩を放つ」の方です。

検索例（実質件数 301 件）
- このエリアで一際**異色を放つ**マンション
- スクリャービンは、ロシア音楽史の中でもとりわけ**異色を放つ**作曲家。
- 出演するアーティストの中でもひと際**異色を放つ**グループです

【異色】《同じでない色、また、普通とは違う色の意から》他と異なって特色のあること。また、そのさま。「―の顔ぶれ」「―な作風」
【異彩】（1）普通とは違ったいろどり。（2）きわだってすぐれたようす。
【異彩を放つ】（1）普通とは違った色彩や光を出す。（2）多くの中できわだって見える。「画壇の中で―・つ新人」

本番の味

もしかして：**本場の味？**

　リハーサルのつもりで出されても困るし、いつでも本番の味で出すのが店として当たり前だと思うのですがどうでしょう。と言う訳で、おそらく「本場の味」のうろ覚え表記です。

検索例（実質件数 160 件）
- 北京からシェフを招聘して**本番の味**を再現。
- 長崎**本番の味**のちゃんぽんをおすすめします！
- 日本にいながら、イタリア**本番の味**を堪能できる数少ない店
- ぷりぷりの国産もつ使用♪**本番の味**をぜひご賞味ください。

　検索結果の中には、結婚式の試食会と本番の味が違っていたというようなエピソードもあり、それは本当にお気の毒と思うのでした。

2015年6月27日　日本テレビ「天才！志村どうぶつ園」

ロープーウェー

もしかして：ロープウェー（ロープウェイ）？

ロープーウェーかロープウェーかで迷ったことはありませんか？　私はあります。

検索例（実質件数 338 件）「ロープーウェー」
- 休日の**ロープーウェー**乗り場は混雑します
- 駅から徒歩10分程度の**ロープーウエー**乗り場に隣接した温泉です。
- 山頂まで**ロープーウェイ**でのぼることができるのだ。
- 今回は車を下の駐車場に止め、**ロープーウエイ**で登った。

　上記検索例はそれぞれ微妙に違いますが全部ロープーです。
　ロープの道（ropeway）だからロープウェーで間違いないはずですが、ネット上ではたくさんの「ロープーウェー」が運行されています。

大仰しい

もしかして：**仰々しい？**

「大仰」と「仰々しい」が合わさってできたハイブリッド表現のようであり、言葉遊びとしての使用や、誤りの指摘も多くされています。

検索例（実質件数 281 件）
- 会社から帰ると何やら**大仰しい**黒封筒がポストに突き刺さってました
- **大仰しく**、なんとも見事な台詞回しの数々。
- 大仰＋仰々しい＝**大仰しい**（合成語）
- 「大仰な」という言葉はあるし、「仰々しい」という言葉もある。が、「**大仰しい**」という言葉はない。

【大仰（おおぎょう）】大げさなこと。また、そのさま。誇大。「―な言い方」
【仰々しい（ぎょうぎょうしい）】大げさである。「―・く飾りたてる」「―・いあいさつ」

標準を合わせる

もしかして：**照準を合わせる？**

何かに狙いを定めるという意味の「照準を合わせる」の「照準」が、「標準」になっているのを見ることがあります。これが例えば「日本人の体形に標準を合わせたサイズ構成」のような使い方なら分からなくもないですが、検索例のような使い方ではやはり意味が通らなくなってしまいます。

検索例（実質件数 344 件）「標準を合わせ」
- 演説する大統領候補にライフルの**標準を合わせた**。
- 敵の攻撃をよけながら、弓の**標準を合わせ**、敵を倒します。
- 大切なのはこれからなので、インカレへ向けて**標準を合わせ**ていきたいですね。

【照準】射撃で、弾丸が目標に命中するようにねらいを定めること。また、一般にねらいを定めること。「―を定める」「県大会に―を合わせる」「正確に―する」

墓穴を踏む

もしかして：**墓穴を掘る？**

二の足を踏む……同じ轍を踏む……虎の尾を踏む……地雷を踏む……墓穴を踏む？
なんだかよく分かりませんが、墓穴を踏んで落ちてる人がたくさんいるみたいです。

検索例（実質件数 71 件）
- 問題を熟読せず先に進むと思わぬ**墓穴を踏む**と実感いたしました。
- 大事なところで己で**墓穴を踏んで**しまう目も当てられない状況になってました。
- 調子にのって**墓穴を踏み**やがったな。
- 見事に**墓穴を踏んだ**ようだ。私は一体どこで間違えたのだろうか。
- 落ち度があれば自分の**墓穴を踏む**ことになるのは考えればわかること。

【墓穴を掘る】身を滅ぼす原因を自分から作ることのたとえ。「策を弄して―・る」

キッチングペーパー

もしかして：**キッチンペーパー？**

キッチンペーパーを何故かキッチングペーパーと覚えてしまっている（いた）人がけっこういるようです。恐らくキッチンとクッキングが頭の中で混じったせいと思われます。

検索例（実質件数 81 件）
- なすを焼いた後は、**キッチングペーパー**で余分な油をよく拭き取ること。
- 油を使うときは**キッチングペーパー**が欠かせません。
- **キッチングペーパー**→キッチンペーパー　今まで20年間生きてきて間違いに気づかなかった。
- 「ねーねーお兄ちゃんの**キッチングペーパー**使っていい？」　妹よ、それはクッキングシートだ。きっとキッチンペーパーとまざっちゃったんだね。

【キッチンペーパー】《（和）kitchen＋paper》台所仕事の油を拭ったり汚れをふいたりする用紙。［補説］英語ではpaper towel

ネットで見かけた信じられない日本語

デパートリー

もしかして：**レパートリー？**

　得意料理の種類や、歌える曲の数が多いことなどを表現するのに「レパートリーが多い」という言い方をしますが、これを何故か「デパートリーが多い」と覚えている人がいるようです。

> **検索例**（実質件数 271 件）
> ・楽しく歌ってお互い**デパートリー**を増やしていきませんか。
> ・ホームベーカリーを買われたのですね。**デパートリー**が増えますね。
> ・実は大学生までレパートリーを"**デパートリー**"だと思ってました爆

　実際は単純なタイプミス（RとD）の方が多いと思いますが、例えばデパート（百貨店）のように、商品の数がたくさんあるというイメージから自然にこう覚えてしまった人もいそうです。

筋書き入りの

もしかして：**筋金入りの？**

> **検索例**（実質件数 28 件）
> ・私は**筋書き入り**の頭痛、肩こりもちです。
> ・やっぱ3歳から海に潜ってる**筋書き入り**の島人で海人ってのはまったく別・・・
> ・でも恥ずかしながら、かつて私も**筋書き入り**の口下手人間でした。
> ・うぅーん、正真正銘**筋書き入り**のスケベーでんな！

　うぅーん、どうやら「筋金入り」を「筋書き入り」と覚えてしまっているようです。どうしてそうなった。
　ちなみに検索結果の中には「昔は歌舞伎座でこんな筋書き入りのパンフレットをもらえました。」などのような正しい使われ方も含まれています。

> 【筋金入り】筋金がはいっていること。転じて、身体や思想などが十分に鍛えられていて強固なこと。「—の活動家」

又焼

もしかして：**叉焼？**

　私自身「又焼」と書かれているのを見ると特に違和感もなく「チャーシュー」と読めてしまうのですが、正しくは「叉焼」と書くんですね。Web 上でも「又焼」と書いている人は多いし、私同様知らなかったという人も少なくないようです。

> **検索例**（実質件数 374 件）
> ・私は醤油**又焼**麺 950 円をチョイス。
> ・「叉焼」（チャーシュー）を「**又焼**」（またやき）だと勘違いして注文すると「この店ができてからそう間違えたのはお客さんで二人目だ」と笑われてしまった。
> ・チャーシューは「**又焼**」じゃなくて「叉焼」だと教えてもらった。大辞林にも載ってた。

　ネット上で「又焼」と書いている人は、「ちゃーしゅー」で変換できたんでしょうか。それとも「又焼き」と打ってから「き」だけ消したのでしょうか。ちょっと不思議です。

おこたわる

もしかして：**怠る？**

　テレビである女性タレントが「怠った（おこたった）」を「おこたわった」と言っていて、珍しい間違い方だなと思い、検索してみました。

> **検索例**（実質件数 139 件）「おこたわる」「おこたわって」
> ・日焼けをしたくないと思っているのに、なぜか日焼け対策を面倒くさくて**おこたわる**私。
> ・いつの間にかチェックを**おこたわって**ました。
> ・長期に渡り更新を**おこたわり**ましたこと申し訳ありませんでした。
> ・スイマセン、「**おこたわる**」って言葉無かったっけ？

　平仮名表記のまま変換せずに確定していることから考えても、それだけ「おこたわる」という言葉があると思って使っている人が多いということなのかもしれません。
　もしかしたら「よこたわる（横たわる）」「いたわる」など、「たわる」の付く言葉と一緒になって間違えてしまったのかも。

ネットで見かけた信じられない日本語

DAY用品

もしかして：**DIY 用品？**

　家庭の設備機器などの小修理や改造などを自分自身で行うことをDIY（DO IT YOURSELF）と言ったりしますが、これがDAYと書かれているのを見ることがあります。
　うっかりミスが多いのだと思いますが、DIYをDAYと書いた人は、おそらく頭の中で「でぃー・えー・わい」と唱えながら書いたのではないでしょうか。

> **検索例** （実質件数 54 件）
> ・今回の注文ではペンキなどの**DAY用品**をしまう棚とテーブル下に置くミシンとアイロン台をつくりました。
> ・自宅デッキを**DAY**で作りました！！2×4工法で奥さんに手伝ってもらいました。
> ・**DAY**ショップ等で配管固定金具として売られている物を使用しています。

気泡予報士

もしかして：**気象予報士？**

　ジョークで書いている人が大半かと思いきや、実際に検索結果を見ていくとうっかりミスの方が多いようです。素でこういう言葉だと思っている人っているんでしょうか。

> **検索例** （実質件数 55 件）
> ・2001年に**気泡予報士**の資格を取り、日銀を辞め気象協会に就職しました。
> ・今年の夏について色々な研究者や**気泡予報士**が今年の夏について予想しているのでそれについての話を。
> ・この基本情報に**気泡予報士**の経験と知識でユニークな放送をするというのがあるべき姿
> ・梅雨前線が残っていて、それを刺激しているのだと、**気泡予報士**が言っていました
> ・猫予報は、そん所そこらの**気泡予報士**なんかよりもあたると思います＾＾

　気泡予報士がどんな予報をするのか気になります。

接客的に

もしかして：**積極的に**

> **検索例**（実質件数 67 件）
> ・政府も外国人観光客の取り込みを**接客的に**推進しています。
> ・開業と同時に在宅医療にも力を注ぎ、訪問診療を**接客的に**行って参りました。

　おそらくタイプミスの結果だろうと思いつつ、見た目のインパクトが強かったので採用しました。また、誤りとは別に「接客的に」と書いて「接客の仕方としては」というような意味で使っている人もいるようです。

> **検索例**
> ・比較的安い商品だからなのか、これだけを買うと店員さんが嫌な顔してきたのは**接客的に**いかがなもんかと
> ・店子がその座って貰ってる客にすみませんもありがとうも言わずに他の人のドリンクを邪魔そうにカウンター から出すとかさ、**接客的に**どうなんだろう。

業務用過失致死

もしかして：**業務上過失致死？**

　仕事の為ならしょうがない、じゃ済まない業務上過失致死のうろ覚え表記。
　「業務上（gyoumuzyou）」の"z"を打ち損じて「業務用（gyoumuyou）」になっただけかもしれませんが、初めて目にした時はぎょっとしました。

> **検索例**（実質件数 36 件）
> ・警視庁捜査1課は安全バーが十分固定されていなかった可能性があると見て、**業務用過失致死**の疑いで調べている。
> ・非常用発電機が起動しなくて死者がでれば、**業務用過失致死罪**での刑事訴追を覚悟しなくてはなりません。
> ・熱中症で死者出たら**業務用過失致死**になるのかな？

　他に「業務用過失傷害」（20 件）「業務用横領」（27 件）なども見られました。仕事の為なら何でもアリなんですね。

18:00PM

もしかして：**6:00PM**

　時間表記の 24 時間制と 12 時間制が混じっていて、何時なんだかよく分からなくなっているのを見ることがあります。上記タイトルの場合、午後 6 時のつもりであるなら「6:00PM」か、そのまま「午後 6 時」でいいでしょう。このような表記はホテルや飲食店などの Web サイトの営業案内に多く見つかり、他人事ながらこのままでいいのか心配になります。
　ちなみに AM と PM はそれぞれ ante meridian / post meridian の略だそうです。

検索例　（実質件数 148 件）"18:00PM まで " の検索数
- 営業時間は**18：00pm**までです。それ以降のお引取りはお電話をいただいてもできません。
- チェックインが**19:00pm**より遅くなる場合はご予約時にご相談下さい。
- 本日Ustreamの生放送番組に**20：00PM**から出演します！！
- ビュッフェのお料理のご提供は**21:00pm**までです。
- 21歳未満（20歳を含む）の方は**22:00pm**以降の入室はできません。

「じぁまたね」

もしかして：**「じゃあまたね」**？

検索例　（実質件数 266 件）「じぁまたね」「それじぁ」
- みんなも頑張って！**じぁまたね**〜・それじぁ楽にして下さい・また遊びに来るね。
- **じぁね**、またね。・じぁ、たまには食事をしてから帰りましょう。・それ**じぁねぇ**〜。・それじぁ！バーボンを・それじぁ、そろそろ本気で釣りまっか!!

　初めて見たときは気付かずスルーしそうになりましたが、あれっと思って視線を戻し、読み方が分からず固まってしまいました。
　普通に書いたら「じゃあまたね」となるところの小さい「や」が抜けて、代わりに「あ」が小さくなっています。単なる間違いでしょうか。それとも「じぁ」は「じゃあ」の短縮形として、例えば〝かわいい〟などの理由で意図的に使われていたりするのでしょうか。いずれにしても、もしわざとだとして読み方は「じゃ」なのか「じゃあ」なのか、それとも "zia" みたいに発音するのか。色々と謎です。

しただき

もしかして：**していただき**

タイトルだけ見てもなんのこっちゃ分からないと思うので、まずは検索例を。

検索例（実質件数 533 件）
- いつもブログを訪問**しただき**ありがとうございます
- 購入して**しただき**有難うございました♪
- 平素より弊社製品をご愛用**しただき**、誠にありがとうございます。
- 今年はたくさんのかたに応援**しただき**、オープンすることができました。
- 以下の手順をご参考**しただき**削除を行ってください。

「しただき」は、「いただき」或いは「していただき」の誤りと思われます。非常に数が多く、単なる打ち損じが殆どだとは思いますが、中には「していただき」が「しただき」に聞こえてそのまま覚えてしまったという人も、もしかしたらいるのかもしれません。

テレビ誤植16

疑問系→疑問形？

2010/10/22　フジテレビ「笑っていいとも」

強制代執行　⇒　行政代執行？
検索例「**強制代執行**による機動隊との衝突も想定される事態となっていた。」
　発音が似ているので間違われることが多いです。件数も多く、これは私も実際調べてみるまであやふやでした。法律用語は難しいです。あと「強制大執行」も多いですが、おっきな間違いです。

冤罪符　⇒　免罪符？
検索例「信者という言葉を**冤罪符**になにしてもいいってわけじゃないよ」
　「免罪」と「冤罪」とでは全く意味が異なるのに、気付かず使っている人が意外に多いようです。

寝る間も惜しまず　⇒　寝る間も惜しんで？
検索例「初めて寝る**間も惜しまず**一気に読みました。」
　寝る間を惜しまないってことは、文字通りぐっすり寝たいだけ寝るってことになっちゃいます。

高級取り　⇒　高給取り？
検索例「普通のサラリーマンの平均年収の軽く３倍以上という**高級取り**のエリート」
　高給取りだと高級な物が買えるので、気付かずスルーしてしまったのでしょうか。

新参門　⇒　新参者？
検索例「引っ越して来たばかりの**新参門**なんで……おとなしくしますわ」
　新参門てどんな門？
　「新参者（しんざんもの）」の「者」を「もん」と読みそのままタイピングしたものと思われます。方言で「者」を「もん」と発音する地域もあり、普段の読みをそのままタイピングしてこうなったというのも多くありそうです。

混み合った事情　⇒　込み入った事情？
検索例「彼らにも、色々と**混み合った事情**というモノがあるようです。」
　言いたい事は分かるけど、おそらくこれは「込み入った事情」のうろ覚え表記です。

ウイスターソース　⇒　ウスターソース？
検索例「カレー粉と**ウイスターソース**で味を調えたら完成！」
　ウスターソース Worcester sauce とオイスターソース Oyster sauce を頭の中で一緒にしてしまったという人が多そう。

天の邪気 ⇒ 天邪鬼？
検索例「**天の邪気**な気質で、「常識」をとりあえず疑ってかかる」
天の邪鬼（あまのじゃく）を「あまのじゃき」と読み覚え、そのままあとから書こうとしてこうなったと思われます。

手段的自衛権 ⇒ 集団的自衛権？
検索例「**手段的自衛権**を認めたらアメリカの戦争に巻き込まれる」
ネット上で多く見られるタイプミス。主題となる言葉を間違えてしまっては説得力も半減してしまいます。

死ぬ物狂い ⇒ 死に物狂い？
検索例「体育会系で名高い高校で剣道を**死ぬ物狂い**でやってきた」
死ぬことをも恐れず頑張ることを「死に物狂い」という言い方をしますが、この言葉を何故か「死ぬ物狂い」と覚えている人が少なくないようです。

大手をふるって ⇒ 大手を振って？
検索例「これらの業者、今は完全に取り締まれる法律がないから**大手をふるって**営業をしています」
「ふるう（振るう／揮う）」には「力を十分に発揮する」という意味があるのでイメージ的に混同しやすいですが、慣用句としてあるのは「大手を振る」の方です。

強情際が悪い ⇒ 往生際が悪い？
検索例「**強情際の悪い**男だな。 弁解自体がバカバカしいし、聞くに堪えない。」
どう考えても意味が通らないと思うのですが、「強情際が悪い」で単に「とても強情だ」というニュアンスの言葉として使っているのかもしれないですね。

ひもづる式 ⇒ いもづる式？
検索例「裏でつながっているので、一人見つければ、**紐づる式**にどこに誰がいるかの情報がでてくる。」
いものつる（芋の蔓）なのでいもづる。ひも（紐）ではありません。

公序凌辱 ⇒ 公序良俗？
検索例「不遇な人生を送っていても**公序凌辱**に反することなく清廉潔白に生きてる方たくさんいらっしゃいますよ。」
公序を凌辱しちゃうのでしょうか。なんだか恐ろしい四字熟語になってます。検索結果を見るとタイプミスが多いようですが、中には「公序良俗」を「こうじょりょうじょく」と聞き覚えて、そのままタイピングしてこの漢字になったという人もいそうです。

隔離骨折 ⇒ 剥離骨折？

検索例「ブログで、「お尻の骨が折れましたwwwwww 人生初の骨折が尻」と語り、尾骨を**隔離骨折**したことを明かした。」

あるニュースサイトの記事中「剥離骨折」が「隔離骨折」になっているのを見つけたので、ちょっと検索してみました。

スープスットク ⇒ スープストック？

検索例「日本人に欠落しやすい骨の成分をとると題して、鶏ガラの**スープスットク**や豚のスペアリブのスープを本で紹介されています。」

スープ吸っとく？ってことでしょうか。シンプルに語感が面白かったのでピックアップ。

通りでおかしいと思った！ ⇒ 道理でおかしいと思った？

検索例「気付いたら首に虫刺され。**通りで**痒いと思った」

タイピング時に「どうりで」と打つと正しく「道理で」に変換されますが、「どおりで」だと「通りで」になってしまいます。

行き当たり上 ⇒ 行き掛かり上？

検索例「**行き当たり上**その人の隣に立ってしまった」
「表面上、**行き当たり上**、良い娘を演じて来ました」

おそらく「行き掛かり上」のうろ覚え表記。

某君ハバネロ ⇒ 暴君ハバネロ？

検索例「普通のカラムーチョや**某君ハバネロ**の辛さに満足していない人にオススメです。」

某君て誰……。本当に間違えている人よりネタとして使っている人の方が多いようです。

拉致があかない ⇒ 埒があかない？

検索例「役所にいっても**拉致があかない**こともたくさんありますし」

なかなか進展の見られない拉致問題を皮肉っているようであまり笑えない「埒があかない」のうろ覚え表記。

無関係ない ⇒ 関係ない？

検索例「なお、脳の大きさは知能の高さとは**無関係ない**そうです。」

関係有るのか無いのかはっきりしてよ。ねえどっち。

近々感 ⇒ 親近感？
検索例「主人公の名字が自分と一緒ってだけでとても**近々感**が湧きます。」
「親近感」を「近親感」と間違えることはありがちですが、「近々感」と間違えて書く人もいるようです。確かにこちらの方がより"近しい感じ"は伝わってくる気はします。

必数 ⇒ 必須？
検索例「メールアドレス **必数**」
使われている漢字と実際の意味との間に関連性がなく、単に「必須」を「ひっすう」と聞き覚え、そう読める漢字をそのままあてはめてしまったと思われます。

リスペスト ⇒ リスペクト？
検索例「いくつもの出会いに感謝と**リスペスト**」
打ち間違い以外にこう覚えてしまっている人がどれぐらいいるのか、気になるリスペクトのうろ覚え表記。

めーいっぱい ⇒ 目一杯？
検索例「浮き輪持参で**めーいっぱい**息子は泳いで喜んでいました。」
「めーいっぱい」と覚えている人達にとって、「めー」とはいったい何なのでしょうか。

緊張しぱなっし ⇒ 緊張しっぱなし？
検索例「新入社員の研修が始まると毎日**緊張しぱなっし**で、計画通りに進まない」
シンプルで面白かったのでピックアップ。

上待って ⇒ 上回って？
検索例「負債が相続財産を**上待っている**場合には相続しない」
「上回る」を「うわまる」と書く人はたくさんいますが、こちらもかなりインパクトが強いです。「うわまわって」の二つ目の「わ」を打ち損じると、変換候補に「上待って」が出ることがあります。

一の間にか ⇒ いつの間にか？
検索例「足つぼを押さえ刺激するのですが、痛くないので、**一の間にか**寝てしまう。」
いつの間にか、このように覚えてしまった人はどれぐらいいるのでしょうか。「いちのまにか」と声に出して読むとちょっとかわいい「いつの間にか」のうろ覚え表記。方言で「つ」と「ち」の発音の区別が曖昧な地域は実際あるようですが、書き言葉の中に突然出てくると、やはり不自然に感じられます。

コラム8 【序数詞】2st？英語で順番を表すとき

　あるテレビ番組で、番組の全体が前後2部構成になっていたのですが、「1stステージ」の次のコーナー名が「2ndステージ」ではなく「2stステージ」という字幕になっていてびっくりしました。
　そこでWeb検索をしてみたのですが、同じ表記がたくさん見られました。

・1stステージ優勝チームと、**2st**ステージ優勝チームも決まる新しい制度だ。
・1stステージ19:00〜 **2st**ステージ21:00〜
・**2st**ステージは炎太鼓との共演

　上記番組内での表記もそうですが、これらの検索結果は単なるうっかりミスなのか、それとも「セカンド」ではなく「ツースト」「セカスト」などという読み方をして使っていたりするんでしょうか。
　「2stステージ」があるのならきっと「3stステージ」（とそれ以上のステージ）もあるだろうと思って検索したら、やっぱりたくさんありました。

・1stステージだけでも難しそうなのに、**3st**ステージまであるなんて・・・・
・**4st**ステージのオープニングは僕も大好きです。
・**5st**ステージまではプレーヤー同士で対戦をおこなう。
・次は**6st**ステージへ！
・**7st**ステージ前半戦攻略

　「1stステージ」「2stステージ」「3stステージ」の全部が一度に使われているページもあり、もしかしたら順番を表す単位が「st」なのだと覚えていて全ての数字にこれをつけている、なんていう人もいたりするんじゃないでしょうか。
　そして、これとは別にある朝の情報番組では、女性アーティスト浜崎あゆみさんの8枚目のアルバムの紹介のというところで「8rdアルバム」という字幕が出ていました。

2006/12/1 フジテレビ「めざましテレビ」

8枚目（8番目）という意味を表すのであれば「8rd」じゃなくて「8th」です。Web上には更にこのどちらでもない表記もありました。

・2ndから**8nd**アルバムは100万枚以上の売上となっています。
・1stアルバムから**8st**アルバムまでの歌詞集

これらを書いた人達がそれぞれどう読んでいるのかとても気になります。

「1番目・2番目・3番目……」のように、物事の順序を表すものを序数詞（助数詞とは別）と言いますが、それが英語だと「first（1st）・second（2nd）・third（3rd）…」になります。

素朴なギモンですが、例えば2ndを2stと書いちゃう人は、野球の2塁のことをセカスト！だと思っていたりするのでしょうか。考えると本当に不思議です。

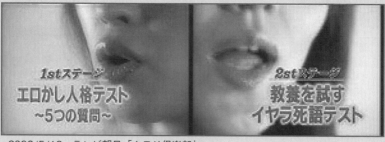

2006/5/12 テレビ朝日「タモリ倶楽部」

ネットで見かけた信じられない日本語

コラム9 採用しなかった言葉

　実は、ブログ"faint memory"から、様々な理由で本書に掲載しなかった言葉がけっこうあるんです。それらのうちのいくつかをピックアップしてみました。

■ブログに書いた当時は違和感があったが、段々普通に使われるようになり、敢えて取り上げる気にならなくなってしまった言葉。

結構最高（2007）
不思議な表現だと思っていましたが、「最高」と言い切ってしまわず、「結構」を付けることにより断定的なニュアンスが緩和され、いわゆる「ぼかし表現」のようにして使われることが多くなっているようです。

○○が売ってた（2007）
○○の部分には販売される物の名前（商品名等）が入ります。本来は「○○を売ってた」「○○が売られていた」が正しい表現ですが、言いやすさが優先されてか、「○○が売ってた」が多くの人に日常的に使われるようになってきました。

軽く号泣（2006）
おもにテレビで芸能人がちょっと涙を流しただけで「○○さん号泣」などと言われるので、今では「号泣」イコール「ちょっと涙が出た」ぐらいのニュアンスになってしまい、敢えて誤りであると指摘する気もなくなりました。

多分必ず（2005）
　「多分」と「必ず」という、二つの意味の異なる言葉が並列していることに、当時非常に違和感がありましたが、「必ずこうなる」と言いたいけれど、ちょっと自信がないときの、一種のぼかし言葉として使われる事が多くなり、おそらく今後も使われ続けるだろうと判断し、項目から外しました。

■一部の人達の間に定着した言葉。

「違くて」「ちげーよ」「違かった」（2008）
　一時はgoo辞書にも「新語」として載りましたが、現在ではおもに若者の一部で使われるのにとどまり、特に取り上げる気がなくなりました。

■ネットから広まり、言葉遊びとして残っている表現。

世もまつ(2005)
「世も末」の誤りですが、わざと使う人が多く、指摘すると逆に白けられます。

たまによくある(2006)
「たまにある」のか、それとも「よくある」のか、分からない表現ですが、ネット上の辞書「ニコニコ大百科」に、2010年の時点で「たまによくあるとは、物事が発生する確率が、たまによくある時に使う言葉である。」という解説があり、明らかにおかしな日本語でありながら、ネットスラングの一種として定着していることがうかがえます。実際の使われ方としては、「普段はあまり見られないが、ある時期に集中して起こる」というニュアンスで使われることが多く、敢えて誤りであると説明するのも野暮な気がして見送りました。

■ 新鮮じゃなくなった言葉。

タグブラウザ(2007)
タブブラウザの誤り。

ファイヤーホックス(2007)
ファイヤーフォックスの誤り。

Windows Vesta(2007)
Windows Vista の誤り。

今敢えて突っ込む言葉でもないだろうと思ってやめました。

イラスト担当

秋山知之

P6	必衰アイテム
P20	感情輸入
P21	店員オーバー
P22	アメリカ在中
P36	「事故解決しました。」
P39	クレーン射撃
P52	99割
P70	法廷速度
P76	幾重不明
P84	学級院長
P104	160度違う
P107	観光鳥
P111	放漫なボディー
P112	目尻が熱くなった
P122	有毒マスク
P182	逃飛行
P184	長者番組
P215	踏切が上がる
P217	本能です
P218	関節キス
P228	ご冥福をお祈りし……合唱。
P232	見て見る振りをする
P245	進化が問われる
P284	投降写真
P295	不適な笑み
P298	坪にはまる
P320	All nights reserved.
P335	各局部との連携
P346	CUP NEEDLE
P354	お面返上
P362	『禁煙可』

黒田知誠

P10	一人見知り
P18	焼き回し
P34	不足の事態
P47	タンカーで運ぶ
P51	苦しみまみれ
P53	超高速ビル
P63	感動も一塩
P75	息統合
P80	根を上げる
P102	二十歳こそこそ
P121	一歩通行
P124	上部だけの付き合い
P144	一生を棒にする
P152	中途半畔ん
P153	とんでない
P155	ニアピンカーブ
P156	背術
P157	高感度アップ
P183	ルームシャア
P192	下の肥えた
P199	容姿淡麗
P226	キーマンカレー
P234	手持ちぶたさ
P240	うんさくさい
P258	ちんちんかんぷん
P259	「うまらやしい」
P266	マイメード
P274	排水の陣
P278	台風が再接近
P279	目に鱗
P287	その胸を伝える
P289	心臓から口が……
P321	人肌脱ぐ
P340	スパシーボ効果
P344	ナイフとホーク
P358	神の溝知る

あとがき

　私が日本語に、と言うより言葉の間違いに関心を持つようになったきっかけには、父親の存在がありました。
　父は中学国語の教員免許を持っていて、言葉の誤りにとても敏感なところがあり、テレビやラジオ、そして家にある様々な印刷物などに誤字・脱字、言葉の使い方に間違いがあると正さずにはいられない人でした。
　その姿勢はそのまま息子である私にも向けられ、小学校の宿題で書いた文章はもちろん、ちょっとした走り書き、メモ書きに至るまで、その中に漢字の間違いなどがあるといつも直させられました。
　当時はこれが本当に嫌だったのですが、そのおかげで、分からない言葉や曖昧な漢字などがあると、まず国語辞典で確かめるようになり、結果的に、少しずつ言葉に対する興味、関心が高まっていきました。

　私はこの本を、言葉を知らない人を笑う為に書いたわけではありません。私自身、今回この本を書くにあたって自分で調べてみるまでよく分からなかった言葉がたくさんあります。
　参考までに、本書で取りあげた言葉の中から、自分も間違って覚えていた、或いは今でも間違いそうになる言葉をいくつかあげてみます。

　「面会謝絶」（調べるまで「謝絶」という言葉を知りませんでした。）
　「他山の石」（未だに他山の石とするかしないかで迷います。）
　「脈絡」（ずっと脈略だと思ってました。）
　「通りで（おかしいと思った）」（この間違いは、今も気付かずスルーすることの方が多いです。）
　「寝ぐら」（漢字一文字で書くよりこっちの方がずっと自然な感じがします。）

　まえがきでも同様のことを書きましたが、私は言葉の覚え違い・うろ覚えというものは、誰の心にもある「言葉のエアポケット（空白地帯）」のようなものだと思っています。子供の頃に国語の成績が良かった人でも、また、言葉を扱う職業の人であったとしても、忘れている言葉や間違って覚えている言葉というものはきっとあって、そのこと自体を本人が知らずにいるだけなのだと思います。
　だから、人を笑うことなんかできません。でっかいブーメランになって自分に返ってくるだけですから。

言葉は時代と共に変わるもの。今現在間違っているとされている多くの言葉の中には、実は新しい言葉の芽が育っているのかもしれません。
　変な言葉を使って笑われている人達は、もしかしたら新しい言葉を先取りしている人達なのかもしれません。
　そして、それらの言葉は何年後かに当たり前のように使われるようになり、国語辞典に載るかもしれませんよ。

　最後になりましたが、編集を担当していただいた濱崎誉史朗さんと、イラストを書いて下さった黒田知誠さんと秋山知之さんに深く感謝いたします。本当にありがとうございました。

2015.6.24　三條雅人

ネットで見かけた信じられない日本語
うろ覚え・勘違い・言い間違い・誤植

2015年8月1日初版第1刷発行

三條雅人
ネット誤植ハンター。東北地方の片隅から、うろ覚えな言葉を発信中。情報源はおもにネットとテレビ。ネットはRSSを大量登録して一気読み。テレビは録って見ています。その昔、初めて作った"ホームページ"は車の運転がテーマで、自動車学校では教わらない本音の安全運転の仕方などを紹介して当時こそこそ、じゃなくそこそこ評判となり、今もYahoo! カテゴリに登録されています。

http://kimanity.blog53.fc2.com/

kimanity@gmail.com

著者	三條雅人
イラスト	黒田知誠 & 秋山知之
編集 & 装幀	濱崎誉史朗
発行人	松田健二
発行所	株式会社 社会評論社 東京都文京区本郷 2-3-10 Tel 03-3814-3861 Fax 03-3818-2808 http://www.shahyo.com
印刷 & 製本	倉敷印刷株式会社